千秋帝王×政壇領袖×哲學宗師×文藝巨匠×科技菁英×商界奇才

從千秋帝王到商業奇才，穿越百年，橫跨領域

關鍵99人

一本書帶你看遍改變世界歷史的著名人物

古今人物的追求與奮鬥，如同一面鏡子，
既照見了歷史的過去，也映現了世界的未來。

99 位關鍵人物，將為您獻上一幅絢麗斑斕的畫卷
凝聚著如詩如畫的壯志豪情，鐫刻著如夢如醉的離合悲歡

主編 ——— 盧芷庭，陳濤

目 錄

目錄 ────────────────────

哲學宗師

文藝巨匠

目錄

科技菁英

商界奇才

目錄

前 言

　　在人類漫長的歷史進程中，湧現出許多與時代息息相關的人物。他們影響世界潮流的發展和人類歷史的進程。今天，當我們站在一個新的紀元回眸過去的時候，我們不能不提起他們的名字，因為是他們改變了世界，改變了人類社會的發展格局。品讀古今湧現出的著名人物，了解他們成長的軌跡，評判他們為全世界的發展所做出的影響，已成為現代社會的一種時尚。古今人物的追求與奮鬥，也如同是一面鏡子，既照見了歷史的過去，也映現了世界的未來。

　　一個偉大的人物，在特定的時空綿延的過程中，總是和歷史與現實、物質與精神、戰爭與和平、美麗與醜惡、矛盾與和解……這些巨大社會歷史內涵和重要的時代關鍵字分不開的。發掘、拓展和照亮這些人物身上所涵蓋的巨大精神財富是我們策劃編寫本書的立足點。只有這樣才能把過去和現在對照起來，才能豐富每一個讀者的精神世界。

　　成為一個著名人物不是一蹴而就的，在光環的背後要走很長的路程，經受住眾多意想不到的挫折和坎坷，才能逐步走向成功，並獲得偉大成就。這些堅強的意志與素養是我們學習他們的地方，特別對青少年的思想薰陶會有正面的影響。有時候一個人就是一段歷史，站在那個時代不可逾越的高度左右世界的風雲變換。「江山代有人才出，各領風騷數百年」，從這個角度上講著名人物是時代不可缺少的，哪一個時代沒有著名人物的產生，那將是那個時代的悲哀。

　　這 99 位著名人物，只是世界著名殿堂的一個縮影。漫長而曲折的人類歷史孕育了無數志士仁人、古聖先賢，他們是歷史巨大轉折時期的關鍵人物，既有憂國之思、人民之愛，也有兒女情長、英雄末路。著名人物的特點就是渾身充滿熱情和壯志雄心，以及為實現理想而敢於赴湯蹈火的精神。一位政治家曾經說過：「要想征服世界，首先要征服自己的悲哀。」著名人物之所以著名，就是因為他們有毫不妥協的批判力，有理想以及向著理想勇往直前的執著，有

前言

摧毀既有權威、既有體制的莫大力量。當他們信仰某種思想時就會以寧死不屈的精神，為主義和理想而獻身。當這些意志為了一個共同的目標統一起來時，就會變成大海的怒濤，可以改變社會，改變歷史。

害怕失敗的人將一事無成。過去所有著名人物都承受了一個又一個失敗，但是他們在失敗的時候，不是沮喪氣餒，而是不屈的奮鬥，最後取得了勝利。這是我們要潛心學習的東西。在本書的編寫過程中，我們力主把著名人物身上那些本色的、感性的一面展現到讀者面前。99 位著名人物彙集在一起，就自然構成了一幅絢麗斑斕、多彩多姿的畫卷：

—— 凝聚著如詩如畫的壯志豪情；

—— 記錄著如雲如水的崢嶸歲月；

—— 鐫刻著如夢如醉的離合悲歡。

所以，我們的世界是精彩紛呈的。著名人物用他們的獨特的風貌、風采和風格，深情的吟唱時代和精心的點染世界。

掩卷之餘，望著遼闊無垠的浩渺雲天，也深感到自身的卑小，於是倍增了許多敬仰之情。

由於學識水準有限，必定使許多著名人物成為遺珠，這正是我們深負歉意和愧疚的，在此誠懇希望讀者不吝賜教。

千秋帝王

東方奴隸之王 —— 漢摩拉比

漢摩拉比一生東征西討，終於統一了兩河流域。他頒布了世界上第一部成文的《漢摩拉比法典》（Code of Hammurabi），成為後世無數國家立法的楷模。由於他，兩河流域的古代文明又被稱為巴比倫文明。

古巴比倫王國位於幼發拉底河（Euphrates）和底格里斯河（Tigris River）流域，大致相當於今天的伊拉克。西元前 1792 年，漢摩拉比成為古巴比倫國王，漢摩拉比是一位很有才幹的國王。他勤於朝政，關心農業、商業和畜牧業的發展。他也關心稅收，處理各種案件。他在位 40 年，使巴比倫成為一個強盛的國家。漢摩拉比每天要處理的申訴案件太多，簡直應付不了。他就讓臣下把過去的一些法律條文收集起來，再加上社會上已形成的習慣，編成了一部《漢摩拉比法典》。漢摩拉比命令把《漢摩拉比法典》刻在石柱上，豎立在巴比倫馬都克大神殿裡。這部《漢摩拉比法典》一共有 282 條，刻在圓柱上共 52 欄 4,000 行，約 8,000 字。圓柱挖掘出來的時候，正面 7 欄（35 條）已經損壞，其餘的基本完整。上面的字跡優美，是一種只有王室才使用的楔形字體。《漢摩拉比法典》分為序言、正文和結語三部分。正文共有 282 條，其中包括訴訟手續、盜竊處理、租佃、僱傭、商業高利貸和債務、婚姻、遺產繼承、奴隸地位等條文。《漢摩拉比法典》比較全面的反映了當時的社會情況。在巴比倫社會中，除了奴隸主和奴隸，還有自由民。這部法典的很多條文是用來處理自由民的內部關係的。處理的原則就是「以牙還牙，以眼還眼」。比如：兩個自由民打架，一個人被打瞎了一隻眼睛，對方就要同樣被打瞎一隻眼睛作為賠償；被人打斷了腿，也要把對方的腿打斷；被人打掉牙齒，就要敲掉對方的牙齒。甚至有這樣的推定：如果房屋倒塌，壓死了屋主的兒子。那麼，建造這間房屋的人得拿自己的兒子抵命。

《漢摩拉比法典》對奴隸主、自由民、奴隸有著不同的規定：如果奴隸主把一個自由民的眼睛弄瞎，只要拿出一定數量的銀子就可了事。如果被弄瞎眼

睛的是奴隸，就不用任何賠償。奴隸如果不承認他的主人，只要主人拿出他是自己奴隸的證明，這個奴隸就要被割去雙耳。《漢摩拉比法典》甚至規定奴隸打了自由民的嘴巴也要處以割耳的刑罰。屬於自由民的醫生為奴隸主治病時，也是膽戰心驚的。因為，如果奴隸主在開刀的時候死了，醫生就要被剁掉雙手。

為了鞏固奴隸主的統治，《漢摩拉比法典》還規定了一些更嚴厲的條款：逃避兵役的人一律處死；破壞橋梁水利的人將受到嚴厲處罰直到處死；幫助奴隸逃跑或藏匿逃亡奴隸，都要處死；如果違法的人在酒店進行密謀，店家如果不把這些人捉起來，賣酒人也要被處死。巴比倫社會裡自由民還包括租種土地的小農。他們也受著奴隸主的沉重剝削，他們每年要把收穫量的三分之一，甚至是二分之一繳給出租土地的奴隸主。《漢摩拉比法典》中還規定：債務奴隸勞動 3 年可以恢復自由。但這僅僅是給自由民的一點小恩小惠。奴隸主逼迫一些還不起債的自由民成為債務奴隸，反過來又用這種規定來籠絡他們。

正是依靠這部《漢摩拉比法典》，漢摩拉比時代的巴比倫社會，成為古代東方奴隸制國家中，統治最嚴密的國家。

1901 年 12 月，由法國人和伊朗人組成的一支考古團隊，在伊朗西南部一個名叫蘇撒的古城舊址上，進行發掘工作。一天，他們發現了一塊黑色玄武石，幾天以後又發現了兩塊，將三塊拼合起來，恰好是一個橢圓柱形的石碑。

這塊石碑高 2.25 公尺，底部圓周 1.9 公尺，頂部圓周 1.65 公尺。在石碑上半段那幅精緻的浮雕中，古巴比倫人崇拜的太陽神沙馬什（Shamash），端坐在寶座上，古巴比倫王國國王漢摩拉比，恭謹的站在祂的面前，沙馬什正在將一把象徵帝王權力標誌的權標，授予漢摩拉比。石碑的下半段，刻著漢摩拉比制定的一部《漢摩拉比法典》，是用楔形文字書寫的。其中有少數文字已被磨光。這個石碑就是著名的「《漢摩拉比法典》」，也是世界上最早的一部比較系統的《漢摩拉比法典》。它把我們帶到了近 4,000 年前的古巴比倫社會。

埃及王朝最偉大的國王 —— 圖特摩斯三世

圖特摩斯三世在位期間總共贏得了 17 場戰役，由於他的輝煌戰績，後人把他比作「埃及的拿破崙」（甚至在身高上也可以與拿破崙相比，圖特摩斯三世的身高就是在古代也算是矮的）。他的勝利始於他繼位後不久，即海特西樸蘇特女王神祕消失後不久，新法老圖特摩斯三世很快的便帶領了一支 20,000 人的軍隊離開埃及進入了巴勒斯坦 —— 當地的亞細亞人在卡迭石王子的指使下反叛了 —— 並且成功的解決了這次危機。

圖特摩斯三世所經歷的第一場戰役解決了埃及當時所面臨的最重要的問題 —— 奪回米吉多（Megiddo）的統治權。埃及軍隊在他們到達米吉多城之前，來到了巴勒斯坦的西部地區。他們在抵達該城之後馬上就擊敗了米吉多和卡迭石的聯軍，卡迭石聯軍很快就丟盔棄甲的潰退到了米吉多城腳下。於是圖特摩斯三世下令圍城，埃及軍隊將米吉多城足足圍困了 7 個月，直至米吉多向埃及投降。該城的歸順為埃及軍隊帶來了勝利的曙光。不久，埃及人就奪取了泰爾（Tyre）等地，這些勝利徹底擊敗了亞細亞米坦尼人的西部部落，而且也使畢布勒港處在了埃及的控制之下。戰勝了米吉多之後，埃及人從米吉多帶回了大量的戰利品（戰利品以小麥為主）。在圖特摩斯三世第 25 年的時候，法老為了紀念這次勝利，他下令在卡納克神廟（Karnak）的牆上刻上名為「植物園」的浮雕，浮雕上除了麥子，還有其他來自被占領地的植物形象。在圖特摩斯三世的紀念表上記錄了埃及人從米吉多帶回的財富的數量：894 輛四輪馬車 —— 其中有 2 輛是金子做的；200 套盔甲 —— 其中有兩套青銅盔甲是屬於米吉多和卡迭石首領的；2,000 匹馬和 25,000 頭其他動物。每一座被占領的城市都向法老進貢了昂貴的禮品來向他表示忠心。

圖特摩斯三世第 29 年至第 32 年，這次圖特摩斯三世將全力對付卡迭石城。他們不僅攻擊了卡迭石周圍的城市，最後還直接進攻了卡迭石城。埃及人在返回時，帶走了這些城市首領的兒子做人質。圖特摩斯三世決定先在埃及教授這些人質，讓他們學習埃及人的禮儀、信仰、習慣，然後再將他們釋放回

國。他希望透過這種方法將這些埃及的敵人從此以後變成埃及的夥伴。在圖特摩斯三世第 31 年，他收到了來自努比亞（Nubia）的一份供奉 —— 這也是在圖特摩斯三世在位期間第一次收到來自努比亞的供奉。努比亞的供奉一年接一年連續不斷的持續到第 38 年，以後則變為不定期的奉獻。

圖特摩斯三世第 33 年，埃及人終於直接與米坦尼（Mitanni）交鋒了。這次攻擊使埃及人花費了一些周折 —— 他們不得不渡過幼發拉底河這個自然屏障才能抵達米坦尼的本土。埃及人製作了一種專門的渡河船隻，這些渡船將埃及軍隊從敘利亞帶到了幼發拉底河邊。當埃及人一到達彼岸，他們便建立了一座和圖特摩斯一世所建的一樣的紀念碑。然後，埃及軍隊掠奪了卡爾赫米什南面的土地，並且擊敗了一支米坦尼的軍隊，最後他們凱旋而歸。

在圖特摩斯三世以後的歲月裡，他繼續在埃及以北地區進行戰爭。這些戰爭主要是為了保持埃及的權勢，給米坦尼施壓，以及鎮壓任何埃及從屬國背叛。

圖特摩斯三世的最後一次亞細亞戰役發生在第 42 年 —— 他又一次進攻了卡迭石，並且又一次取得了勝利。這次回國後，圖特摩斯三世在卡納克建造了一座新的建築，在這座建築的牆上詳細記錄了他所有的軍事戰役。這些紀錄使圖特摩斯三世成為埃及那些偉大的將軍中的又一位。圖特摩斯三世使埃及的疆土從尼羅河第四瀑布一直延續到了幼發拉底河岸。圖特摩斯三世在各場戰役上的勝利使他給埃及帶來了難以計數的財富，國家也因此變得富有，並且不斷接受來自各國的進貢。這些巨大的經濟財富也使圖特摩斯三世有能力在大範圍內建立各種建築。

圖特摩斯三世生於西元前 1516 年。他是圖特摩斯二世和他的一個叫做伊西絲的情人的兒子。而圖特摩斯二世的原配妻子是海特西樸蘇特，一個具有野心和計謀的女人。由於圖特摩斯二世的體弱多病以及無領導能力，王后海特西樸蘇特在其丈夫掌權期間已經握有了很多的實權。王后一直把圖特摩斯三世視為一個私生子，他將不可能成為一名法老，因為他缺少純正的皇族血統。但是，圖特摩斯二世與王后並沒有生有王子，所以，圖特摩斯三世將成為唯一的王位繼承人。

當圖特摩斯二世在西元前 1504 年去世時，年僅 12 歲的圖特摩斯三世被

戴上了王冠。由於圖特摩斯三世還很年輕，因此海特西樸蘇特認為這是她奪權的好機會。而她這一奪權使圖特摩斯三世晚了整整 22 年才真正成為埃及的主人。孩子時期的圖特摩斯三世在底比斯度過了他的大部分光陰。他在那裡學習將來如何管理埃及。在那個年代，卡納克神廟中的阿蒙祭司負責教授年輕的王子們如何成為法老。在卡納克，圖特摩斯三世學習了幾乎所有的知識，從傳統文化到藝術，從軍事到領導技巧。年輕的圖特摩斯三世不久就成為了一個出色的管理者和領導者，而且他還是一個勇敢的將軍和武士。他經常在大眾面前表演他的射箭術與騎術，而且還誇耀在他的夥伴中沒有人能比他更勇敢，更強壯。大約在西元前 1480 年，海特西樸蘇特神祕的死亡了。從此以後，圖特摩斯三世變成了真正的統治者。圖特摩斯三世的第一任妻子是他的姐姐聶非爾；當聶非爾死後，法老又取了一個新的妻子（時間大約在圖特摩斯三世第 23 年左右）── 護士的女兒；後來又被哈吐舒所取代。圖特摩斯三世生有 5 個兒子，2 個女兒。他的長子阿明尼赫特很早就死了，所以後來繼承圖特摩斯三世王位的是次子阿蒙霍太普（阿明尼赫特），即阿蒙霍太普二世。

圖特摩斯三世第 55 年，這位偉大的法老去世了。他的遺體被埋葬在國王谷中。為了防止盜墓者，王陵的入口被建在了懸崖上。（可是，圖特摩斯三世的陵墓最終還是被盜墓賊光顧了，當 1898 年人們發現這座陵墓時，人們發現墓中的家具都已被人為損壞了）陵墓中的柱子上裝飾著精美的圖案，讓人覺得整座陵墓就好像是一幅巨大的紙草畫卷軸。雖然圖特摩斯三世的陵墓被盜墓者光顧過，但是，法老的木乃伊由於第 21 王朝的祭司們的及時搶救而倖免於難。這使我們值得為之慶幸的。

波斯帝國最偉大的君主 ── 大流士

古波斯帝國阿契美尼德王朝國王。西元前 525 年，波斯王坎比塞斯二世（Cambyses II）出征埃及期間，國內發生政變，坎比塞斯回國途中暴卒。大流士聯合一部分波斯權貴，殺死政變領袖高馬達，登基為王。繼而鎮壓巴比

倫、米底等地起義。恢復瀕於瓦解的波斯帝國秩序。大流士積極向外擴張，派兵入侵印度河流域，又親自率兵出征黑海北岸，受挫，但占領色雷斯一帶。大流士步步向歐洲挺進，終於導致希波戰爭。西元前 492 年，入侵希臘，因海上遇颶風折返。西元前 490 年再次起兵，在馬拉松會戰中敗北。西元前 486 年，埃及爆發起義，大流士前往鎮壓，未及完成即死去。他在位期間是阿契美尼德王朝（Achaemenid Empire）的鼎盛時期。為鞏固中央集權，他在政治、軍事方面進行了一系列改革：設行省，置總督，強化國家管理體制；大流士在政治方面確立了中央集權的專制統治。他在被征服地區普遍置省，每省設總督、將軍和司稅收的大員各一人，各大員直屬國王。另置欽使，即所謂「國王耳目」，巡行各地，使中央得以有效的控制地方。他制定法律，頒行帝國各地。他定祆教為國教，但對被征服地區人民的宗教和習俗則採取寬容政策。還實施稅制改革，依土地面積及若干年內的平均產量規定稅額；統一度量衡和幣制；修築道路，形成驛路網；開闢從印度河到埃及的航路，開鑿尼羅河支流到紅海的運河，以發展貿易。在軍事上，他自任軍隊最高統帥，各行省軍政分權，設置不受總督支配的軍事長官。全國軍隊分別劃分各大軍區管轄；將軍隊編成萬人團、千人團、百人團、十人隊四級，以波斯人為核心組成步兵和騎兵，並在都城組建精銳的近衛軍，軍中高級長官均由波斯貴族充任。建立一支以腓尼基水手為骨幹，擁有 600—1,000 艘戰船的艦隊；為便於調遣各行省軍隊、傳遞情報，不惜重金修築「御道」，設驛站，備驛馬。主要一條為從首都蘇薩至小亞細亞西部的以弗所。這些措施為鞏同波斯帝國的統治打下了基礎。

　　古代波斯帝國的第三代君主，出身於阿契美尼德王族的旁支，其父希斯塔斯帕是帕提亞的總督。大流士隨坎比塞斯二世（西元前 529～前 522 在位）出征埃及，被任命為萬人不死軍的總指揮。西元前 522 年 3 月，祆教僧侶高馬達自稱坎比塞斯二世之弟巴爾迪亞（實則其人已被坎比塞斯二世祕密處死）奪取政權，利用平民力量打擊氏族貴族，宣布蠲免賦稅和兵役 3 年，大得民心。坎比塞斯二世在返伊朗途中身死。大流士趕回伊朗，聯合 6 家貴族殺死高馬達，取得王位。此後，大流士一世次第平定巴比倫、蘇西安那（即

埃蘭）、波斯本土和帝國東境等地的反抗。西元前 520 年，在克爾曼沙以東的貝希斯敦村的懸崖峭壁上，用波斯、埃蘭、巴比倫三種文字刻石記載他的「十九戰、俘九王」的功績。

古希臘最偉大的執政官 —— 梭倫

　　梭倫改革是雅典城邦歷史發展中的重要里程碑，奠定了雅典民主政治的基礎，有助於工商業的發展，調整了公民集體內不同階層之間的利益關係，使自身從事勞動的中、小所有者公民在經濟、政治和社會上的地位得以保證。

　　梭倫是古希臘著名的政治改革家和詩人。他出身於貴族家庭，年輕時一面經商，一面遊歷，到過許多地方，漫遊名勝古蹟，考察社會風情，後被譽為古希臘「七賢」之一。梭倫在遊歷中寫過許多詩篇，如「作惡的人每每致富，而好人往往受窮；但是，我們不願把我們的道德和他們的財富交換，因為道德是永遠存在的，而財富每天都在更換主人。」我們不難從中看出他的詩人素養，雖以經商為業，卻堅信道德勝於財富。他還在詩中譴責、抨擊貴族的貪婪、專橫和殘暴。這些詩篇為他贏得了「雅典第一位詩人」的美譽。梭倫早期的遊歷經商生涯，不僅豐富了他的知識和經驗，而且使他了解了底層貧民的疾苦，從而拋棄了貴族的驕橫，對他一生的改革事業產生了深遠的影響。

　　西元前 5 世紀，雅典與鄰邦墨伽拉為爭奪薩拉米斯島（Isle of Salamis）而發生戰爭。結果雅典失敗了，當局竟頒布了一條屈辱的法令；任何人都不得提議去爭奪薩拉米斯島，違者必處死刑。薩拉米斯島地處雅典的出海口，對海外貿易的發展起著至關重要的作用。梭倫從文獻資料、歷史傳統、風俗習慣等考證出薩拉米斯本應屬雅典所有，他對當局的這種懦弱行為深為不滿，為了喚醒雅典人的愛國熱情，同時避開不公正的法律的殘酷制裁，他想出了一個巧妙的辦法：佯裝瘋癲。於是「瘋」了的梭倫經常出現在雅典的中心廣場上。只見他臉色蒼白，呼吸急促，雙手不住的擂打著自己的胸部，招來許多圍觀的百姓。這時，他就會對著人群大聲朗讀他的詩篇：「啊，我們的薩拉米斯，她是

多麼美麗，又多麼使我們留戀，讓我們向薩拉米斯進軍，我們要為收復這座海島而戰，我們要雪洗雅典人身上的奇恥大辱……」在不明真相的人們的驚嘆、惋惜聲中，梭倫滔滔不絕的朗誦著，終於用激昂的詩篇激起了雅典人的愛國熱情和民族尊嚴。禁令廢除，戰事再起。西元前 600 年左右，年約 30 歲的梭倫被任命為指揮官，統帥部隊，一舉奪回了薩拉米斯島。赫赫軍功使梭倫聲望大增，成為雅典最負名氣和影響的人物，也為他日後實現改革弊政的夙願打下了堅實的基礎。擔任首席執政官後，他立即實施了一系列改革，頒布多項法令，向氏族貴族發動了猛烈的進攻。他按財產的多少將全體公民劃分為四個等級，不同等級的公民享有不同的政治權利。誰的財產多，誰的等級就高，誰就享有高的政治權利。第一、二等公民可擔任包括執政官在內的最高官職，第三等只能擔任低級官職，第四等級不能擔任任何官職。

這一制度並未實現公民之間的真正平等，但它意味著身為貴族，如果財產少，也享受不到過去那麼多政治權利了，而新興的工商農奴主可憑藉自己的私有財產，躋身於城邦政權。這就打擊了貴族依據世襲特權壟斷官職的局面，為非貴族出身的奴隸主開闢了取得政治權利的途徑。當時，戰神山議事會是國家權力結構的中樞。貴族借助這個機構操縱了立法、行政、司法等大權。梭倫恢復了公民大會，使它成為最高權力機關，決定城邦大事，選舉行政官，一切公民，不管是窮是富，都有權參加公民大會；設立了新的政府機關 —— 400 人會議，類似公民會議的常設機構，由雅典的四個部落各選一百人組成，除第四等級外，其他各級公民都可當選；設立了陪審法庭，每個公民都可被選為陪審員，參與案件的審理，陪審法庭成為雅典的最高司法機關。這一切，為雅典政治制度的民主化開闢了道路。在梭倫改革之前，雅典行使的德拉古法（Draco）以嚴酷著稱，對偷竊水果、懶惰等過失都要判處死刑。人們指責它不是用墨水寫的，而是用血寫的，梭倫改革了這一酷刑。他還採取了許多鼓勵手工業和商業發展的措施，如除自給有餘的橄欖油外，禁止任何農副產品出口；凡雅典公民，必須讓兒子學會一種手藝；獎勵有技術的手工業者移居雅典，給予其公民權；改革幣制；確定私有財產繼承自由的原則等。梭倫制定的這一系

列法律條文均刻在木板或石板上，鑲在可轉動的長方形框子裡，公之於眾。

梭倫為避開不公正法律的懲處，他佯裝瘋癲，用他激昂的詩歌喚醒了民眾的愛國熱情和民族自尊心。

這是西元前 594 年的一個清晨，古城雅典的中心廣場上聚集了成千上萬的農民、手工業者和新興的工商業奴隸主。興致勃勃的人們正急切的等待著一個重要時刻的到來：新上任的首席執政官梭倫將在此宣布一項重要的法律。

只見梭倫在眾人的注視下大步登上講壇，環顧四周，徑直走到一個大木框前。此時，嘈雜的會場立時變得鴉雀無聲，人們凝神平息，視線隨著梭倫不約而同的投向了那個大木框。梭倫用手一撥，將架在木框中的木板翻轉過來，刻在木板上的新法律條文便呈現在人們面前。梭倫高聲宣讀了這項旨在打擊沒落氏族貴族、促進奴隸制經濟發展的法律「解負令」，由於欠債而賣身為奴的公民，一律釋放；所有債務全部廢除，被抵掉的土地歸還原主，因欠債而被賣到外邦做奴隸的公民，由城邦撥款贖回。並以洪亮的聲音莊嚴聲明；「此法律的有效期為一百年」。頃刻間，掌聲雷動，歡聲四起，那些無力還債的農民更是起勁的歡呼，整個雅典城被一種異常熱烈的氣氛所籠罩。

在此之前，雅典農民的境況是極其艱苦的，借了財主的債若還不清，財主就在借債者的土地上豎起債務碑石，借債者就會淪為「六一農」，他們為財主做工，收成的六分之五給財主，自己只有六分之一。如果收成不夠繳納利息，財主便有權在一年後把欠債的農民及其妻、子變賣為奴。現在，財主再也不能這樣做了，廣大貧民擺脫了淪為奴隸的厄運，那些因欠債而被賣到異邦的人也能回來了。正如梭倫在詩中所寫的，他拔掉了豎在被抵押的土地上的債權碑。梭倫自然因此受到了廣大貧民的愛戴。

馬其頓帝國最負盛名的征服者 ── 亞歷山大大帝

征服波斯挺進印度

亞歷山大從即位開始，就開始征服亞細亞，來完成父親未了的遺願。他揮師北上，穿過荒蕪人跡的大森林，向當地的野蠻部落顯示自己的武力。接著又渡河，從今天的保加利亞到多瑙河，降服這裡的野蠻部落。隨即引軍西指，入侵現在的南斯拉夫。正當此時國內告急，底比斯趁北征機會謀反。立即調轉大軍方向朝底比斯進發，急速行軍兩週。歷史名城底比斯就這樣毀於亞歷山大之手。亞歷山大北進西征的目的：一是訓練他的軍隊；二是穩定後方。現在目的已經達到，亞歷山大開始了對波斯的征服。

波斯帝國疆域廣闊，從歐洲的色雷斯到印度，在這塊長達三千英里的大地上有很多不同種族的勇士。大流士皇帝不僅擁有一支紀律嚴明的軍隊，還有許多山地野蠻土人、沙漠上的游牧民族供他驅馳。亞歷山大面對的是一個強大勁敵。

西元前 334 年，亞歷山大率領大軍踏上了東征波斯的道路。亞歷山大利用分化瓦解的策略，先把眾多被波斯統治的城都解放出來，這樣就能使他們歸順自己，強大自己的力量。接著亞歷山大又解散了自己的海軍。

亞歷山大不容波斯人有任何時間發動有效的阻擊，迅速潛行，穿過奇里乞亞隘口，抵達塔爾蘇斯。大流士調集軍隊從敘利亞直入奇里乞亞。亞歷山大當機立斷，率師回軍直指伊蘇斯，與大流士的大軍隔比魯斯河對峙。亞歷山大率兵奮戰，大敗波斯軍隊，大流士落荒而逃。

這場戰爭結束了波斯在地中海沿岸的統治，從此亞歷山大的管轄區域從沿海的希臘，直延伸到敘利亞邊界。

亞歷山大沒有繼續把戰線向東推進，而是回頭來沿腓尼基海岸進軍。亞歷山大早已注意到波斯的腓尼基艦隊，它們游弋在愛琴海，其意圖不外乎尋機襲擊希臘。為了確保東進時側翼的安全，只有先解決艦隊。他並沒有因為沒有海軍而打亂計畫的進程，他先使腓尼基海岸的諸城投降後，他的海軍也就歸順了。一切都按計畫順利進行，城池一個接一個投降了。

亞歷山大又沿地中海沿岸西進到突尼西亞，確保無虞以後，回頭東進亞細亞，再一次向大流士宣戰。

西元前 331 年 10 月 1 日，作戰雙方皆嚴陣以待。亞歷山大率軍英勇應戰，波斯軍潰不成軍，大流士再次逃脫。不過，大流士已是強弩之末，暫時成不了氣候。

亞歷山大開始自稱為亞細亞之王，並開始向波斯本土挺進。

西元前 330 年 3 月末，亞歷山大得知大流士在米地亞王古都埃克巴坦納（哈巴丹）。以急行軍出名的亞歷山大一刻也沒有耽誤，就離開波斯波利斯日夜兼程向北追擊。當他快到埃克巴坦納時才知道大流士已在五天前逃之夭夭。

亞歷山大經過五天五夜急行軍 200 英里，抓到了已經氣息奄奄的大流士。遍體鱗傷的大流士喝完馬其頓士兵遞給他的水，說了感激亞歷山大寬宏的話就死了。亞歷山大把自己的戰袍蓋在大流士身上，葬之以君王之禮。大流士的堂弟比修斯刺殺了大流士以後，自稱大皇帝，控制著殘餘的波斯部隊。亞歷山大繼續尾隨追趕。

亞歷山大率兵追擊比修斯，翻過興都庫什山脈（Hindu Kush），到達巴克特拉，昔日繁華的城市已被比修斯夷為平地，當地人投降了亞歷山大。又經過一系列的激戰，到西元前 328 年，亞歷山大征服了波斯大帝國的全部領土。

當時西方人以為印度就是印度河流域的地方，而印度的東邊即是大洋，在他們眼裡就是一個神祕的國度。連亞歷山大也不例外。

他一心想打到世界的最東端。

亞歷山大在印度河邊，建立了一支艦隊。希臘人和馬其頓人離開苦戰兩年的東伊朗，越過考尚山口，橫過興都庫什山脈後，殘暴的屠殺立即就開始了。

阿諾什是著名的石頭城堡，它位於開伯爾兩個陡峭山背的結合處，一塊高 800 英尺的錐形巨岩上。密密麻麻的印度士兵就雄踞在巨岩之上。

當亞歷山大和 700 士兵攀上開伯爾峰頂上時，印度人立刻就土崩瓦解了。他忠誠的赫斐斯已經在印度河上架好橋。印度藩王塔克西萊斯（Taxiles）由於與另一個藩王不合，希望借亞歷山大殺掉對方，以此壯大自己的力量。他把亞歷山大迎進他們的首都在西拉，盛情款待並臣屬於亞歷山大。而他的仇敵波魯斯（Porus）的地盤就在海達斯佩斯（Hydaspes）以東 100 英里處。

6 月初，亞歷山大的部隊到達海達斯佩斯邊。身體高大的波魯斯正虎視眈眈的雄踞在河對岸。波魯斯擁有 200 頭戰象，幾百輛戰車，他的步兵比亞歷山大的士兵強大得多。亞歷山大的騎兵雖然占有優勢，但他的戰馬卻面對大象的氣味和吼叫極為害怕。

亞歷山大審時度勢，巧用計策，不急於取勝，不與對方硬拼，戰鬥一直進行八個小時，波魯斯最後投降。這是亞歷山大一生中經歷的最激烈的一次戰鬥。

戰後，波魯斯和塔克西萊斯在調停下和解。亞歷山大恢復了波魯斯的國王地位，同時免去了塔克西萊斯的臣屬身分，把他看成以馬其頓為宗主國的自由聯盟的一員。

亞歷山大已在旁遮普的平原上了，他還想要繼續東征，他堅信大洋就在眼前。然而將軍和士兵都只想著能活著重回故鄉，與親人團聚，堅持不肯再走了，所以出征的人數已是寥寥無幾。亞歷山大最後只得決定帶兵返回故鄉。他放棄了打到世界盡頭的計畫。

為紀念自己的東征，他在此築起了 12 座神人以祭祀奧林帕斯山（Olympus）上的 12 位神祇。

艱難回歸精心治國

亞歷山大率領大軍坐船沿海達斯佩斯（印度河的支流）順流直下。心懷不滿的印度人沿途不斷襲擊，使馬其頓軍隊不得不用屠殺對付印度人。加強設防的馬勒鎮人被譽為印度最勇敢者，亞歷山大不滿士兵們的攻城速度，親自登城，但不幸被一支箭穿透鎧甲紮在肋骨間後，身上還有多處受傷。馬其頓人在其鼓舞下及時破城才免於遇難。雖如此，馬勒鎮的男人、婦女和兒童幾乎都被殺光了。

此次負傷使亞歷山大元氣大傷，他病癒後仍率軍順流而下。西元前 325 年 7 月，亞歷山大總算到達印度河口，看到了大洋，完成了到達世界南端的願望。亞歷山大在這裡築了一座港口，然後分兵三路：由克拉特魯斯任艦隊率領傷患、輜重隊沿較為熟悉的道路返回；尼俄楚斯任艦隊率隊從海路回到波斯灣；他自己率領剩餘的士兵和一大批隨軍的商人、科學家、婦女、兒童沿海岸行進，並負責給艦隊供水和糧食。經過無數艱難險阻，三路匯齊以後，沿底格里斯河到達波斯，終於回到了久別的故鄉。

亞歷山大意外的凱旋引起了帝國的混亂，許多地方的高級官員和將軍對他有不忠行為，亞歷山大下令處死了許多高級官員。

為了加強他帝國的統治，推行了一系列融合民族關係的政策，政策之一：與蠻族通婚。

西元前 323 年，亞歷山大回到巴比倫，打算以此為都。他日理萬機，特別重視水利設施、公共建築的修建。以至於亞歷山大心力交瘁，直接影響了他尚未康復的身體。偶發寒熱竟致不癒，高燒而死。時年 33 歲，在位共計 12 年 8 個月。

亞歷山大死後，帝國一分為三，即馬其頓、亞細亞和埃及。印

度在他一死立即分離了出去。

亞歷山大的遠征使他建立了一個東起印度河，西抵馬其頓、希臘的大帝國，加強了各地區經濟文化的交流，以及促進了經濟文化的發展。但也是血腥的屠殺過程，對當地的生產和文化造成不可估量的損失。希臘文化之所以能在東方經久不衰正是因為這個原因。另外他的軍事思想也是後世不可多得的一筆財富。

印度孔雀王朝最偉大的皇帝 —— 阿育王

佛教護法明王。亦譯阿輸迦。意譯「無憂王」。印度孔雀王朝第三代國王。生卒年月不詳。在位年代約為西元前 268 年至前 232 年。他繼承並發展了父祖統一印度的事業，使孔雀王朝成為印度歷史上第一個統一的大帝國。他把自己統治的業績及對人民的教化要求，刻在岩壁及石柱上，即著名的阿育王摩崖法敕和石柱法敕。

據法敕記載，阿育王灌頂第九年，曾以武力征服羯陵伽國。其後，便開始推行「正法」統治，即要求人們節制欲望，清淨內心，不殺生，不妄語，多施捨；服從並維護社會等級制度，尊敬父母、尊長、宗教導師，按照公認的社會道德規範對待親友、婆羅門（Brahmin）、奴隸和僕人。為了實現正法，鞏固統一，阿育王修築道路，建立驛站，經常遣「正法大官」到各處巡視，並推行一些公益事業。他執行一種比較寬容的宗教政策，在法敕中表示自己對佛教的景仰，但又宣布對佛教、耆那教、婆羅門教、阿耆昆伽（「邪命外道」）教一視同仁，給予保護。

據佛教傳說，阿育王即位之初，諸多暴虐。後信仰佛教，在全國修建了 84,000 座佛舍利塔，多次對佛教僧團施捨大量的土地與財物。因此，傳說在他皈依佛教前被稱「黑阿育王」，後稱「白阿育王」。但也有人考證，歷史上曾有兩個阿育王。

據南傳佛教經典所記，由於阿育王大力供養佛教僧團，6 萬外道混入佛

教，以致首都雞園寺的比丘 7 年沒有舉行布薩（每月舉行兩次的懺悔儀式）。為了消弭僧團的混亂，阿育王請著名高僧目犍連子帝須長老召集 1,000 比丘，在華氏城舉行第三次結集，趕走外道，會誦經典，並編纂了《論事》。結集後，阿育王又派遣許多長老到全國各地乃至國外傳播佛教。當時佛教徒認為他是個理想的國王，尊為「護法明王」。

阿育王也許是印度歷史上最重要的國王。他是孔雀王朝的第三位君主，是該王朝的創始人旃陀羅笈多之孫。旃陀羅笈多是一位印度軍事領袖，他在亞歷山大大帝遠征後的歲月裡，征服了印度北方的大部分地區，由此在印度歷史上建立了第一個主要的帝國。

阿育王的生卒年不詳，也許是西元前 300 年。阿育王約在西元前 273 年登位。起初他沿著祖父的腳步向前行走，企圖透過軍事力量來擴大自己的領土。他在統治的第八年中，勝利結束了一場對印度東海岸上羯陵伽國的征服之戰。但是當他認識到他的勝利使人類慘遭傷亡時，就感到心驚肉跳。有十萬人喪失生命，甚至有更多的受傷致殘，阿育王在驚愕和懺悔之餘，決定不再用暴力來完成對印度的征服，並且放棄一切侵略性的軍事行動。他採用佛教作為他的宗教哲學，努力實踐「達摩」規範，包括誠實、仁慈和非暴力。

阿育王放棄了狩獵，開始吃素。更有意義的是他採用了各種人道的政治方針，他建立醫院和政治保護區，緩和許多粗暴的法律，建築公路，興修水利。他還任命特別的政府官員 —— 達摩官吏 —— 來教導人們要虔誠，要相互促進友好關係。在阿育王的國土上，所有的宗教都允許實行，但是他特別注重發展佛教，因而佛教的聲望便自然而然的提高了。佛教的傳道團體被派往許多國家，在錫蘭獲得了很大的成功。

阿育王下令把他的生平和政策都雕刻在他的廣闊國土上的岩石和石柱上。這些紀念碑有許多至今尚存，它們的地理分布為我們提供了有關阿育王勢力範圍的可靠資訊，上面的碑文是我們了解他的生涯的主要來源。還提上一句，這些碑文也被認為是傑出的藝術品。

阿育王死後不到十五年，孔雀帝國便土崩瓦解，此後從未恢復。但是佛教

得到過阿育王的支援，他對世界的長期影響是巨大的。他登基時，佛教只在印度西北的一彈丸之地流行，但在他死去時，它的教徒遍及印度各地，而且迅速傳向鄰國。除了喬達摩・悉達多本人以外，阿育王對佛教發展成為一種主要的宗教所起的作用比任何其他人都大。

古羅馬最偉大的帝王 —— 凱撒

　　凱撒是古羅馬統帥、政治家和作家，他率領當時最強大的軍隊掃平歐洲，建立了一個強大的羅馬帝國，集執政官、保民官、獨裁官等大權於一身。同時，他鎮壓國內的反叛分子，著力進行改革，使羅馬帝國保持了繁榮昌盛的局面。他著有《高盧戰記》等，被稱為拉丁文典範，「凱撒」後來成為羅馬及歐洲帝王慣用的頭銜。

　　西元前 59 年，凱撒當上羅馬執政官之後便開始了他長達 10 年的征戰。他率領羅馬軍隊遠征不列顛，鎮壓了高盧人的起義，征服高盧。在這 10 年的征戰中，凱撒掌握了一支極具戰鬥力的軍隊。而且有了自己的領地 —— 高盧。這一切令政治對手龐貝感到十分緊張。為了自己的統治地位不被動搖，龐貝向凱撒宣戰。凱撒欣然接受挑戰，率領一個軍團向羅馬進軍，這支軍隊一路上勢如破竹，僅用 7 天時間就進入羅馬城。兩個月後，整個義大利都被凱撒控制了。隨後，在西班牙和希臘，凱撒又大敗出逃的龐貝，直至前往埃及避難的龐貝被埃及人所殺。

　　平息了龐貝，凱撒回到了羅馬，開始進行了一系列的改革。例如：為了獎勵跟隨他的老兵，他把土地分配給了他們；透過自治市法案，規定議員的職務為終身制，議員由選舉產生，提出了競選議員的必備條件；留下那些最古老的祭司解散了大多數祭司團；改革曆法，明確規定一年為 365 天，廢除閏月制，強制規定每四年閏月一次；重組元老院，提拔年輕人進入元老院，為元老院輸送新鮮血液；調整各項官職，規定官員由人民選舉產生。

　　改革使羅馬帝國變得井然有序，呈現出繁榮昌盛的大好氣勢，但是也令一

部分人感到喪失了原有的特權，喪失了原有的地位。於是他們密謀刺殺凱撒。正處於權力頂峰的凱撒卻並沒有察覺，最終倒在這些人的劍下。

出生於名門望族的凱撒從小就受到嚴峻的考驗。曾是大法官的父親為了培養他堅強的意志及堅忍不拔的性格，無論春夏秋冬都只許凱撒穿一件又硬又厚的坎肩。臘月的寒冬裡，他冷的全身發抖，為了不被凍壞他只有拼命的運動和勞動，直到夜裡也不允許蓋厚被子，只能蓋一條薄毛毯睡在四處通風的冰房子裡。凱撒咬牙堅持了下來。日復一日，他不但有了一副強健的體魄，還磨練出了不服輸的性格。

少年時代的凱撒被捲入了權力之爭的漩渦而受到迫害。凱撒 17 歲時，正逢馬略與蘇拉為了羅馬執政官一職互相爭鬥。最後馬略失敗，到處被蘇拉所捕殺。凱撒作為馬略的親屬也備受牽連，無奈只得丟下妻兒老小開始逃亡，直到蘇拉死後才回到羅馬。

母親奧列利婭是凱撒一生中對他影響最大的一位女性。凱撒自己曾說過：「是母親辛勤付出，才奠定了我今天的事業基礎。」

凱撒少年時，父親離開了人世，留下母子二人相依為命。為了兒子的前途，堅強的母親擦乾淚水，在眾人的恥笑中，回到娘家請求親人向凱撒伸出援助之手。她的誠意打動了家人，他們把凱撒推到朱庇特神祭司這個位置上。

蘇拉死後，母親又一次披上長裳，走出家門，在親屬間遊說，向他們講述兒子的勇敢、機智和能幹，使凱撒的名字由羅馬城外傳到城內，最後傳到了上層人物的耳朵裡。正是母親的這些幫助使逃亡歸來的凱撒有了新的職位，並從此開始了向權力頂峰跋涉的征程。

有一次，凱撒回國途中，乘坐的船被海盜打劫。海盜們看見凱撒衣著華貴、氣質不凡，認定他是一個貴族，於是便把他扣為人質，勒索一筆數目可觀的贖金。凱撒聽說海盜要求的贖金數目後，不屑的一笑，嘲笑他們太低估了他的價位，應該多要求一些。海盜們面面相覷。

後來，好友四處奔波，湊足贖金贖出了凱撒。一獲得自由，凱撒馬上裝備了幾艘船，向海盜追去，最後一舉擊敗海盜，奪回贖金，處死了全部海盜。

從這，可以看出凱撒的勇敢與機智，同時也顯露出他性格中殘忍的一面。

不為錢左右的人最受崇敬。

唯一好的是知識，唯一壞的是無知。

基督教羅馬帝國的促進者 —— 君士坦丁大帝

　　羅馬帝國繁榮時期，君士坦丁大帝將都城遷到黑海之濱、歐亞大陸的交匯處後，就將它命名為君士坦丁堡。當西歐還沉淪在愚昧無知的黑暗時，君士坦丁堡的海上貿易已經非常發達，人口也越來越多，形成了自成一格的文化藝術風格，創造山許多藝術珍品。西元 325 年，君士坦丁大帝為供奉智慧之神索菲亞（sophia），始建聖索菲亞大教堂（Hagia sophia），後受損於戰亂。西元 537 年，查士丁尼皇帝為標榜自己的文功武治進行重建，它作為基督教的宮廷教堂，整整持續了 9 個世紀。當鄂圖曼土耳其蘇丹穆罕默德和他的 20 萬大軍陳兵君士坦丁堡城外的時候，距聖索菲亞大教堂建成已有將近 900 年的時間。穆罕默德在戰艦上望著城中教堂巨大的拱頂，他發誓要占領君士坦丁堡，將聖索菲亞大教堂變成伊斯蘭世界的中心。西元 1453 年 6 月，穆罕默德終於走進了朝思暮想的聖索菲亞大教堂。他下令將大教堂改為清真寺，還在周圍修建了 4 個高大的尖塔，這就是今天我們看到的聖索菲亞大教堂的面貌。鄂圖曼的士兵把豪華的羅馬宮殿付之一炬，歷代相傳的藝術珍品化為灰燼。古城目睹了一種文明對另一種文明的洗劫。不久，鄂圖曼土耳其帝國遷都君士坦丁堡，後來這座城市更名為伊斯坦堡（Istanbul），並一直沿用到現在。

　　君士坦丁在許多方面繼承了戴克里先的政策，進一步強化官僚機構，實行文武分治，徵收土地稅和人頭稅，建立起有嚴格等級區別的官僚體系。宮廷禮儀更加繁複。他允許大批「蠻族」在帝國境內定居，吸收他們入伍，允其擔任要職。332 年頒布法令，嚴禁隸農自由遷徙。他還禁止城市手工業者脫離手工業公會，禁止市議員離開所屬城市。鑒於帝國經濟、文化重心東移。330 年遷都拜占庭，改名君士坦丁堡。在宗教政策方面，他與戴克里先不同。推行支持

基督教的政策。313 年他與東部的統治者李錫尼共同頒布了「米蘭敕令」，承認基督教的合法地位。325 年他在尼西亞主持召開基督教主教會議，制定了基督教的信條（見尼西亞會議）。臨終前受洗為基督教徒。

羅馬帝國皇帝，史稱君士坦丁大帝。生於上密細亞省的內索斯（今南斯拉夫的尼什）。青年時代在戴克里先的軍隊中服役。305 年其父君士坦提烏斯·克洛盧斯成為帝國西部的奧古斯都（皇帝）。君士坦丁隨父轉戰於不列顛。父死，在不列顛由軍隊擁立為奧古斯都。324 年在亞得里亞堡和克里索普利期大敗 V·L·李錫尼，從而最終戰勝了所有帝位競爭者。成為帝國的獨裁統治者。337 年 5 月 22 日卒於尼科美底亞。

宗教政權合一者 —— 穆罕默德

穆罕默德是世界三大教之一 —— 伊斯蘭教的奠基人。他根據阿拉伯人固有的宗教信仰，參照猶太教和基督教的教義，經過 15 年的思考、探索創立了伊斯蘭教。《古蘭經》是伊斯蘭教的經典。

堅貞不屈艱難傳教

穆罕默德早期在麥加布施並傳教（西元 610 —— 613 年），完全是在祕密狀態下進行的。當時，第一個響應他的號召並加入伊斯蘭教的是赫蒂徹，他不但承認了他的先知地位，還大做宣傳讓她的親朋好友們也陸續入教。

西元 613 年開始，穆罕默德的傳教活動由地下轉為公開。穆罕默德公開主張人們經濟應該平均享有，以避免貧富懸殊。他主張慈愛、同情、友好、善待奴僕。

穆罕默德的真理就是讓人們歸心他，歸心阿拉（Allāh），阿拉是世界上唯的一神。他還認為，人的命運由阿拉安排，個人無法選擇。他還要求人們信崇穆罕默德是阿拉的使者和先知。

穆罕默德生活的時代，酗酒成風，活埋女嬰，氏族成員和部落之間戰亂不已。他告誡人們酗酒是「殘殺」兒女、勸人們戒酒。避免部落和氏族之間的戰爭。他還主張人們絕對自由。

在伊斯蘭教的傳播下，古萊什的貴族們開始覺察到，穆罕默德提倡社會平等影響了他們的特權和地位，因此他們集中力量攻擊穆罕默德及其信徒的一切傳教活動，貶低、否定穆罕默德的先知地位。

這些打擊活動並沒有動搖穆罕默德堅定的信仰。在穆罕默德堅持不懈的努力下，又有一些人參加了伊斯蘭教。

貴族們對穆罕默德和伊斯蘭教徒的迫害日益加劇，他們追捕穆罕默德，殘殺伊斯蘭教徒。

為了避免更重大損失，穆罕默德決定動員一部分穆斯林教徒前往基督教國家阿比西尼亞安身，為了把大批信徒緊密的團結在自己的身邊，他繼續留在了古萊什，堅持傳教活動。

古萊什氏族對穆斯林們的制裁，一直延續了 3 年。619 年古萊什氏族停止了對穆斯林的制裁，形勢有了好轉。

後來古萊什氏族更加肆無忌憚的攻擊伊斯蘭教徒，穆罕默德處境很艱難。就在這個時候，麥加附近的城鎮雅斯里（即麥迪那）來人邀請穆罕默德前去傳教。

雅斯里位於麥加北面 450 公里，居住著赫子拉吉族和奧斯族兩個阿拉伯部落以及三個猶太部落。但是兩個阿拉伯部落相互不和睦，經常發生戰爭，相互仇殺。為了增強實力，壓倒對方，他們便分別和猶太部落結盟。部落民眾多數是貧民，他們在與猶太部落的相處中，對一些思想有所了解，接受起伊斯蘭教來比較容易一些。

西元 621 年和 622 年赫子拉吉族人和奧斯族人兩次派人拜訪穆罕默德，並邀請他前往雅斯里布道去調解兩個部落之間的糾紛。穆罕默德答應請求前往阿格白，解決兩個氏族之間的矛盾，這在伊斯蘭教史上分別稱之為「第一次阿格白誓約」和「第二次阿格白誓約」。

在麥迪那穆罕默德得到了當地赫子拉吉族和奧斯族的廣泛支持，並建立了第一座清真寺，規定了宗教的信仰、教規和典禮制度，建立了自己的武裝和政教合一的政權組織。

發動聖戰實現理想

穆罕默德由麥加遷至麥迪那建立政教合一的政權之後，當地的貴族們對他們的統治地位深感憂慮，採取各種手段進行破壞活動。為了進一步鞏固麥迪那政教合一的政權，穆罕默德率領穆斯林武裝，用武力與麥加貴族進行鬥爭，一系列的重大聖戰就這樣發生了。

西元 623 年，他親自率領軍隊攔截經麥迪那去敘利亞的麥加商隊，襲擊 3 次，都沒有成功。西元 624 年 3 月，穆罕默德帶領 315 人的隊伍，襲擊由艾布·蘇富揚率領的從敘利亞返回麥加的商隊。穆斯林初戰獲勝，大長了穆斯林威風，打擊了敵人的銳氣。

西元 625 年 3 月，艾布·蘇富揚調動 3 千餘人攻打麥迪那。穆罕默德親率 1 千人出城應戰。但這次穆斯林軍隊的部分士兵臨陣逃脫，因而戰敗，只好退回麥迪那。

西元 627 年 3 月，艾布·蘇富揚率軍再次進犯麥迪那。穆罕默德率領穆斯林們奮勇抗敵，最後征服他們，麥迪那最高據點的異教徒被拔除。

接著，穆罕默德又征服了住在麥迪那與麥加之間的白尼·利哈揚族、白尼·蓋爾德族等各部落，勢力範圍逐漸擴展到了麥加的附近。

早在西元 622 年，穆斯林教徒從麥加遷移到麥迪那以後，便把面向耶路撒冷清真寺行禮拜的教規調整為改向麥加禁寺。穆斯林們禮拜時，都把頭朝向易卜拉欣在麥加建立的天房。原來，天房是阿拉伯人的崇拜之地，每年他們都到天房禁寺來朝觀。但是，穆斯林們遷到麥迪那以後，古萊什人竟把他們拒之於禁寺之外。穆罕默德決定做一次朝觀嘗試。他率領一千四百名穆斯林不配帶武器，趕

著大群祭祀牲口，親赴麥加進行朝覲。在幾經周折中，終於達成了「候達比亞協定」。協議規定雙方休戰 10 年，麥迪那人不許襲擊麥加商隊。古萊什人自第二年起離城三天，允許麥迪那穆斯林前來朝覲「天房」等等。

「候達比亞協議」以後，為確保麥迪那的安全，穆罕默德集中力量打擊麥迪那周圍的猶太人，把他們的殘餘清除了。

為了擴大穆斯林勢力，穆罕默德率軍繼續向巴勒斯坦、敘利亞一帶擴張。此次遠征雖然失敗，但在當地引起了強烈的反響。敘利亞邊境附近的各個阿拉伯部落相繼加入伊斯蘭教。穆塔城戰役以後，加強了伊斯蘭教的力量，穆斯林們也穩定了從麥迪那以北到敘利亞周邊的廣闊地區。

穆罕默德在遷往麥迪那後的 10 年傳教和建設過程中，以「聖戰」的名義，先後發動了 65 次戰役，其中他親自帶兵出征達 27 次。

穆罕默德鞏固麥迪那政權以後，準備集中力量攻克麥加城，但因「候達比亞協議」的緣故，又不好向麥加城宣戰。西元 629 年，穆罕默德找到了廢除休戰協議的藉口，下令出征。

西元 630 年 1 月，穆罕默德征服了麥加城，又陸續的征服了附近其他一些地區。西元 631 年，阿拉伯半島上的各部落紛紛派使團到麥迪那表示友好和歸順，改奉伊斯蘭教。當時盛況空前，故史稱「代表團之年」。基督教和猶太教居民，亦派代表團來簽訂和約，願以納貢形式來求得寬容。

同年夏天，穆罕默德又率 3 萬軍隊，再次出征敘利亞，與那裡的異教徒部落簽訂了和約，同意他們可以保持原有的信仰，但每年必須繳納一次人丁稅。這一先例在非伊斯蘭教區產生了深遠的影響。

自此，穆罕默德用宗教和軍事手段統一了阿拉伯半島。

穆罕默德自西元 610 年至 632 年，艱苦創教 23 年之久，過著一般人不能想像的困苦生活，於西元 632 年 6 月 8 日（伊斯蘭教

曆）因病逝世於麥迪那。穆罕默德給人們留下了珍貴的宗教信仰，為伊斯蘭教文明奠定了堅實的基礎。他作為一名著名的宗教、政治、軍事領袖將永遠彪炳史冊。

穆罕默德約西元 570 年 4 日降生於阿拉伯半島西部的古萊什部落。父親阿卜杜拉在他還沒有出世的時候就病逝了，他由母親阿米娜一手扶養。

當時住在沙漠中的阿拉伯部落在哺育嬰兒方面是很有名的。所以，麥加的貴族們保持著一種奇特的習慣，孩子出生後第八天，把孩子送到沙漠居民中去哺育，等到 8 歲或 10 歲以後接回城。阿米娜也把自己的孩子穆罕默德送到沙漠居民中哺育，乳母中有個名叫海麗麥的哺養了穆罕默德。穆罕默德在海麗麥身邊生活到 5 歲。

穆罕默德回到麥加以後，不久母親和祖父相繼去世，叔叔艾卜・塔利卜照顧和保護穆罕默德。穆罕默德 12 歲開始，跟著叔父長途跋涉去敘利亞經商。他對阿拉伯半島的社會情況的了解就來源於經商活動來回的路途上。猶太教和基督教的傳教活動，激發了他研究宗教的興趣。

穆罕默德 25 歲時，受雇於麥加一位富孀赫蒂徹，後與她結為夫妻。穆罕默德結婚後，生活上才有了保障，他充當赫蒂徹的商務經理人，社會地位很快得到了很大的提高。

當時，阿拉伯人的思想家們每年都要遠離世人，隱居一段時間，思考各種社會問題。穆罕默德經常去麥加北面 20 多公里以外的希拉比，隱居在山頂峰的小山洞裡，晝夜沉思冥想。經過這樣幾年的思考。他的思想逐漸成熟，看清了生活中的虛假浮華，認為形形色色的拜物教使人們背離了正路。他認為，世上唯的一真理就是阿拉，阿拉是全世界的主，他是普慈特慈的。他還認為，人們將以自己的行為得到報應。

據傳說穆罕默德 40 歲時，再次來到希拉比山洞，有一天他在睡覺，夢中一位天使手捧經卷來到他面前，天使教他宣讀：「你奉你的創造主的名義而宣讀 —— 是他用血塊創造了人類。……你的主最尊嚴高貴，他教人們使用筆

桿，傳授人類以他們原先不懂的智慧」（《古蘭經》第九十六章）。這就是天使在傳達阿拉的神諭，讓穆罕默德成為「先知」。

從此，穆罕默德便以先知警告者的身分開始了他的宗教活動。他在布道初期，主要號召人們歸信阿拉，歸信他，才能免受懲罰，這樣來世將比今生更美好，死後還可以復活。

法蘭西第一帝國皇帝 —— 拿破崙

拿破崙 —— 一個在 19 世紀攪得歐洲大陸天翻地覆的人。他領導法國士兵數次擊退反法聯盟，使得法國成為當時歐洲疆域最大的國家。同時，拿破崙堅決鎮壓國內保王黨，穩定國內政權，並頒布了《民法典》，鞏固資產階級革命成果。法蘭西和他的領袖一齊載入史冊。

拿破崙出生在科西嘉島（Corsica）。科西嘉島人，具有好鬥和頑強的性格，拿破崙從很小的時候就具備了這樣的特點，並對軍事極為感興趣。1793年，從軍校畢業不久的拿破崙上尉，以獨到的戰略眼光及傑出的戰術成功平息了土倫王黨分子叛亂，被擢升准將。後來又在巴黎領導五千人成功平息了四萬保王黨分子的暴亂，成為法國大革命中一顆耀眼的新星。

拿破崙成名後並沒有去享受舒適的生活，很快就投入到了與反法聯盟軍的戰鬥中去。他領導的義大利軍團曾被稱為「叫花子軍」。在拿破崙的整頓和指揮下，這一支「叫花子軍」具有了強大戰鬥力，不僅在義大利擊敗奧（地利）撒（丁）聯軍，占領整個義大利，還揮師直逼奧地利首都維也納，迫使奧皇簽下城下之盟。這樣，軍事天才拿破崙粉碎了第一次反法聯盟，贏得了法國人民的信任與尊重，為他以後實行帝制奠定了堅實的基礎。

1799 年，遠征埃及的拿破崙獲悉第二次反法聯盟已經形成，而法軍一敗再敗，國內局勢非常緊張。拿破崙敏銳的察覺到一場大的政治變動即將到來，這對他是一個非常難得的機遇，於是他悄悄潛回法國，發動「霧月政變」，自任

第一執政官，並開始大刀闊斧的改革。他實行中央集權制，大力發展銀行及工商業，建立新企業，鼓勵大機器生產。在拿破崙的鐵腕統治下，混亂的法國恢復了秩序，經濟得以發展，消滅了財政赤字，拿破崙進一步得到了人民的擁戴。

在拿破崙緊鑼密鼓的進行國內改革時，第二次反法聯盟成立，聯軍開始進攻法國。拿破崙指揮軍隊沉著的揮指戰鬥，靈活多變，採取各個擊破的戰術，僅用了一個月時間就打垮聯軍，瓦解了第二次反法聯盟。拿破崙在後來幾次與反法聯盟的對抗中取得了六十多次勝利，充分顯示了他非凡的軍事才能。

為了更好的管理國家，1800 年 8 月 12 日，拿破崙發布命令成立民法法典起草委員會。1803 年，拿破崙主持通過了這部法蘭西民法典的 2281 條條款，1804 年 3 月正式頒布了《民法典》（又稱《拿破崙法典》）。這部《拿破崙法典》被譽為世界法律文化的一個里程碑，成為近現代資產階級立法的藍本，並沿用至今。

拿破崙的愛情與婚姻帶有很濃厚的政治色彩

1796 年 3 月 9 日，拿破崙與一位在大革命時期被處死的將軍的遺孀約瑟芬‧德‧博阿爾內結婚。比拿破崙大 6 歲，並是當時著名的交際花。拿破崙希望透過這次婚姻鞏固自己的政治地位，除了這個以外，他也深深的愛上了約瑟芬。

婚後第二天，拿破崙便上前線指揮軍隊作戰。他每天都要寫信給約瑟芬表達他對她的思念之情，並希望約瑟芬赴前線與自己相會，以解相思之苦。可是，過慣了花天酒地的舒適生活的約瑟芬總是找藉口推託。最後，約瑟芬雖然來到米蘭與拿破崙相聚，卻背著拿破崙與年輕的夏爾中尉幽會。拿破崙察覺此事後非常氣憤，雖然原諒了妻子，也還依戀著約瑟芬，但熱情已遠不如從前。

稱帝後，拿破崙意識到不能生育的妻子對他的帝位的延續是一種威脅，於是以此為理由與約瑟芬離婚。

　　拿破崙的第二次婚姻政治色彩更為濃厚。當時，拿破崙打敗了奧地利，趁機向 18 歲的奧地利公主瑪麗‧路易絲求婚。為了透過聯姻而使國家得以喘息，瑪麗在萬分不情願的情況下答應了這門婚事，第二年為拿破崙生下一子。

　　由於政治成分太重，拿破崙的婚姻註定是不幸福的。以至於當拿破崙被流放時，他的兩個妻子沒有一個去看望探視過他。

　　1815 年 3 月 1 日，拿破崙率厄爾巴島上的 1,030 名官兵和伴隨他流放的貝唐德、德勞特、康布羅納 3 位將軍在法國儒安港登陸。上岸後，拿破崙發表了著名的演說，號召士兵們振作起來，推翻腐朽無能的波旁王朝，當即就有一個團的官兵倒戈擁護拿破崙。在向巴黎進軍的途中，拿破崙命令士兵一律槍口向下，不准開槍，而前來阻止拿破崙前進的部隊不斷倒戈，高呼「皇帝萬歲」。拿破崙的隊伍越來越強大，前面是軍隊開道，後面簇擁著數不清的百姓。波旁王朝成員們在 3 月 19 日就作鳥獸散了。3 月 20 日，拿破崙在歡呼聲中步入杜樂麗宮（Palais des Tuileries），重新登上皇位。就這樣，拿破崙在 20 天裡沒有用一槍一彈，就重新奪回了皇位。

政壇領袖

美國第一國父 —— 華盛頓

　　華盛頓是美利堅合眾國的奠基者，第一任總統。他領導了美國獨立戰爭並取得勝利，獨立戰爭勝利後，他反對君主制，主張建立立法、行政和司法三權分立的共和政體；發展工商業，保護對外貿易，主張逐步廢除農奴制。華盛頓開創了美國的社會制度、生活方式和文化傳統，被人們稱為「戰爭中第一人，和平中第一人，同胞心目中第一人」。為了紀念這位偉人，美國首都就以他的名字命名。

　　英國取得北美的霸權後，加劇殖民掠奪，把北美作為原料產地和商品銷售市場，限制的方工業的發展，加強稅收，控制貿易，搞得民不聊生，不斷的爆發著反英戰爭。1775 年，北美獨立戰爭爆發，華盛頓任十三州大陸軍總司令。他透過對部隊的視察，總結出要想取得不斷的勝利，只有整頓大陸軍再採取相對的軍事行動。他提出統一全軍建置，嚴明軍紀，確保後勤保障、加強內部團結、調整軍事部署等措施。經過整頓的大陸軍士氣高漲，求戰心切。華盛頓抓住有利時機，發動了收復波士頓的戰鬥。這次戰鬥歷時九個月，大陸軍取得了首次大捷。1776 年 7 月 4 日，由傑佛遜起草的《獨立宣言》問世，它向全世界宣告：「美利堅合眾國誕生了。這鼓舞人心的消息使全軍將士的士氣大振，又接連取得了多次勝利。」

　　1781 年，華盛頓與英軍將領康華里在約克鎮展開決定性的關鍵戰役。9 月 27 日，華盛頓發出向約克鎮進軍的總命令，10 月 17 日，約克鎮八千英軍終於在走投無路的情況下，無條件投降。1783 年 9 月 3 日，美英在巴黎簽訂和約，英國正式承認美國獨立。經過八年艱苦卓絕的戰鬥，美國人民終於贏來了劃時代的偉大勝利。

　　1787 年，華盛頓主持費城會議，制訂《美利堅合眾國憲法》，確立了立法、行政和司法三權分立的共和政體。1789 年他當選為總統，並連任兩屆。在任期內，華盛頓政府頒布司法條例，成立聯邦最高法院，大力發展工商業，加強外貿往來，逐步廢除農奴制。由於這些政策的貫徹執行，美國擺脫了建國初期面臨的各種困難，走上健康發展的道路，華盛頓被美國人民尊稱為「國父」。

　　華盛頓 16 歲的時候，就和大哥的內弟喬治‧費爾法克斯一起，帶上測量工具和簡單的行李，到蘭嶺以西的地區發展土地測量工作。這一地區當時還屬蠻荒地帶，生活條件十分惡劣，要進行正常的土地測量工作，不僅異常艱辛，還有很大的風險。有一天晚上，突然狂風大作，暴雨傾盆，他們住的帳篷居然被掀翻了，他們只好在雨中等待天明。還有一次，華盛頓睡覺的草蓆著火了，好在發現及時，沒有危及生命，只是把他身上的衣服燒了幾個大洞。他們成天在外測量土地，只能靠狩獵和採集野菜充飢。

　　這所有的一切困難，都沒有使華盛頓放棄，他憑藉頑強的毅力，堅持進行土地測量。在測量的過程中，他認真負責，一絲不苟，不停的測量、劃分地界、豎立界標，還把觀察到的實物，包括地形地貌、土壤性質、物產、風俗民情等詳細記錄下來，使這一地區的人文、地理、農業等情況得以被人們了解，也為他後來事業的發展提供了有益的借鑑。

　　1752 年，華盛頓剛剛 20 歲，他迷戀 16 歲的貝琪‧方特勒羅伊。這位小姐風姿綽約，楚楚動人，華盛頓為之心動，鼓起勇氣，一連三次求婚，都被拒絕。貝琪‧方特勒羅伊覺得華盛頓談吐不夠幽默，將來不會有大作為，這種拒絕極大的損傷了華盛頓的自尊心。

　　1756 年初，華盛頓在紐約邂逅老同學弗利‧魯濱孫的小姨妹瑪麗。瑪麗有較高的修養，還擁有兩萬多公頃良田。華盛頓在她家住了一個星期，兩人相處十分融洽，大有相見恨晚難捨難分之情，但他仍然拋開了兒女情長，回到了需要他的戰場。結果瑪麗後來跟別人結了婚。

　　1758 年 5 月，華盛頓在處理公務的途中，路過張伯倫的家。張伯倫家的傳統習慣是，凡是乘渡船在他的莊園登岸的旅客，都會受到熱情的款待。華盛頓在這裡遇到了當地最富有的寡婦瑪莎。瑪莎擁有大筆的財富，但在生活中卻連遭打擊：兩個孩子夭折，丈夫去世，這給她帶來沉重的精神創傷。但僅就個人而言，瑪莎能寫會算，知識豐富，善於治家理財，具有大家閨秀的風範。經過深入交淡，他們彼此有了一定的了解，華盛頓向瑪莎求婚，瑪莎也覺得華盛頓更適合當個精明的農莊主人。三個月後，瑪莎答應了華盛頓的求婚。1759

年 1 月 6 日，按照當地的習俗，在親朋好友的簇擁下，他們在新娘的寓所舉行了婚禮，結為百年之好。

解放黑奴的總統 —— 林肯

　　林肯發表了解放黑奴、廢除奴隸制的著名宣言 ——《解放黑人奴隸宣言》，成功的鎮壓了南方奴隸主、莊園主的武裝叛亂，結束了內戰，使美國免遭分裂。

　　林肯是一個堅定的廢奴主義者，但他厭惡暴力與戰爭，這決定了他只願透過法律的手段或者是其他和平方式解決奴隸問題。但南方各州的奴隸主堅決反對林肯廢除奴隸制，並於 1861 年發動了南北內戰。

　　由於南方叛亂者早有預謀，北方軍隊卻是由臨時徵召的士兵組成，加上指揮官無能，北方在戰爭初期一直處於被動的位。數次慘敗造成士兵信心動搖，並出現了大量的逃兵。在這種情況下，林肯於 1863 年 1 月 1 日頒布了他構思已久的《解放黑人奴隸宣言》，宣布自宣言發布之日起，南方叛亂各州「作為奴隸被占有的人永遠獲得自由；合眾國政府行政部門，包括陸海軍當局，將承認並保障上述人等的自由，條件適合的那一部分人將被允許參加合眾國武裝部隊，守衛要塞、陣地、兵站和其他地方，以及在上述武裝部隊的各種艦隻上服務」。《解放黑人奴隸宣言》極大的鼓舞了士氣，黑人奴隸參軍作戰的積極性被調動，使得北方部隊兵源充足，士氣高漲。

　　1864 年，林肯發現了格蘭特（Ulysses Simpson Grant）這位軍事天才，任命他為聯邦軍總司令。在格蘭特的英明指揮下，北方軍接二連三取得勝利，終於在 1865 年 4 月 3 日攻占了南方聯邦首府里士滿（Richmond）。林肯領導的北方聯邦政府勝利的結束了長達四年之久的南北內戰。四年中，林肯總統兢兢業業，嘔心瀝血，以他寬厚仁慈之心及不屈不撓的精神換得了美國的統一，其功績不在開國總統華盛頓之下。

　　林肯出生於一個貧窮的拓荒者家庭，很小的時候就開始幫家裡工作。由於

家窮，他沒有上過任何系統完整的學校，前後上學的時間總共也不超過一年。林肯9歲時，姨媽和母親先後被病魔奪去了生命，就這樣，林肯過早的失去了母親，並擔起了生活的重擔，幸好姐姐薩拉很能幹，把家務做得井井有條。直到一年後父親再婚，日子才算有了規律。

雖然林肯沒能進入正式的學校學習，但是他靠著勤奮，透過各種各樣的方式來獲得學習知識的機會。沒有書，他就以勞動換取借閱書籍的權利。沒有筆和紙，他就在沙地上用樹枝比劃。

為了貼補家用，11歲時林肯就開始打小工賺錢來補貼家用了。他給鄰居劈過柴，做過平底船工，當過小店雇員。艱難的生活磨練出他不屈服於困難的精神，也造就了他寬厚、仁慈的平民性格。

林肯情感世界中的婚姻生活並不幸福。

1833年，林肯遇到了安・拉特利基。安是商人麥克納的未婚妻，但麥克納卻在一年前丟下安去了紐約。安每天都企盼著郵政官林肯給她帶來好消息，可是麥克納的信卻越來越少，看著安失望的樣子，林肯總要說上幾句安慰的話。透過長時間的這樣接觸，林肯與安擦出了愛情的火花。誰知一年後，安卻罹患重病不治身亡。林肯悲痛欲絕，經常一個人立在安的墓前念念有詞。朋友不忍心看著林肯如此消沉，決意把林肯推入到繁忙的政治活動中去，以減輕他的悲痛。可是，憂鬱卻籠罩在了林肯的心裡。

1839年，林肯結識了他後來的妻子——瑪麗・陶德（Mary Todd）小姐。瑪麗・陶德是一個高傲任性、目中無人的女人，一心想成為總統夫人。她在認識林肯的同時也認識了史蒂文斯・道格拉斯，並認為後者是實現自己願望的最佳夥伴。但是，老練的道格拉斯與瑪麗接觸幾次後，發現她的缺點有可能妨礙自己的政治生活，遂與之斷絕了往來，失意的瑪麗再次把眼光轉向林肯，主動、頻繁的與林肯接觸。可是由於他們之間生活背景及性格相差太大，兩人幾乎沒有什麼共同語言，每次都是瑪麗在高談闊論，林肯總在一邊默默的聽著。時間一長，林肯發現瑪麗並不是適合自己的人。經過慎重考慮以後，他向瑪麗提出分手。可是，看著號啕大哭、淚人似的瑪麗，林肯又覺得於心不忍，

結果兩人又情不自禁的擁抱在一起。

1841年1月1日本是瑪麗與林肯舉行婚禮的日子，可新郎卻不見了。原來，這時的林肯正受著理智與感情的煎熬。一方面，他必須履行諾言，與瑪麗結婚；可另一方面，他又不能忍受瑪麗的火暴脾氣和自以為是的性格，在感情上無法接受她。最終，感情戰勝理智，林肯逃跑了。幾經周折，林肯覺得無法逃避現實生活，還是回到了瑪麗身邊，只是從此他已經對美滿幸福的婚姻失去了信心。

婚後，瑪麗對林肯橫挑鼻子豎挑眼，從著裝、走路到吃飯，無所不及。林肯入主白宮後，瑪麗更是不可一世，對周圍的人指手畫腳，動不動就大聲斥責。她還不許任何一個異性接近林肯，否則便大吵大鬧來發洩她對林肯的不滿，這使她成了白宮最不受歡迎的人，而林肯卻一直默默的忍受著她的這種折磨。

1864年7月，一支叛軍在厄爾利指揮下直逼幾乎是孤城的華盛頓，並攻進了郊區的第七街。情況十分危急，林肯決定親臨前線督戰。他神態自若的走上堡壘，面朝叛軍方向靜靜的站著。身邊的人不時中彈倒下。這時，一個上尉發現了這個「呆頭呆腦」的高個子，忙撲上去把他壓倒，並大聲責罵：「你這個笨蛋！」林肯沒有生氣，而是幽默的說：「我很高興的看到你懂得如何跟一個平民講話。」

今天，人們看到林肯的畫像，知道當年的林肯是一個大鬍子。而林肯之所以留鬍子其實是因為一個小女孩的建議。這位小女孩叫格雷斯‧安得爾，這其中還有一個小故事。

一天，格雷斯拿著林肯的照片翻來覆去的看。她總覺得林肯消瘦、憂鬱的臉不是很好看，就開始設計給林肯改變形象。突然，她想到，如果留上連鬢鬍子的話，林肯肯定會比現在神氣。於是她寫了一封信給林肯，告訴他自己的想法。沒想到的是，4天後林肯就回信說，他非常願意接受格雷斯的建議。從此，林肯的臉上便有了連鬢鬍子。

在美國歷史和人類歷史上林肯必將與華盛頓齊名。

—— 馬克思

林肯看似平靜而胸懷熱情，只想以自己的誠實努力而出人頭地，成就一番事

業。這種典型的美國人的推動力支配了他的漫長生涯,直至注意到奴隸制問題。他對這種動力的理解指導了他的政治思想。

—— 理查‧霍夫施塔特

印度聖雄 —— 甘地

甘地作為現代印度民族解放運動的領袖,領導印度人民與英國殖民者進行頑強的鬥爭,為印度的民族獨立和解放做出了巨大的貢獻。在印度被尊為「聖雄」。

甘地出生在一個宗教家庭,很小就受到父母的影響並迷戀上了宗教。後來,甘地到英國留學時,對《聖經》上的「有人打你的右臉,連左臉也轉過來由他打」的處世哲學產生共鳴。

回國後,律師甘地受南非印籍商人達達‧阿布杜邀請到南非打一場官司。在那裡,甘地真實的體驗到了種族歧視的滋味。看到當地毫無權利的印度人受到殖民者非人的虐待毫無反抗的心理和力量時,甘地決心留下來,他要和印度僑民一起為爭取自由平等而努力。

很快,甘地便成了南非印度僑民的領袖。在他的帶領下,印度僑民採用「非暴力抵抗」的手段與南非當局進行了 20 年堅決的抗爭,終於取得了不小的成績:印度僑民的生活因此而得到改善,南非政府不得不修改對印度僑民帶歧視性的法案等等。

1915 年 1 月 9 日,已經聲名卓著的甘地回到印度,受到當地人們的熱烈歡迎。面對英國殖民者統治下的祖國人民,甘地決心再次拿起「非暴力抵抗運動」武器,為民族的解放而鬥爭。為此甘地專門成立了真理學院來培養和訓練非暴力抵抗戰士,來作為這場鬥爭的主要戰鬥力。

1919 年 2 月,英國政府制定《羅拉特法案》,引起印度人民的強烈憤慨。甘地在 4 月 6 日這天發起了全國總罷市,受到了當局的強烈鎮壓。為了增強鬥爭的力量和擴大鬥爭的範圍,1920 年 3 月,甘地提出了著名的「不合作運動」,

呼籲全印度人民抵制一切英國產品，拒絕英國的爵位封號，退出英國組建的殖民政府，號召人民穿自己生產的土衣土布。甘地身體力行，穿上了自紡的腰帶和披肩，每天都抽出時間來紡線，以此帶動廣大的印度人民，喚醒他們的民族意識。同時，甘地的「非暴力不合作運動」也成了國大黨活動的總路線。

殖民政府對不合作運動進行了殘酷的鎮壓，造成多起流血事件。期間，甘地多次被捕入獄，多次絕食抗爭。同時，甘地的鬥爭目標也漸漸明朗，從原來的爭取自治發展到爭取印度完全獨立的新高度。

1945 年，第二次世界大戰結束，元氣大傷的英國政府無力支撐海外殖民地，決定同意印度獨立。經過緊張準備，1946 年 7 月，印度舉行制憲議會選舉，國大黨占了絕對上風，而穆斯林聯盟所獲席位甚少。於是，穆斯林聯盟決定建立巴基斯坦。8 月，加爾各答發生了穆斯林與印度教徒之間的仇殺。雙方在衝突的過程中不斷的發生著流血事件。為了減少流血事件，甘地與國大黨不得不答應穆斯林聯盟印巴分治的要求。1947 年 8 月中旬，印度與巴基斯坦同時宣告成立。英國終於結束了對印度的殖民統治。

甘地 7 歲時，按印度的風俗，與一個叫嘉斯杜白的女孩訂婚。1882 年，13 歲的甘地便與嘉斯杜白結了婚。

可以說，剛結婚時，甘地夫婦毫無感情可言。但是，這對夫妻在與殖民者的長期鬥爭中卻建立起了深厚的感情。

甘地在南非領導印度僑民進行「非暴力抵抗運動」時、嘉斯杜白不僅操勞家務，照顧孩子，還關心丈夫所領導的運動。在這期間，嘉斯杜白深受甘地影響，也成為了甘地忠實的英勇不屈的非暴力抵抗戰士，而甘地一有空閒，就輔導嘉斯杜白學習知識，使她從目不識丁的女子變成了自己的一名得力助手。

1942 年 8 月 8 日，甘地被捕入獄。兩天後，甘地夫人也被捕入獄。在獄中非人的折磨很快就讓甘地夫人一病不起，政府對甘地要求治療的要求根本無動於衷。這讓甘地縱有滿腔的怒火也照樣無可奈何，只是更加堅定了他鬥爭到底的信念。

1944 年 2 月 22 日，嘉斯杜白依偎在甘地的懷中閉上了雙眼。

在甘地夫人的葬禮上，甘地望著夫人的遺體在烈火中漸漸消逝，淚如泉湧，他的心沉浸在生死別離的極度悲傷之中，懷念著嘉斯杜白對他的照顧和關懷。整整六個小時，甘地扶著棍子依在火前，不曾移動半步。

甘地是一個素食主義者，但他年輕時也偷偷的吃過肉食。

讀中學時，一位好友把甘地拉到遠離學校的一條小河邊，告訴他，英國人之所以高大強壯是因為吃肉，印度人矮小瘦弱是因為不吃肉，還說他自己之所以體格強壯也是因為吃肉。身體瘦弱的甘地信以為真，決定打破禁律。第一次吃小羊肉時，太濃的羶味讓甘地無法下嚥，但是一想到吃了肉以後就能有強壯的身體，甘地決定進一步嘗試。此後，他一度頻繁的出入餐館，為了強健體魄而享用色香味俱全的葷宴。

後來，甘地向父親懺悔，並決定終生吃素。

抗擊法西斯的蘇聯英雄 ── 史達林

史達林，是蘇聯共產黨和國家主要領導人，武裝力量最高統帥，戰略家，蘇聯大元帥。生於喬治亞一鞋匠家庭。1894 年進入正教中學讀書，開始參加革命活動。

1898 年加入俄國社會民主工黨。1901 年 3 月開始職業革命家生涯，投身俄國無產階級解放事業，先後被捕 7 次，流放 6 次。1903 年被選進黨的高加索聯盟委員會。曾參加俄國 1905 年革命，捍衛並執行布爾什維克的戰略和策略。1912 年被增補為俄共（布）中央委員會委員，並領導中央委員會俄羅斯局的工作。1917 年 5 月當選為黨中央政治局委員。10 月主持黨領導武裝起義的革命軍事總部，協助列寧組織和領導十

月社會主義革命。革命勝利後，他擔任民族事務人民委員、國家監察部人民委員等職。在蘇俄內戰和外國武裝干涉時期，先後擔任全俄中執委工農國防委員會委員、共和國革命軍事委員會委員和南方、西方、西南等戰線的革命軍事委員會委員，轉戰各地，為保衛新生的蘇維埃政權建立了卓越功勳。

　　1922 年 4 月，在俄國共產黨第十一次代表大會上當選為黨中央總書記。1924 年 1 月列寧逝世後，他領導蘇聯黨和人民在十分艱難的條件下進行社會主義建設，把落後的農業國變成先進的工業國，為國防奠定牢固的經濟技術基礎。

　　1941 年蘇德戰爭爆發後，擔任國防委員會主席、國防人民委員和武裝力量最高統帥。他動員、組織和領導全民進行反法西斯戰爭。依靠最高統帥部大本營及其總參謀部，及時做出策略決策，制定策略計畫，組織策略協同，組建和使用策略預備隊，先後取得了莫斯科會戰、史達林格勒會戰和庫爾斯克會戰等一系列戰略決戰的重大勝利。同時，積極發展外交活動，曾參加蘇、美、英三國首腦在德黑蘭、雅爾達和波茲坦舉行的會議，在推動世界反法西斯聯盟的建立和鞏固，制定打敗德意、日法西斯的戰略決策方面，起了舉足輕重的作用。戰後，史達林擔任蘇聯共產黨黨中央總書記、蘇聯部長會議主席和蘇聯武裝力量部長，領導蘇聯人民恢復和發展遭到戰爭嚴重破壞的經濟，加強國防建設，迎接「冷戰」的挑戰。

　　1953 年 3 月 5 日因患腦溢血逝世於莫斯科。在史達林的一生中，軍事活動占有重要地位。他對蘇聯軍事理論和軍事學術的發展做出了重要貢獻。

　　1879 年 12 月 21 日，出生於俄國南高加索梯弗里斯（1936 年改名提比里西）州哥里城的一個鞋匠家庭。原姓朱加施維裡，喬治亞人。1894 年在哥里教會小學畢業，升入梯弗里斯正教中學讀書。15 歲開始參加革命運動。曾在鐵路工人中宣傳馬克思主義。1898 年加入俄國社會民主工黨。1899 年因從事革命活動被正教中學開除，從此成為職業革命家。1901 年當選為俄國社會民主工黨梯弗里斯委員會委員。同年 11 月底，由委員會派往高加索巴土姆從事建黨活動。1902 年參加巴土姆工人示威、遊行和罷工鬥爭。當年 4 月被捕入獄，流放西伯利亞。1903 年 3 月高加索社會民主工黨舉行第 1 次代表大會，史達林缺席當選高加索聯盟委員會委員。1904 年從流放地逃回梯弗里斯，擔任黨的巴庫委員會委員。同年 12 月領導巴庫石油工人大罷工。在布爾什維克與孟什維克之間的鬥爭開始後，史達林發表《無產階級和無產階級政黨》、《略論黨內意見分歧》、《答社會民主黨人報》等文章，支持布爾什維克的觀點。

在俄國 1905 年革命時期，為高加索地區革命領導人。1905 年 12 月代表高加索黨組織，出席在芬蘭塔墨爾福斯召開的布爾什維克黨第 1 次代表會議，首次會見 B‧N‧列寧。1906 和 1907 年參加俄國社會民主工黨第 4 次和第 5 次代表大會。1902 ～ 1913 年間，他先後 7 次被捕，6 次流放，5 次逃脫，從未間斷反對沙皇專制制度的鬥爭和傳播馬克思主義。1912 年 1 月在黨的第 6 次代表會議（布拉格代表會議）上被缺席選為中央委員，並受黨的委託領導黨中央俄國局的工作。1912 年春，負責創辦《真理報》，同年 9 月任《真理報》主編。1912 年底至 1913 年初撰寫了《馬克思主義和民族問題》，闡明馬克思主義關於民族問題的理論和綱領，得到列寧的高度評價。

輪椅上的美國英雄 —— 羅斯福

美國總統羅斯福在執政期間，以其「新政」使美國經濟復甦，並領導美國人民聯合英、法、蘇、中等國取得了反法西斯的二戰的全面勝利。

1933 年，羅斯福就任美國總統，開始實施「新政」。他率先對已經癱瘓了的金融機構進行清理整頓，下令只有經過嚴格審核合格的銀行才有資格營業。同時趕印新鈔，緊急空運到各州銀行。這一緊急措施穩定了人心，避免了銀行將發生擠兌的軒然大波。

接下來，羅斯福簽署了《農業救濟與通貨膨脹法令》，並專門設立「農業調整署」，以此「調整農業生產及農產品的加工銷售」。調整法案使農民經濟收入開始好轉，農產品價格開始逐漸回升。羅斯福還下令建立「工程振興局」，其主要任務是透過「以工代賑」來減少失業人口，這樣不但利於國家基礎建設的實施，還解決了就業問題。「以工代賑」不僅解決了 350 萬人的就業問題，還為國家的基礎建設貢獻了巨大成果：森林覆蓋面積增多，新建了全國 70% 的校舍、政府辦公廳和 35% 的醫院等公共衛生設施，這些都是「以工代賑」建設起來的。

羅斯福的「新政」使美國經濟走出低谷，開始復甦。

國內形勢剛有所好轉，國際形勢卻開始日趨緊張：德、義、日法西斯國家瘋狂擴軍備戰，眼看即將爆發一場席捲全球的戰爭。羅斯福已經意識到法西斯的擴張野心，開始了反法西斯的積極準備。

二戰爆發初期，由於英法的妥協政策，歐洲形勢極其嚴峻。羅斯福焦急萬分，與國內保守派進行了反覆的鬥爭，終於促使「中立法」得以修改，美國開始向英法提供大量援助。

1941 年 12 月 7 日，日軍偷襲珍珠港，美國太平洋艦隊幾乎全部毀滅，美國不得不對日宣戰，可以慶幸的是羅斯福早已著手準備了幾年，才能勉強應付。

1942 年元旦，國際反法西斯同盟正式宣告成立。就在這一年，為了提高國民士氣，羅斯福決定對日本東京進行遠程轟炸。經過周密策劃，4 月 18 日，16 架 B—25 轟炸機飛抵東京投下炸彈。這一行動極大的震動了日本朝野。日本匆忙集結海軍，在中途島與美國海軍會戰。日軍因為在這場戰役中損失了 4 艘航母、330 架飛機，而喪失了海上和空中優勢。

1943 年 11 月 27 日，羅斯福飛往德黑蘭，與邱吉爾（Winston Churchill）、史達林舉行會晤。會上，羅斯福提出了德、日法西斯國家必須無條件投降的建議，同時向英、蘇兩國首腦闡述了他對戰後國際和平組織 —— 聯合國的構想，得到兩國首腦共同的認可，他們決定在第二年的六月分執行盟軍開闢歐洲第二戰場的「霸王行動」，以加快德國的滅亡。

1945 年，世界反法西斯戰爭取得了決定性勝利，美、英、蘇三國首腦在雅爾達會晤，商討戰後世界格局的安排。這次三方利益衝突分歧很大，但這次會議還是克服了困難，達成了「成立聯合國」等有益世界和平的協定。

1921 年，一場災難打破了羅斯福幸福寧靜的生活。

1921 年 8 月 10 日，羅斯福與家人乘遊艇在海上度假，突然發現一座小島上發生火災，全家人都投入到撲滅山火的行動中。兩小時後，山火被撲滅，又累又熱的羅斯福跳進湖水中洗澡。沒過一會，由於湖水太涼，就不得不爬上岸來。回家後，羅斯福忙著處理文件，沒有把溼衣服換下來，沒想到第二天就病

倒了，第三天，病情迅速惡化，手腳都不能動彈。經醫生診斷竟是脊髓灰質炎，也就是小兒麻痺症。這種病在成人身上發作的機率是很小很小的，這種不幸偏偏落到了羅斯福的頭上。

發病後，羅斯福的雙腿癱瘓了，並且還在向上蔓延。這突如其來的打擊讓羅斯福苦不堪言，但他沒有氣餒，他還說：「我就不相信這種娃娃病能整倒一個堂堂男子漢。」在醫生的指導下，羅斯福每天都堅持鍛鍊，終於依靠固定在腿上的鋼架站了起來，而且學會了自己操作輪椅。輪椅從此成了他的代步工具。在總統競選期間，羅斯福的輪椅幾乎走遍美國，他的「新政」措施和「身殘志堅」的精神為他贏得了更多的選民。1933 年，羅斯福如願以償，成為美國第 32 任總統。

輪椅上的羅斯福面對經濟大蕭條的美國，努力排除干擾，堅決實施「新政」。然而，各方面的壓力是非常大的，特別是在改組最高法院時，他被指責想搞獨裁，這時他必須獨自承受這些巨大的精神壓力，堅決實行「新政」。

1945 年，隨著盟軍的節節勝利，美、英、蘇三大國之間的猜忌、矛盾越來越大。羅斯福多次建議，三大國就戰後一系列問題舉行會談。由於會址在遠離美國的雅爾達，從美國到雅爾達要先在海上奔波 4,883 英里，再轉乘飛機飛行 1,375 英里，往返旅程達一萬多英里。這時的羅斯福已經意識到自己虛弱的身體將經受不住這樣的折騰，甚至可能直接影響生命安全。但是，他為世界的和平，他還是願意貢獻自己的最後一份力量。最終還是前往雅爾達參加了會議。事後，果如他所料，因過度勞累，從雅爾達回國僅兩個月便病逝了。他的這種犧牲自我、顧全大局的精神為人們所傳頌。

文武全才的英國首相 —— 邱吉爾

二戰期間，邱吉爾臨危受命，組建內閣出任英國首相，領導英國人民與納粹德國進行頑強的戰鬥。在邱吉爾強有力的領導下，英國得以保全，免遭德國的占領。邱吉爾為世界反法西斯戰爭取得勝利做出了重要貢獻。邱吉爾還是著

名作家，曾獲 1953 年度的諾貝爾文學獎。

1924 年，身為英國財政大臣的邱吉爾深切的感受到來自德國的威脅，他提醒人們：迅速崛起的德國正企圖稱霸歐洲。果然不出他所料，1939 年德國占領波蘭，第二次世界大戰爆發。由於英法兩國對德採取妥協政策，歐洲很快陷落。1940 年 5 月 10 日，英國女王緊急召見海軍大臣邱吉爾，授權他組織新政府，取代軟弱的張伯倫政府。

上任後的邱吉爾積極備戰，他頻繁飛往法國，希望法國能堅持抵抗德國的瘋狂進攻，同時還希望取得美國的援助，他積極的與羅斯福交換意見。1940 年 5 月 26 日，邱吉爾指揮了英法聯軍的敦克爾克大撤退，挽救了三十萬抗德士兵的性命，這次大撤退為以後的反攻保存了實力。但是，大量的武器裝備卻丟在了法國。這時，英國戰鬥力十分薄弱。國內只有野炮 500 門、坦克 450 輛、25 個空軍中隊以及不足 300 架飛機，在這種情況下，邱吉爾高舉起抗戰旗幟，號召全國上下團結一心。

1940 年 7 月，希特勒發動了占領英國的「海獅計畫」，從空中對英國進行打擊。在邱吉爾的堅強領導下，英國軍民展開了保衛祖國的「不列顛之戰」。戰鬥從 7 月一直持續到 11 月，英國軍民頑強抵抗，粉碎了希特勒攻占英國的美夢。在這場曠日持久的空戰中，德國損失慘重，空中優勢喪失殆盡。到空戰結束時，英國空軍戰鬥機反而以 9,224 架對 8,070 架的優勢壓倒了德國空軍。

眼看德國占領了歐洲，義大利法西斯分子墨索里尼盯住了非洲，企圖攻占埃及，以實現其擴張目的。在邱吉爾精心指揮下，英軍取得了羅盤戰役的勝利，這次戰役極大的鼓舞了英國人民和非洲人民反法西斯鬥爭的信心。

1941 年 6 月 22 日希特勒大舉進攻蘇聯，苦苦支撐了一年多的英國終於有了一個強有力的戰友，邱吉爾很快改變了反蘇政策，轉而聯合蘇聯共同抗德。1941 年 12 月 7 日，日本偷襲珍珠港，美國宣布對日的戰爭。邱吉爾認為「勝利已成定局，只是時間問題而已」。

1942 年 11 月 8 日，盟軍實施「火炬」計畫，在北非的奧蘭、阿爾及爾和卡薩布蘭加登陸。到 5 月 13 日，美英聯軍解放了北非，第二年 7 月墨索里

尼下臺，10 月，美、英、蘇發表承認義大利為共同作戰方的宣言，德意聯盟被瓦解。1943 年 11 月 28 日，邱吉爾遠赴德黑蘭參加三巨頭會議，會上一致決定為了加速法西斯德國的滅亡，在 1944 年 6 月執行開闢第二戰場的「霸王」計畫。眼看著盟軍節節勝利，邱吉爾抑制不住內心的喜悅，不顧年老體弱，親赴前線視察，鼓舞作戰官兵為盡早解放柏林而努力。

1945 年 5 月 8 日，德國在無條件投降書上簽字，希特勒政府宣告結束。

在 1940 年 6 月到 1941 年 6 月一年的時間裡，邱吉爾在抗戰力量十分單薄的條件下，憑著他那堅強的毅力領導英國人民頑強鬥爭，遏制了德國法西斯的侵略腳步，為世界反法西斯戰爭立下了汗馬功勞。作為戰時領袖，他將永遠為人們所稱頌。

面對強大的敵人，邱吉爾沒有退縮，在抗戰力量十分薄弱的情況下，他向全國人民發表了一次著名的講話，極大的堅定了英國軍民與德國侵略者戰鬥到底的決心。這次講話成了英國軍民的戰鬥宣言：

「我們將戰鬥到底。我們將在法國作戰，我們將在海上和大洋中作戰，我們將具有越來越大的信心和越來越強的力量在空中作戰，我們將不惜任何代價防衛本土，我們將在海灘上作戰，我們將在敵人登陸的地點作戰，我們將在田野和街頭作戰，我們將在山區作戰；我們絕不投降。」

誰也沒有想到二戰英雄、前英國首相邱吉爾的婚姻卻是一把火燒出來的。

1911 年，邱吉爾被任命為海軍大臣，這位三十多歲的內閣成員卻還是單身漢，並不是沒有女人喜歡他，而是那時他只對政治感興趣，對女人不感興趣。他還堅信，不慎的戀愛關係可能會葬送他美好的政治前途。所以，邱吉爾一直拒絕戀愛。

有一次，邱吉爾正與弟弟在房間裡探討一些問題的時候，突然，房子著火燒了起來。邱吉爾積極投入到搶救工作中去，冒著生命危險衝入正熊熊燃燒的房子裡搶救財物。當他最後一次從燃燒的房子裡跑出來時，屋頂塌了下來。這一情景被在場的記者大肆宣傳報導，就是這些報導讓邱吉爾博得了一位聰明美麗的少女的芳心。這位少女當即拍電報給邱吉爾，傾訴自己的仰慕之情，一向

不願沾惹女人的邱吉爾，開始與這位名叫克萊門蒂娜的女孩子交往。開始了他的戀情生涯。最後，兩人結成了終身伴侶。

生活對邱吉爾來說永遠沒有靜止和消歇，因為他絕不能輕易停下自己的腳步。當一條路走不通的時候，他會立刻尋找自己能夠繼續前進的方向，即使這個方向和路徑需要自己付出較大的代價，在行進的過程中有著無比的危險也在所不辭。為了前進，他能大膽勇敢的捨棄。

邱吉爾是一個偉大的戰略家，不僅對戰爭的預言像雷達一樣準確，而且頭腦裡充滿了左右全方位的奇思妙想。

為了擴大反法西斯陣營，他大展宏圖，憑著高超的手腕和舉世聞名的舌頭，使史達林、羅斯福的大手堅定的和他握在了一起，這一握決定了法西斯的命運。

二戰頭號殺人魔王 —— 希特勒

希特勒是第二次世界大戰的元凶，是德國法西斯進行侵略戰爭的罪魁禍首。

1913年5月，希特勒突然離開單身漢公寓和維也納，遷居到德國的慕尼黑。

1914年，第一次世界大戰爆發，希特勒獲准作為志願兵加入了巴伐利亞步兵第一團，成了一名傳令兵。由於作戰英勇，他被授予一枚二級鐵十字獎章，擢升為陸軍下士。直到1916年10月7日，一顆炮彈炸傷了希特勒的腿，他才被迫離開戰場來到了野戰醫院。他被迫進了野戰醫院。半年後，重返前線。

此後，希特勒的作戰熱情仍未減，1918年6月，他俘獲了四名法國士兵，榮獲一枚一級鐵十字獎章。

組建納粹竊奪大權

1919年5月，希特勒留在了軍隊。為監視工人組織，阿道夫·希特勒被選為執行此種「偵察」任務的士兵之一，並被送進慕尼黑大學一個特種訓練班。在此期間，希特勒接受命令去查明右翼團體的任務，他以一個特務身分結識了德國工人黨（DAP），後來他

被接納入黨。他一方面繼續履行「偵察員」職責，一方面滿腔熱情的投入到黨的工作中去。

希特勒在黨內鞏固了地位，他和德雷克斯勒一道起草了一個新的綱領，此綱領為工人黨贏得上百名新的成員。

1920 年 3 月，希特勒被革除了軍職，他將全部精力投入到黨的工作中。他籌劃了黨旗和黨的標誌，黨旗以黑、白、紅三種顏色為底色，卍字為標誌。1921 年，納粹黨召開了第一次全體代表大會，這時已經擁有近 3,000 名黨員。希特勒由此成為慕尼黑資產封建國家主義者們的寵兒，並贏得了各界眾多的支持者和必要的金錢。

1922 年初，黨員增至 6,000 多人，並且在一些邦建立起地區性組織。到了 1923 年，黨員擴充到 5.5 萬名，從這裡開始涉足於國家政治生活。

由於發生了反對結束卡爾鬥爭的抗議風潮，巴伐利亞邦政府和德國中央政府發生衝突，在上述背景下，希特勒掌握了慕尼黑國家主義戰鬥組織─戰鬥聯盟實際領導權。但他並不贊成卡爾的分裂主義，他的目標在於建立專制政權。希特勒想透過突然襲擊來制服那些具有「國家主義思想」和「愛國熱情」的大人物們，結果讓他們受自己驅使的企圖很快就失敗了。然而，他並沒死心，舉行了遊行示威，遊行隊伍向統帥府大樓進軍時和員警局部隊發生槍戰，希特勒被逮捕，投進了蘭茲貝各監獄。

出獄後，希特勒表示要「循規蹈矩」。1925 年 2 月，希特勒又一次確定了他在納粹黨的元首身分。到了 1928 年，黨員人數達到了原來的四倍，希特勒又贏回了絕大部分昔日的支持者。

1929 年，10 月 24 日紐約爆發了世界性經濟危機。在德國很快發展成為一場國家危機，國會被迫解散並組織重新選舉。希特勒乘此機會舉行了一次競選活動。這次的選擇活動使納粹黨一下成為第二大政黨。

1932 年興登堡總統任期已滿，希特勒決定角逐新總統競選。經過一年的四次競選之後，納粹黨一躍成為國會中最大黨派。1933 年 1 月 30 日，興登堡任命希特勒為國家總理。

專斷獨裁陰謀擴張

希特勒被任命為國家總理後，納粹黨人戈培爾的宣傳可以無拘無束了。衝鋒隊的恐怖活動不再受到制裁。

1933 年 2 月 27 日傍晚，發生了國會縱火案，希特勒聲稱是共產黨人為的，指示戈林逮捕共產黨議員和黨的幹部，封閉共產黨新聞機構，藉機也封閉了社會民主黨的新聞機構。1933 年 3 月 5 日國會選舉期間，納粹黨的選票再次上升。

此後希特勒野心重重，他提出了頒布授權法的要求，使他在四年任期中間擁有立法權。授權法通過後，納粹黨的迫害活動就開始了。1933 年 6 月 22 日，德國社會民主黨被取締，其他資產階級政黨紛紛自行解散，1933 年 12 月 1 日頒發的《保障黨和國家的統一法案》最終宣布了納粹黨為德意志帝國的唯一政黨。

興登堡於 1934 年 8 月 2 日離開了人世。希特勒將國家總理和帝國總統的頭銜集於一身，同時兼任國防軍的最高統帥。

1935 年春，希特勒公開宣布了重整軍備計畫，公開違背凡爾賽條約規定，促使英法建立反德統一戰線，但是「綏靖政策」破壞了這種統一。

希特勒在國內加劇對猶太人的迫害。新的法律在 1935 年 9 月 15 日剝奪了猶太人的公民權利。後來又頒發了 13 條補充法令，剝奪了猶太人在德國謀生的權力。

1936 年 5 月，他下令軍隊開進了非軍事化的萊茵區，這是違反凡爾賽條約與洛迦諾條約的行為。沒過多久，希特勒就把德意志國防軍隊中的義務服兵役期延長了兩年。他這些強制行為讓西方列

強們目瞪口呆。

從 1933 年到 1936 年，第三帝國的軍費開支直線上升，但債臺也高築，此種政策勢必要導致戰爭。

希特勒於 1938 年占領奧地利後，將目標轉向捷克斯洛伐克。

希特勒首先挑起捷克斯洛伐克蘇臺德區的德意志人的騷動和叛亂，要求蘇臺德區自治。捷克斯洛伐克拒絕，並實行武裝動員。希特勒也下令準備《綠色方案》，9 月 15 日，英國首相張伯倫和希特勒首次會晤，雙方達成協議，共同對捷施加「友好的壓力」。9 月 29 日，希特勒、張伯倫、達拉第和墨索里尼在慕尼黑舉行會議，同意德軍開進蘇臺德區。10 月 1 日，蘇臺德區被占領了。希特勒在通往「大德意志帝國」道路上完成了一個階段性目標。

戰爭狂徒歷史罪人

1939 年 3 月 15 日夜間，德國軍隊奉希特勒之命向捷克首都布拉格進軍。3 月 16 日，希特勒僅用了一天時間就吞併了捷克，接著就撕毀了「慕尼黑協定」。之後，希特勒準備進攻波蘭。為了避免蘇聯捲入護波戰爭，導致德兩線作戰，希特勒邀請史達林會晤，不久簽訂了蘇德互不侵犯條約。希特勒保住了東部邊界。

9 月 27 日，波蘭經過有限的抵抗後，被占領宰割了。

1940 年 4 月 1 日，德軍進攻丹麥和挪威。希特勒捷足先登，搶在英軍前面占領了挪威。進攻丹麥的行動也很順利，沒有遇到抵抗。第二階段，德軍主力向北實施迂迴，幾天之後，荷蘭宣布投降，5 月 17 日，布魯塞爾倫陷，德軍以「月牙型」攻勢展開對英法 30 萬遠征軍合圍。英國 30 萬人被迫在 6 月 4 日前，撤離敦克爾克，回到英國。法國孤立無援，6 月 14 日，巴黎陷落，6 月 22 日，簽訂了德法停戰協定，法國向德國投降。經過一連串的「閃電戰」後，德國武裝部隊占領了半個歐洲。

　　希特勒指望著英國會乞求和平，然而遭到新首相邱吉爾的斷然拒絕。希特勒只好立即著手制定對英作戰

　　方案「海獅行動」，但德國空軍沒有取得打垮英國皇家空軍的預期戰果，也沒有能夠把英國政府「炸」到和平談判桌上來。希特勒放棄了遠征英國的「海獅計畫」，但仍控制地中海，堵塞英國通往東方的道路，並從南翼包抄蘇聯。

　　1941年6月22日，300萬德軍越過蘇德新邊界，發動了規模空前的蘇德戰爭。戰爭開始時，德軍連連獲勝。然而在1941年底的莫斯科保衛戰粉碎了希特勒的閃電戰術。

　　1941年12月7日，珍珠港事件拉開美國和日本之間的戰爭帷幕。希特勒急忙向美國宣戰。歐洲大戰變成了世界大戰。1942年底到1943年初，德國22個陸戰師在史達林格勒被全殲，同時，英國將領在阿拉曼戰役中也取得勝利。1944年6月，美英盟軍在諾曼第登陸，從此開闢了歐洲第二戰場，德國處於兩線作戰的不利地位，希特勒及其帝國滅亡的命運已成定局。

　　1945年2月12日，英美飛機轟炸了德勒斯登。4月下旬，柏林被蘇聯包圍了四分之三。很快，蘇軍攻入柏林，展開激烈巷戰。在第三帝國末日來臨之際，希特勒洩了氣。4月28日午夜不久，他和埃娃·布勞恩接受了結婚洗禮，4月30日，埃娃吞服了毒藥，阿道夫·希特勒用子彈射入了自己的太陽穴，結束了自己罪惡的一生。

　　以希特勒為首的法西斯德國，在第二次世界大戰中給世界許多國家的人民帶來空前的災難。希特勒不但對德國人民的生命財產造成了巨大的損失，同時也對世界人民犯下了滔天罪行，世界各國的珍貴文化遺產遭到的損失更是無法計算。

　　1889年4月20日，阿道夫·希特勒出生於奧地利布勞瑙一家名叫波麥的小客棧裡。希特勒的父親是那裡的一個海關官員。

　　從1895年到1898年，希特勒一直在鄉村小學上學，那時他是個專心聽

課，認真完成作業，成績優異的好學生。正因為這樣，小學一畢業父親就把他送到了林茲市的六年制中學讀書。

結果阿道夫‧希特勒來到林茲市中學後一下就變成了一個令人極為失望的學生，三年級結束時，不理想的成績讓希特勒不得不轉學到距離林茲市 40 公里處的施太爾州四年制中學去繼續讀四年級。畢業後，希特勒不願求學，就說服母親，從此 16 歲的希特勒開始主宰自己的命運了。

從 1905 年到 1921 年，希特勒一直在尋求一條藝術發展之路，他幾次報考維也納自由藝術學院，但屢屢受挫。他在母親去世後，搬進了單身公寓，以賣畫為生。

法西斯主義的創始人 —— 墨索里尼

墨索里尼是義大利法西斯獨裁者，國家法西斯黨黨魁、首相（1922～1943 年），第二次世界大戰主要戰犯。1883 年 7 月 29 日生於弗利省普雷達皮奧，出身於農村鐵匠家庭，母親是小學教師。自幼受布朗基主義和國家主義思想影響。1900 年加入社會黨，熱衷於進行無政府主義和反對教權的宣傳。1902 ～ 1904 年在瑞士做工會工作和記者。1908 年至奧地利，次年因宣傳無神論而遭驅逐。1912 年任社會黨機關報《前進報》主編。1913 年成為社會黨領導人之一。1914 年 11 月因力主義大利同英法一起參加第一次世界大戰而被社會黨開除。此後依靠法國的資助創辦《義大利人民報》，積極宣傳戰爭。1915 年應召入伍，1917 年在訓練中負傷，回到報社。利用資產階級對布爾什維克革命的恐懼和人們對凡爾賽條約條款的普遍不滿情緒，於 1919 年 3 月糾集了一批反動的退伍軍人在米蘭組織了一個半軍事性組織 —— 法西斯戰鬥團。1912 年 11 月正式成立義大利國家法西斯黨，自稱「領袖」。1922 年 10 月糾集 5 萬名法西斯黨徒向羅馬進軍，迫使國王任命他為首相，取得了國家的最高領導權。1925 年 1 月 3 日公開宣布實行法西斯極權的統治，將內閣中其他黨派的成員逐出政府，集一切大權於一身，自稱「政協首腦」。

在墨索里尼統治的 21 年中，對內取消一切反對黨，鎮壓工人和民主運動，宣傳沙文主義和種族主義思想：對外大搞擴軍備戰，積極推行擴張政策，以「新凱撒」自詡，接連發動侵略戰爭。1935 年侵占阿比西尼亞（今衣索比亞）。1936 年武裝干涉西班牙內戰，並與希特勒簽訂協定，成立柏林—羅馬軸心。1939 年占領阿爾巴尼亞。1940 年 6 月 10 日對英、法宣戰。但其軍事冒險連連失利，動搖了自己的法西斯統治。因 1943 年 7 月 10 日盟軍在西西里登陸和國內人民反法西斯運動逐漸高漲，1943 年 7 月 25 日被國王逮捕並軟禁。同年 9 月 12 日希特勒派傘兵將其救往德國。9 月 23 日在義大利北部德軍占領區宣布成立所謂義大利社會共和國，成為德國的傀儡。1945 年法西斯陣營戰敗。同年 4 月 27 日在化裝成德國士兵潛逃時被游擊隊俘獲，28 日在朱利諾·迪梅澤格拉諾被槍斃，著有《我的自傳》及劇本、小說等。

義大利法西斯鼻祖本尼托·墨索里尼，從少年時代起，就是一個與眾不同的引人注目的人物。

1883 年 7 月 29 日，墨索里尼誕生在瓦拉諾·迪科斯塔一個鐵匠家裡。瓦拉諾·迪科斯塔是一個古老的小山莊。這裡的房子都是用石頭造的，陽光與樹蔭映在石牆上，映在屋頂上，生出變幻無窮的顏色。這裡空氣清新，風景優美。站在山坡教堂的鐘樓上，可以俯視整個弗利平原。這個平原從白雪皚皚的亞平寧山脈（Appennini）蔓延下來，一直到拉瓦爾迪諾山腳下。在那山上，夏夜是充滿雲霧的。

瓦拉諾·迪科斯塔，屬義大利東北部普雷達皮奧省。這個地方早在 13 世紀就已經出名了，在文藝復興時這裡誕生了許多不凡的人物。這是一塊硫磺質的鄉土，出產濃烈美味的葡萄酒，和含有碘質的泉水。在那寬闊的平原和起伏的山陵上，有許多毀壞了的中世紀城堡，灰黃的磚牆聳立在蔚藍的天空中，這些都說明這裡曾有過繁華盛世的歲月。

1270 年前後，墨索里尼的先祖喬瓦尼·墨索里尼是波隆那這個好戰尚武的城市的領袖。如今在波隆那城中，還有條叫墨索里尼的大街，在省城的官方記錄上還載著一個墨索里尼家族的徽章。這個徽章樣式精奇。在黃制服上有六個黑色標誌，象徵著勇敢、膽略和力量。

遠東軍事法庭的頭號戰犯 —— 東條英機

　　1915 年（大正 4 年），33 歲的東條英機從日本陸軍大學畢業。在陸軍省當了一段時間副官之後，又任駐德國大使館武官。回國後擔任過陸軍大學教官、陸軍省軍事局課員、整備局動員課長等職。西元 1929 年（昭和 4 年）。他被任命為步兵第一聯隊長。為了顯示武士道精神，他經常在沒人的地方練嗓子，練就了一副大嗓門，喊一聲「立正」能把人們嚇一跳。

　　1933 年，51 歲的東條英機當上了日本陸軍少將，並被調到參謀本部工作，不久又被任命為軍事調查部部長。當時，日本陸軍積極插手日本的政治活動，東條英機也參與了這種活動的幕後策劃。當時日本各政黨作為推行政治的中心勢力，對於「九‧一八」事變及軍部對此所持的態度感到不滿。東條英機馬上對政黨發表的不利於軍部的言行進行了「調查」，指控這是「挑撥軍民關係」，以此封住了政黨對軍部批判之口。從此，日本加速在軍國主義的道路上滑了下去。

　　1935 年（昭和 10 年），東條英機任關東軍憲兵司令官，再度來到中國東北。他下車伊始，就親自出馬，動員軍警，搞所謂「整肅綱紀」、「強化治安」、討伐「土匪」，瘋狂的鎮壓東北人民的抗日鬥爭。為此，他很快被晉升為陸軍中將。1937 年（昭和 12 年）春，他又當上了關東軍參謀長。1937 年 7 月 7 日，侵略中國華北的日軍製造了盧溝橋事變。東條英機立即率關東軍進攻察哈爾省，越過長城，侵占了張家口等地，並炮製了聽命於日本人的所謂「察南自治政府」。

　　「九‧一八」事變前後，軍國主義分子在日本內閣中越來越多，軍部漸漸控制了日本政局。1938 年（昭和 13 年）春，東條英機回到東京，當上了陸軍次官，成為新任陸相板垣的助手。不久，他像海軍次官山本五十六兼任海軍航空本部部長那樣，也兼任了陸軍航空本部部長。11 月 28 日，東條英機在「陸軍管理事業主懇談會」上發表了臭名昭著的演說。他揚言要準備對中國和蘇聯兩國進行正面戰爭，而後全部占領中國。當時日國家內就有人對他的演說

不滿，認為一個陸軍次官發表如此重要聲明，未免有些輕率。經濟界人士痛罵東條英機好似惡魔一般。

不久，這位「惡魔」又調任航空總監。他上任後大力強化和擴大侵華的日本航空兵。他對航空技術是門外漢，但為了表示對技術人員和飛行人員的信賴，經常「勇敢的進行空中旅行」。他一方面吹噓日本航空兵在「物的方面是出色的」，另一方面鼓吹發揚武士道精神。對於死在中國的眾多航空人員的「遺族」，又是設宴招待，又是「祝願各位能毫無拘束的參拜完」神社，以圖換取一個「人情將軍」的美稱。

1940 年 7 月，57 歲的東條英機當上了日本內閣的陸軍大臣。他在特任式結束後表示要「粉身碎骨以向克服艱難時局邁進」；他於就任伊始的深夜參拜在中國戰場死去的「皇軍將士」的神社，表達了他實行軍國主義化的決心。同年 9 月 27 日，日本同德、意簽訂了《三國同盟條約》，劃分了勢力範圍。這進一步鼓舞了東條這個極端狂熱的軍國主義分子的侵略擴張野心。

1941 年（昭和 16 年）初，東條以「今年正是非常時期中的超非常時期」這番話為引子，向部內人員作了訓示。時隔一天，「戰陣訓」發表了。東條炮製的這個為「在戰陣中盛開鮮豔之花」而「灌輸養分」即宣揚法西斯精神的「戰陣訓」，曾被一些人吹噓成是「國民訓」。為了完成「聖戰」——侵略擴張，東條強調要「攻必取，戰必勝」，「發揮服從精神」，「命令一下，欣然投身於死地」；要求日軍「生活務必簡樸，不自由應思為常事」，「縱令有遺骨不歸之事，敢於毫不為意」；還應「勿嫉他人之榮達，勿怨己之未被重用，應顧而思己誠之不足」，只管賣命，「作國民之模範」。

1941 年 10 月，東條當上了日本內閣首相。他在組閣時拋棄了以往的謀求政界勢力均衡的方針，陸軍成了內閣的骨幹力量。東條還兼任內務大臣和陸軍大臣，使權力日益集中和一元化。這時，東條已晉升為大將。這位軍人首相一上任便在政府聲明中重申「既定國策」，即「完成支那事變，確立大東亞共榮圈」，也就是繼續侵略中國，占領南太平洋各國，同時追加軍費預算。他表示要「以絕不後退之意志，率先親臨前線，輔弼皇謨。」拿日本人民的生命財

產做賭注，進行戰爭賭博。他不斷發表講話，要求日本人民「信任政府」，勒緊褲腰帶，因為「今後在日常生活中將出現進一步緊縮的情況是不得已的」，「對於政府的方針措施即使見到有什麼不足之處，與其議論它的是非，莫如首先用我們國民的實踐來加以補償」。

1941 年 12 月 8 日（珍珠港時間 12 月 7 日），日本帝國政府發表聲明：對美英宣戰。此時，日本海軍已經對珍珠港的美軍進行了突然襲擊，太平洋戰爭爆發了。以東條為主的法西斯軍國主義組織「大政翼贊會」恰在這一天召開第二次中央聯合會議，身穿軍裝的東條在會上說：「對美國和英國宣戰的詔敕業已頒發」，「希望各位火速回到各自的職位去，要在各自的職位上指導國民，為突破艱難而勇往直前。」

1942 年 5 月，日本海軍在珊瑚海之戰中首次受挫，6 月，在中途島之戰中又遭慘敗，從此便喪失了在太平洋上的主動權。中國軍民的英勇抗戰，拖住了大量日軍，使盟國進一步贏得時間，並轉入反攻。1944 年 7 月，塞班島、關島都被美國攻占，塞班島日本守軍全部覆滅的消息傳到日本後，慘敗已久的真相逐漸為日國家內所了解，於是國內批評之聲四起，嚴厲抨擊發動太平洋戰爭的東條。東條被迫於 7 月 18 日提出辭呈。

1945 年 8 月 15 日日本投降後，東條英機被定為甲級戰犯，在美軍前往逮捕他之前，開槍自殺未遂。後經遠東國際軍事法庭審判，確認了他發動戰爭，侵略別國等罪行，於 1948 年將其處以絞刑。

東條英機出生於日本的一個軍閥家庭，其父東條英教是創造日本陸軍的「有功之臣」。東條英機在其父的薰陶下，從小就在靈魂深處埋下了侵略擴張的軍國主義思想。

西元 1899 年（明治 32 年），16 歲的東條英機進入東京陸軍幼年學校就讀，三年之後升入陸軍中央幼年學校。少年立志從軍的東條英機，從小就愛打架而不愛念書，即使被別人打得頭破血流，他也從不服輸。他上了陸軍中央幼年學校之後，學業成績仍然不好，但打架卻名列前茅。有一次七、八個同學揍他，他被打得狼狽不堪。據說他由此領悟到「力氣再大，只能對付一個敵

人，要戰勝眾敵，還得靠學習」，於是他擦乾眼淚，猛用起功來。1904 年，他升入陸軍學校，當上了士官候補生。當時日俄戰爭已經爆發，他只學習了 10 個月便提前畢業，並得到了少尉軍銜。決心做「天皇陛下的御盾」的東條英機，跟著新組建的師團到了中國東北，和他的父親來到了同一個戰場。但是，還沒等他參加戰鬥，日俄戰爭便宣告結束了，他也隨隊「凱旋而歸」。

以色列開國總理 —— 本 · 古里安

在本 · 古里安的領導下，漂泊流浪的猶太民族終於有了自己的國家 —— 以色列。作為開國之父，本 · 古里安對猶太民族的貢獻是巨大的。

從小，本 · 古里安就從父親那裡體會到對古代以色列王國的懷念和對希伯來語的熱愛。14 歲時，他參與組建了「埃茲拉協會」，極力推廣希伯來語，這時的他認定只有巴勒斯坦才是猶太民族唯的一家園，決心在那塊土地上建立一個屬於猶太人的國家。

1906 年，本 · 古里安移民巴勒斯坦，同時，他被選入錫安山工人黨中央，參與起草黨綱。在巴勒斯坦，本 · 古里安發現要想復國單靠武力是不大可能的，於是重新踏上了求學之路。

第一次世界大戰期間，本 · 古里安加入英國猶太軍團，再次回到巴勒斯坦，在他的努力下，錫安山工人黨和青年工人黨統一，組建為巴勒斯坦工人黨（即工黨）。

一戰結束後，國際聯盟把巴勒斯坦交給英國託管。

1930 年代，希特勒頒布《紐倫堡種族法》，開始對猶太民族實行慘無人道的種族滅絕政策。使得大量的猶太人不得不湧入巴勒斯坦。隨著移居巴勒斯坦的猶太人逐漸增多，猶太人與阿拉伯人之間的衝突也在增多。於是英國政府頒布了鎮壓令。已是猶太復國主義運動國際執委會主席的本 · 古里安組建了一支猶太人武裝，要同時應付與阿拉伯人的衝突和對抗英國當局 —— 當時的猶太人正是這樣，在夾縫中求生存。

1947 年，本・古里安導演了「出埃及記號」事件，促使聯合國最終下決心實施巴以分治計畫。英國統治巴勒斯坦的時代結束了。

1948 年 5 月 14 日，本・古里安莊嚴宣布：「以色列國成立了。」第二天，埃及、約旦、敘利亞等阿拉伯國家出兵圍攻以色列，第一次中東戰爭打響。戰爭初期，由於武器裝備落後，部隊的戰鬥力低，結果是以色列軍節節敗退。幸有本・古里安堅強的意志支撐，以色列才不至於覆滅。後來，以軍的武器得到改善，以方越戰越勇，最後在聯合國的干預下，阿以雙方同意停火。為了充實國家，大量的海外猶太移民被本・古里安接收，在短短的幾年時間，以色列人口達到了一百萬。1949 年 12 月 10 日，本・古里安決定遷都耶路撒冷。

剛剛經歷戰火洗禮的以色列需要大量建設資金，本・古里安決定向在二戰中殘害猶太人的德國索賠。經過與西德總理的談判，以色列獲得了 7.15 億美元的商品及 1 億美元現金的戰爭賠償。有了錢，本・古里安著手建立了一支強大的以色列武裝，改善了國內人民的生活環境，使以色列度過了它的危難時期。

1906 年，本・古里安踏上了巴勒斯坦的土地。他感到萬分激動，他感覺到自己的家園是那樣的美好。可是接踵而來的艱苦歲月卻考驗起這位猶太復國主義者的意志來了。

本・古里安受雇於一家農場，主要工作是運糞肥，並把糞肥倒人新挖的樹坑裡。這是一件繁重的體力工作，連他自己都說：「這可不是件容易的工作，頂著炎炎烈日，翻耕紅色泥土，汗如雨下，雙手磨起了繭子，肋骨就像散了架。」

不久，本・古里安病倒了，但他不顧醫生的囑咐，剛好一點就又下地勞動。不僅是勞累，飢餓也一直折磨著他，他經常連一個麵包都買不起，整天飢腸轆轆。父親知道後，給本・古里安寄來 10 盧布，但都被本・古里安退回去。

最讓本・古里安傷心的是，這裡的農場主雖然也是猶太人，可是他們已經沒有了復國的熱情，不但不參加勞動，還對同一個民族的一貧如洗的新移民沒有半點同情心。

本・古里安的第一個戀人叫拉切爾，是個開朗大方的猶太女孩。他們兩個經常在這個不開化的小鎮上拉手散步，引起了很多風波。好多人家都不允許自

己的女孩與拉切爾交朋友，但本‧古里安和拉切爾仍然深深的相愛著。

1906 年，拉切爾追隨本‧古里安到了巴勒斯坦。在那裡，他們不得不做重活、粗活。這讓體質弱的拉切爾無法忍受，她常常被解僱。為此，周圍的移民都嘲笑她，認為她丟了猶太人的臉。拉切爾非常希望得到本‧古里安的安慰，誰知她的愛人並不理解她，卻同其他人一樣指責的，這極大的傷害了拉切爾。傷心痛苦之下，拉切爾選擇放棄這段愛情，嫁給了當地的一個醫生。

得知拉切爾嫁給了別人，本‧古里安悲痛欲絕，後悔不已。

1960 年，法國和以色列合作在以色列建立核子反應爐事件曝光後，世界各國紛紛指責法國和以色列。同時，美國甘迺迪政府也向以色列施加壓力。為了緩和美、以之間的關係。本‧古里安親自前往美國與甘迺迪會談。

當他見到甘迺迪總統時，禁不住目瞪口呆：「這麼年輕的人怎麼能當世界最強大國的總統呢？他好像是一個只有 20 多歲的小夥子啊！」

會談結束，本‧古里安正準備走出會議室，甘迺迪突然把他拉到另外一間小房子裡並關上門。確認四周無人後，甘迺迪對本‧古里安說：「我知道大選中有很多猶太人投了我的票，我必須感謝他們。告訴我，有什麼事讓我做嗎？」聽了這話，本‧古里安再次目瞪口呆。

南非黑人領袖 —— 曼德拉

曼德拉領導南非人民經過幾十年艱苦卓絕的鬥爭，終於消滅了植根於南非的種族隔離和種族歧視，實現了民族平等。在當選為南非總統後，曼德拉為南非人民做了大量的實事。

曼德拉從小就飽受種族歧視之苦，他立誓，長大後一定做個消除種族歧視的英雄。在讀大學時，曼德拉深受民族主義思想的感染，在學校他就成了一名活躍的民族主義運動積極分子。後來，他加入非洲人國民大會青年聯盟，成為聯盟的骨幹分子，並參與起草了聯盟宣言。隨著鬥爭的日益尖銳，作為領袖之一的曼德拉面臨的危險越來越大。

1952 年，曼德拉被選為「非國大」的副主席。這時，南非白人政府宣布「非國大」為非法組織，白人政府就四處追捕他們的領袖曼德拉。作為領袖和成員，不得不出外流亡。後來，曼德拉祕密潛回南非，準備領導一次起義，誰知被警方發覺，不幸被捕。被捕後，政府對曼德拉進行了八個月的審訊。在法庭上，審判他的法官被他慷慨激昂的陳述嗆得面紅耳赤，啞口無言，最後法庭胡亂以非法組織罪、叛國罪判處曼德拉終身監禁。就這樣曼德拉送到荒涼的羅本島上服苦役。

從 1962 年踏上羅本島到 1990 年離開羅本島，曼德拉在這座石灰岩小島上被關押了 28 年。在這 28 年間，南非政府曾無數次引誘曼德拉背叛「非國大」，說只要曼德拉宣布投降，馬上就給他自由，都被曼德拉嚴詞拒絕了。

1990 年，南非政府懾於群眾的壓力和國際輿論的壓力，極不情願的釋放了曼德拉。獲得自由後的曼德拉繼續與政府鬥爭，最終取得了勝利，為南非黑人爭取到了與白人一樣的平等權利。在 1994 年的全國大選中，曼德拉以絕對優勢戰勝了前總統，當選為南非歷史上的首位黑人總統。

1958 年 6 月，曼德拉與溫妮結婚。溫妮是曼德拉的第二任妻子，前妻因不堪忍受顛沛流離的生活與曼德拉離了婚。

婚後第四年，曼德拉便被捕入獄，身懷六甲的妻子溫妮每月只能探望他一次。她深愛自己的丈夫，從丈夫被捕那天起，溫妮就為丈夫的獲釋不停的奔波。同時，她繼承丈夫的事業，以非國大副主席的身分領導全黨展開針對南非白人政權的鬥爭，多次與總統博塔克談判，要求解除政府對「非國大」等一些反種族主義政黨的禁令。她又同總統談判，強烈要求釋放關押 28 年的曼德拉。在溫妮二十多年的努力下，1990 年曼德拉獲釋。但這時的溫妮已經變了，不再是當初的賢內助。在近 30 年的政治鬥爭中，溫妮的個人威望和地位提高了。曼德拉無法忍受溫妮的居功自傲和專橫跋扈。最讓曼德拉感到失望和傷心的是，溫妮一手組建的「曼德拉聯合足球俱樂部」此時已經蛻變成一個強姦、毆打、暗殺的流氓團體。此事曝光後，溫妮便臭名昭著。最終，曼德拉不得不再次離婚。

　　他們雖然離婚了，但夫妻二人作為「非國大」黨內舉足輕重的人物，仍不得不在一些場合經常碰面，彼此很是尷尬，兩人都刻意迴避對方，形同路人。

　　1962 年，從踏上羅本島的那一刻開始，曼德拉就開始了難以想像的長達 28 年的非人生活。上島的第一天，他們就脫光了曼德拉的衣服，在寒風中站了一個小時，之後才被關進島上的獄中之獄。

　　所謂獄中之獄，是一座只有 4 平方公尺的單人牢房。牢房裡除了一個墊子、兩條毛毯以外一無所有，曼德拉身上的衣服非常單薄，他在裹上這兩條毯子後仍然是瑟瑟發抖，哆嗦不已。

　　每天，從早上 7 點到晚上，曼德拉與其他囚犯一道扛石頭、修公路、挖石灰，吃的卻是難以下嚥的變質的黑麵包。繁重的體力勞動使得曼德拉體重迅速下降，體質也日益虛弱。但是，一旦有了閒置時間，曼德拉就開始思考，思考鬥爭的方式以及國家的出路。在長達近三十年的監獄歲月裡，他從來沒有屈服過，他就是這樣熬過來的，心中的信念就是把鬥爭堅持到底。

　　1962 年 4 月 20 日，南非白人政權的法庭審判曼德拉。在法庭上，曼德拉慷慨陳詞：

　　「我從少年時代就因自己的人民深受殖民掠奪和種族壓迫的苦難而激憤，先祖們的光輝業績鼓舞了我下決心為解放非洲民族而獻身。幾十年來，非洲人國民大會發展了各種形式的和平反抗，均遭白人暴力鎮壓。現在，我們採取暴力方式進行政治鬥爭，這是政府給非國大的唯一選擇。我們所進行的這場鬥爭是真正的民族性質的戰爭，它是非洲人民的鬥爭，是由他們自己的苦難，自己遭遇所激勵的鬥爭，這是為生存權利而進行的鬥爭。」

　　「在我一生中，我已經把自己獻給非洲人民爭取生存權利的鬥爭。我與白人統治進行鬥爭，也反對黑人專制，我珍視實現民主社會的理想，在那樣的社會裡，所有的人都要和平相處，具有平等權利。我希望為這個理想而生活，並去實現它，但是如果需要，我也準備為這個理想獻出生命。」

　　本來是審判曼德拉的法庭，卻成了他的演講場所。

　　2002 年，南非東開普敦省商界人士計畫籌建一個高 65 公尺的前總統曼德拉塑像，如果這一計畫得以實施，曼德拉雕像的高度將超過美國紐約著名的自

由女神像。希望這一計畫可以刺激當地旅遊業，為這一貧困省分帶來新的收入。

打開中美關係大門的總統 —— 尼克森

美國總統 R·M 尼克森制訂了收縮美國全球義務，調整國際關係的外交新方針。1960 年代中期，美蘇爭霸加劇，第二世界力量成長、尤其是第三世界崛起，美國侵越戰爭失敗，以及國內多種危機迸發，美國霸權式微，尼克森主義應運而生。1967 年 10 月。尼克森在《外交季刊》上發表的《越南戰爭之後的亞洲》一文，表達這個主義的萌芽主張。1969 年 7 月 25 日，他出訪亞洲途經關島，宣布了對亞洲的新政策。其要點是：越戰結束後，美國仍將發揮重要作用，並恪守業已承擔的條約義務。但除非受到核大國的威脅，美將鼓勵其亞洲盟友自己承擔國內安全和軍事防務的責任，而美則避免捲入越南式的戰爭。集體安全是美支持其盟友對付國內或核大國的威脅所謀求的一個目標。這一亞洲政策轟動了時論，被稱為「關島主義」。

以後，尼克森在歷年的國情咨文中，進而把這一政策延伸為全球政策，以及處理與其盟友全面關係的總方針。1970 年他把這個主義總結為美國與其全球盟友之間的「夥伴關係」（包括軍事、政治和經濟等方面）；並指出，其中心點是，美國將不再承擔保衛世界自由國家的全部責任。1971 和 1973 年，尼克森又宣布，此主義代表美國對全世界的基本立場，是美國對待其全球主要盟國的方針的中心。

在狹義上，這個主義只限於美國調整其海外義務，以及與其盟友的關係：在廣義上，還包括對中蘇政策的總方針，即「實力」加「談判」。尼克森在1970 年的國情咨文中，就提出以「夥伴關係，實力和談判」為三大支柱的「新和平戰略」，並指出後兩點是對共產黨國家政策的兩個方面。在以後一些政策聲明裡，他又把這一「新戰略」與「尼克森主義」交替使用。而一些高級官員直接把上述「三大支柱」稱為「尼克森主義」。

這個主義是尼克森政府多極均勢外交的指南，在其任內，美軍退出了越南

戰場，改善了中美關係，把策略重點轉向蘇聯，從而調整了美國的國際地位。它是美國戰後對外政策的一次重大調整，標誌著從杜魯門主義開始的冷戰、遏制政策的徹底破產，成為以後幾屆政府外交政策的出發點。

尼克森 1913 年 1 月 9 日生於加州的約巴林達村，出身寒微。1934 年在惠蒂爾學院畢業後，前往北卡羅來納州的杜克大學法學院學習。1937 年畢業後回到惠蒂爾當律師，逐漸在當地嶄露頭角。1940 年與 P・里安結婚。1942 年入伍，在海軍服役到 1946 年 1 月，獲少校軍銜。

1946 年，當選為國會眾議員，1950 年，當選為國會參議員，並於 1952 年當選為艾森豪政府副總統。1956 年又同 D・D・艾森豪一起連選連任。

1960 年作為共和黨總統候選人、1962 年作為加州共和黨州長候選人，參加競選，均遭失敗。1963 年從洛杉磯轉到紐約市去當律師，以便和東部權勢集團加強聯繫，擴大自己的社會基礎。1968 年，尼克森在戰勝黨內極端保守派和自由派競爭者、取得總統候選人提名後，戰勝民主黨總統候選人，終於入主白宮。

尼克森上臺時，滯脹現象已開始困擾美國，不久又發生美元危機。起初他採用削減開支、抑制貨幣供應量等緊縮措施對付通貨膨脹，後來又不得不根據凱因斯主義實行新經濟政策，以刺激經濟成長，維持美元地位。1972 年繁榮恢復後，他放鬆新經濟政策。1973 年出現能源危機，通貨膨脹又日益惡化，1974 年陷入更嚴重的滯脹危機。

尼克森提出了新聯邦主義。其核心內容是將部分聯邦收入分給州和地方政府並讓它們接管部分聯邦福利事業的歲入共用計畫，但成效不大。

在對外關係方面，尼克森作為一個現實主義者，意識到美國實力相對削弱，無力再像戰後一段時期那樣向全球擴張。在 H・A・季辛吉的幫助下，提出並實行了以戰略收縮和緩和外交為特點的尼克森主義，要求盟國分擔負擔，與蘇聯達成限制戰略武器與柏林問題的協議，使中美關係走上正常化道路，並結束了中南半島戰爭。

1973 年起，尼克森日益為水門事件所困擾。1974 年 8 月 8 日辭職，成為美國歷史上第一個被迫辭職的總統。辭職後，尼克森回到加州的聖克萊門特，

主要從事著述。他的著作有《六次危機》、《尼克森回憶錄》、《領導入》、《真正的戰爭》、《真正的和平》等。

英國鐵娘子 —— 柴契爾夫人

　　1979 年當選為英國首相後，柴契爾夫人蟬聯三屆英國首相。在這十一年的時間中，她為英國的發展以及英蘇關係的正常化做出了巨大努力，並就香港問題與中國政府達成一致意見，為香港得以在 1997 年順利回歸中國鋪平了道路。

　　1979 年，保守黨領袖柴契爾夫人在競選中獲勝，成了英國有史以來的第一位女首相，但這位女首相面對的是一個十分糟糕的國內環境：通貨膨脹（膨脹率高達 25%）、高失業率、投資萎縮以及頻繁發生的工人大罷工。面對這種情況，柴契爾夫人上臺後第一道方針策略就進行了改革。首先改組內閣，在內閣中安插一些強硬的「柴契爾」派，使新的內閣變得更有生氣和活力，一改以往保守、溫和的作風。然後抓經濟建設，為了減輕國家的財政負擔，他把企業「完全私有化」，把企業歸還給企業主，讓企業主自主經營，自負盈虧，把工人的福利開支轉嫁到企業上來，為國家減輕財政負擔。允許公司上市，讓工人變成了持有公司股份的股民，公司的命運與工人的命運結合在一起。這大大刺激了工人的積極性，生產力提高了，也就提高了生產效率，工人罷工的次數也明顯減少了。還有就是精簡政府機構，以縮減政府開支。到 1983 年，文官部裁員十萬餘名，國防部裁員兩萬餘名，僅此一項，每年為國庫節約幾個億。同時還降低稅收，普通稅收率由原來的 33% 降至 30%，上限稅率由 83% 下降至 60%。這一新稅收政策的施行，公民的個人責任感提高了，給社會帶來了不少新的活力。

　　柴契爾夫人透過 11 年堅持不懈的努力，在她的引導下，英國走出了低谷。1980 年代末期，英國的通貨膨脹率由 25% 降到 4% 左右；政府機構向銀行的借款已全部還清，且還有盈餘；工人失業人數控制在 300 萬以下，還呈逐年下降的趨勢。英國已呈現出一派欣欣向榮景象。柴契爾夫人的改革取得了巨大的成功。

柴契爾夫人在外交上一直採取強硬態度。

自柴契爾夫人上臺後，這位女首相就一直致力於樹立英國大國強國的國際形象。為此，柴契爾夫人四方活動，為了英國的利益全面出擊。

在與歐盟的鬥爭中，柴契爾夫人甚至揚言要與她的「歐洲夥伴們決一死戰」。這是因為，在歐盟成員中，英國是最窮的一個，但每年向組織繳納的款項卻最大。為了改變這種不公平的待遇，女首相不得已才喊出了上面的口號。在強硬的女首相的一再堅持下，歐盟不得不做出讓步，同意退還英國多繳的18.8 億英鎊，同時答應英國的要求，將每年英國上繳歐盟的款項削減 3.5 億英鎊。女首相與歐盟的鬥爭使她名噪一時，成了國際關心的焦點人物。

有時候，這位「鐵娘子」也有溫和的一面。

柴契爾夫人剛上臺的時候，她對社會主義蘇聯持強烈不滿的態度，常常抨擊蘇聯的「霸權主義」，因為這個英蘇關係非常緊張。直到 1984 年，柴契爾夫人熱情會見了蘇聯共產黨的接班人戈巴契夫，「凍結」了幾十年的英蘇關係開始「解凍」。這一事件被認為是「開了英蘇關係的新紀元」。英蘇關係開始緩和。到了 1987 年，柴契爾夫人應蘇共中央總書記戈巴契夫的邀請正式訪問蘇聯，英蘇關係正常化。

1984 年，柴契爾夫人飛往，與中國領導人就香港歸屬問題舉行會談。經過幾輪談判，雙方簽訂了就香港問題的《聯合聲明》，為 1997 年香港的和平回歸掃清了障礙，鋪平了道路。

柴契爾夫人出生在一個英國平民家庭中，父親是一個小雜貨商，母親是裁縫。在她的家族中沒有絲毫的「貴族血統」。而在英國，沒有「高貴的血統」想要在政治上有所建樹是非常困難的。

由於沒有社會背景，加之她那一貫強硬的作風，使得柴契爾夫人從政的道路充滿了坎坷。柴契爾夫人從最基層開始做起，她加入保守黨，為自己找到了一個堅實的後盾。然後從一名普通的保守黨員升遷到黨主席的位置。在此期間，為了賺取活動經費，她當過小工；在區議員的選舉中，曾幾度失敗，嘗到了政治鬥爭的複雜性與殘酷性。但柴契爾夫人並沒有退縮，終以她堅強的性格

和頑強的作風走到了事業的頂峰。

在她實施新政的時候，由於新政過於激進不能為民眾接受，遭到了民眾和工黨的強烈抗議和批評以及保守黨內部溫和派的指責。在這麼大的壓力下，柴契爾夫人不為所動，排除萬難將新政策貫徹、執行到底。終於，新政這一味「良藥」使英國這個「病人」病情開始好轉。難以想像，一個女人是如何承受這份壓力，這是男人都無法承受的壓力，這需要多麼執著的毅力和非凡的忍耐力呀！柴契爾夫人做到了，在她的努力下，英國以嶄新的面貌展現在國人面前，以強大的姿態站立於國際社會。

都說「成功的男人身後一定有個了不起的女人」，同樣，成功的女人身後也一定有個了不起的男人。在柴契爾夫人的身後就有一個了不起的男人──鄧尼斯・柴契爾。

1951 年，在經歷兩次競選區議員失敗後，瑪格麗特與深愛著她的商人鄧尼斯・柴契爾結婚了。鄧尼斯主動表示支持柴契爾夫人從政，並願意用自己的收入為她步入政壇鋪平道路。有了這樣一位全力支持自己的丈夫在身後撐著，柴契爾夫人信心十足，全力的投入到政治活動中去，終於實現了她的心願：成為英國第一位女首相。

在漫長的政治生涯中，每一次困難，都是鄧尼斯在她身邊給予支持，安慰她鼓勵她，跟她一同度過艱難時期。1980 年，英國發生了暴亂，柴契爾夫人承受著空前的壓力：工黨的批評，民眾的咒罵，保守黨內部的指責，這一切幾乎使她絕望了。此時此刻，鄧尼斯是那樣堅定的與柴契爾夫人站在一起，並且給予她莫大的關愛。有了丈夫的關心和支持，柴契爾夫人終於度過了這一難關。

柴契爾夫人在當選保守黨主席之前，並不太注重自己的形象，以至於有的工人戲稱她為「瑪格麗特大嬸」。被選為保守黨主席後，她非常注重自己的形象，想以一個嶄新的面貌出現在大眾面前。為此，她進行了專門的訓練：請專業服裝師為她設計得體的衣服，講解著裝知識；請劇院專家教她練聲，以糾正她由於發音時聲音過高而使話語刺耳的毛病。經過這些專門的訓練，柴契爾夫人給大眾留下了一個良好的印象。

俄羅斯第一任總統 —— 葉爾欽

1985 年，與葉爾欽同齡的戈巴契夫上臺執政，實行所謂「人道的民主的社會主義」。一大批基層幹部走進了蘇共中央領導職位，戈巴契夫此時看中了以前在工作中認識的同僚葉爾欽，將其調到莫斯科，任命他為蘇共中央建築部部長，葉爾欽終於邁出了從地方政治人物到全國性政治家乃至克里姆林宮主人的關鍵一步！

也就是這一年，葉爾欽陪戈巴契夫去蘇聯石油重地秋明視察，在那裡葉爾欽認識了當時的國家天然氣工業部部長切爾諾梅爾金（在後來的政治生涯中，兩人逐漸結為政治夥伴，此是後話）。在秋明之行中，大權在握的戈巴契夫對葉爾欽的工作能力和作風更為賞識，年底就一手提他出任蘇共政治局候補委員兼莫斯科市委第一書記。

任莫斯科市委書記後，葉爾欽進行了大刀闊斧的改革，短短幾個月，莫斯科 33 個區的區委書記就有 23 個被葉爾欽罷了官免了職。

在任期間，由於他不能同黨中央保持一致，1987 年，蘇共將其解職，任命他為徒有空名的建設委員會主任，保留部長級待遇，第二年初又被免去政治局候補委員一職。

但經過這麼多年政治舞臺的風吹雨打，葉爾欽已慢慢成為一個比較老練的政治家了，他經得起上下沉浮。1990 年葉爾欽辭去建委職務，宣布退出蘇共，參選蘇聯人民代表，這標誌著他與提攜他的戈巴契夫分庭抗禮。經過殊死競選，1990 年 5 月俄羅斯蘇維埃聯邦第一屆人民代表大會選舉葉爾欽為最高蘇維埃主席。葉爾欽再度浮上政壇。

1991 年 6 月，葉爾欽最終以 58.9% 的選票當選俄羅斯歷史上首位總統，這一年葉爾欽 60 歲，蘇聯一個國家內出現了兩個總統（戈巴契夫是蘇聯總統），兩個政權，蘇聯分裂的徵兆開始顯露。葉爾欽與戈巴契夫的權力鬥爭也進入了白熱化階段。

「8‧19」事件最終使葉爾欽登上了克里姆林宮權力的頂峰。

獨立後的俄羅斯依然風起雲湧，動盪不定。葉爾欽仍處於政治漩渦中心。

自俄成為獨立國家以來，兩大權力中心 —— 政府與議會之間在國家體制、權力分配和經濟改革等一系列問題上存在相當大的分歧。葉爾欽主張實行總統制，即總統擁有決定國家事務的最高權力，但議會要求擁有立法權和至高無上的監督權，雙方反反覆覆較量。

葉爾欽決定另起爐灶通過新憲法草案，停止反對派魯茲科伊的副總統職務，並無視憲法宣布解散議會，議長哈斯布拉托夫不甘示弱，宣布停止葉爾欽的總統職務，由魯茲科伊代理總統，並在議會所在地白宮組建了 1,000 多人的警衛團。葉爾欽很快派出軍隊，封鎖了通往白宮的所有道路，切斷白宮內的水電供暖和電話線，並最後通牒議會，要求立即交出槍械。雙方劍拔弩張：政府的裝甲兵完全包圍了白宮，衝破了議會戰鬥隊設置的路障，在密集槍炮聲中，議會大廈濃煙滾滾，牆壁千瘡百孔，巨大的火舌將白宮變成了「黑宮」，經過 13 天的戰鬥，葉爾欽的政府軍攻占了白宮，哈斯布拉托夫和魯茲科伊等人束手被捕。

12 月 12 日，有利於葉爾欽的新憲法獲得通過，議會也重新進行了選舉。「鐵血總統」也進一步鞏固了自己的權力和地位，在俄羅斯一時無人能敵。

1996 年俄總統換屆大選，葉爾欽在民意測驗中後來居上，游刃於錯綜複雜的各派勢力之間，合縱連橫，又拉又打，恩威兼施，最終擊敗強勁對手 —— 俄共領導人久加諾夫，第二次坐上了俄羅斯總統這把交椅。

巴勒斯坦民族和平使者 —— 阿拉法特

亞西爾・阿拉法特，作為巴勒斯坦民族權力機構主席，由一名戰士轉變成一個和平的使者，他為巴勒斯坦建國和巴以關係的改善做出了傑出的貢獻，並獲得了諾貝爾和平獎。

巴以問題由來已久。1948 年，聯合國會議通過巴以分治的 181 號決議，決定將巴勒斯坦一分為二，阿拉伯國家（即現在的巴勒斯坦）占地約 43%，

猶太國（現在的以色列）占地 57%。這一決議頒布後，猶太人受到美國這些大國的支持，重建了以色列國，重組政府和軍隊是為攻占巴勒斯坦做的準備。就這樣，巴以間長達半個多世紀的流血衝突便開始了。

1948 年 5 月，年僅 19 歲的阿拉法特參加了第一次阿拉伯國家和以色列的戰爭。1959 年 10 月，阿拉法特在科威特主持成立了巴勒斯坦「民族解放運動」（法塔赫 Fatah）組織，領導巴勒斯坦游擊隊與以色列占領軍展開鬥爭。

在近 20 年的戰鬥洗禮中，阿拉法特領導的巴勒斯坦「民族解放運動」組織逐漸成為巴勒斯坦人民和世界公認的巴勒斯坦合法組織，阿拉法特也因此成了巴勒斯坦人民心目中的英雄、世界關心的焦點。

1970 年代，阿拉法特順應潮流，決定實施「土地換和平」的運動，並得到國際社會的讚賞。1974 年 11 月，聯合國第 29 屆大會上，阿拉法特以觀察員的身分參加了會議，併發表演說。在巴解放組織及其領導人阿拉法特不懈的奮鬥下，1988 年 11 月 15 日，阿拉法特莊嚴宣告巴勒斯坦國建立。

到了 1990 年代，以色列新任總理拉賓對巴以和平持積極態度。在與阿拉法特多次接觸和談判後，雙方在華盛頓第一次握手言和，簽訂了關於巴勒斯坦自治的《奧斯陸協定》。巴以間出現和平的曙光。

可是好景不常，以色列右翼領導人沙龍強行參觀巴清真寺而再次引發巴以之間的流血衝突，短暫的和平又被打破了。2001 年，沙龍當選為以色列總理後，他使戰爭不斷升級，對巴勒斯坦實施更強硬的手段，用飛機和坦克轟炸手無寸鐵的巴勒斯坦人民，而巴方激進組織則採取「人肉炸彈」進行報復，衝突使得雙方近千人死亡，上萬人受傷，至今衝突還在繼續著。年過七十的阿拉法特仍然在領導巴勒斯坦人民為了自由、為了和平而不屈不撓的鬥爭著。

在與以色列的鬥爭中，阿拉法特脫穎而出，成了巴「民族解放運動」這一組織的領袖人物，同時也成為以色列暗殺的主要目標，但是所有的暗殺行動都被他躲過。有好幾次都非常驚險：有一次，阿拉法特召集巴解委員會委員在一座大樓開會，剛剛坐下，阿拉法特就要求委員們立即撤離該大樓。丈二金剛摸不著頭緒的委員們無可奈何，只得迅速撤出該大樓。誰知 5 分鐘後，以色

列武裝直升機就把這幢大樓炸平了，委員們都驚出了一身冷汗，想想都害怕不已。還有一次，阿拉法特辦完事往家裡趕。上車時，阿拉法特大腦突然一閃，沒上自己的專車，而在保鏢們的車上，與保鏢們擠在了一起。誰知車隊開出沒多遠。阿拉法特的專車就爆炸了，阿拉法特的這種先知先覺又救了他一命。

在生活中，阿拉法特從來就是居無定所，顛沛流離，整天為了巴勒斯坦的事業忙忙碌碌，辛勤工作，七十高齡還要滿世界地飛，尋求世界對巴勒斯坦的援助。

由於阿拉法特隨時隨地都有犧牲的可能，所以他在與以色列的戰鬥中根本無從考慮過愛情、婚姻，直到碰上蘇哈。

法國一直對阿拉法特領導的巴解運動持同情支持的態度。1989 年訪法途中，有位叫蘇哈的翻譯深深的吸引了阿拉法特，蘇哈金髮碧眼，非常美麗，以至於經歷無數劫難的阿拉法特痴迷每天早晨的第一句話就是「蘇哈在哪裡？」經過艱難的思想鬥爭後，阿拉法特決定向蘇哈求婚，但是為蘇哈及其家人的安全著想，阿拉法特決定祕密舉行婚禮。一年後，阿拉法特與蘇哈在突尼西亞舉行了簡單而祕密的婚禮，到場的只有兩名證婚人和一位伊瑪目。這樣，一位 20 世紀末的英雄與一位年僅 27 歲的女孩喜結良緣。

1974 年，阿拉法特應邀在聯合國第 29 屆大會上發表演講。身穿軍裝，腰插手槍，一手舉著橄欖枝的阿拉法特向全世界人重申：

「我是一手舉起橄欖枝，一手拿著革命槍桿來到這裡，不要讓綠色橄欖枝從我手中落下。戰爭燃遍巴勒斯坦，然而和平將從巴勒斯坦誕生。」

1993 年 9 月 13 日，在美國總統柯林頓的倡議主持下，巴勒斯坦民族權力機構主席阿拉法特和以色列總理拉賓在華盛頓大衛營簽署巴自治原則宣言。簽字儀式完了以後，阿拉法特主動伸出右手，拉賓遲疑了一下，也隨即伸出右手，這是巴以戰爭之後第一次歷史性的握手，阿拉法特作為「民族解放運動的領袖」就這樣被光輝的記載了下來。

隨後，「和事佬」柯林頓「左擁右抱」，把兩個人拉到一起。開始時，阿拉法特和拉賓都有些猶豫、迷茫，但還是相互寒暄了幾句，這是兩個「死敵」第一次如此接近的「親密交談」。

聯合國首任黑人祕書長 —— 科菲・安南

　　科菲・安南 1938 年 4 月 8 日生於加納的庫馬西市，先後就讀於庫馬西理工大學、美國明尼蘇達州麥卡萊斯特學院、日內瓦高等教育大學和美國著名的麻省理工學院，曾獲經濟學學士和管理學碩士學位。

　　從 60 年代起，安南先後在聯合國非洲經濟委員會、聯合國總部、聯合國日內瓦辦事處、日內瓦難民專員辦事處、世界衛生組織等部門工作。1974 年中東「十月戰爭」後，他擔任駐開羅的聯合國緊急部隊民事長官。80 年代初，安南調回聯合國總部，先後擔任人事和財政部門的領導工作。1986 年，他升任聯合國助理祕書長，在人事廳負責人事工作。

　　1990 年波斯灣戰爭爆發後，他被聯合國委派負責與伊拉克談判釋放聯合國及國際組織工作人員和西方人質問題。此後，他率領聯合國小組同伊拉克進行了「石油換食品」的談判。

　　1993 年 3 月 1 日，安南任負責維持和平事務的副祕書長，總管全球的維和行動，曾作為負責前南地區的聯合國祕書長特使和赴北約特使，協調有關國家的關係。

　　1996 年 12 月 13 日，他被聯合國安理會提名為聯合國祕書長候選人，17 日，聯大批准安南為聯合國第七任祕書長。1997 年 1 月 1 日，安南正式走馬上任，任期 5 年。

　　安南頭腦冷靜，富有幽默感，精通英語、法語和幾種非洲語言，是位經驗豐富的外交家，在聯合國外交官中享有較高的聲譽。

　　安南的夫人娜內・拉格爾葛蘭，生於瑞典斯德哥爾摩，是一名職業畫家，其父貢納爾・拉格爾葛蘭是著名的國際法學家。拉格爾葛蘭曾擔任過律師和法官，並在聯合國難民事務署工作過。安南夫婦均為再婚，1981 年結婚，有 3 個孩子。

「鷹」派總統 —— 小布希

　　1988 年，老布希（Bush Senior）當選總統的時候，小布希尚不清楚白宮的酸甜苦辣，他正坐在空調房間裡，與他的顧問韋德一起回味父親競選過程中的各種快樂。小布希向韋德詢問總統之子會有何種好處，韋德和他的班子立即開始研究工作，幾個星期以後，韋德帶回了一份 44 頁頂級絕密的研究報告，但是它沒有對總統之子在政治上的前途提供任何保證，相反，報告歷數的是總統的孩子非常容易變成酒鬼、發瘋、遭遇車禍或者早夭。歷史上，許多人為了維護他們父親的權威而獻出生命，許多人沒有工作。美國總統亞當斯之子喬治・亞當斯就在 28 歲自殺。他們中有 16 人進入議會，但無人能夠當選州長。小布希看到這些不幸的數字時，不禁心驚肉跳，這份報告立即被永遠的打入「冷宮」。

　　但小布希沒有被這份報告所嚇倒，而是勇敢的向父親當年的總統寶座發起奮戰。

　　1994 年，喬治・布希成功當選德克薩斯州州長，並於 1998 年獲選連任。在州長任期內，他對德州的稅收，教育等方面進行了行之有效的改革，降低了德州的犯罪率，獲得了包括西班牙和非洲等不同種族的多數民眾的支持。

　　2000 年 8 月，喬治・W・布希贏得了共和黨的提名。在同年 11 月的總統大選中，他擊敗了在柯林頓政府中擔任了 8 年副總統的民主黨人戈爾。

　　作為一位前總統的兒子布希可能享有某種資本。他說：「我從我父親擔任總統和競選總統的經歷中，學到了很多東西，也吸取了大大小小的教訓。觀察我父親如何同外國領導人建立友誼、發展關係，以提高美國的國際地位，使我學到了私人外交的重要性。我也親身學到了重用聰明、能幹和忠誠的人的重要性。他們會毫無顧忌的告訴你他們的真實想法，而且不會在危急時刻棄你而去。我還學到了必須讓你的高級顧問能直接同你交流，否則他們將感到沮喪和心灰意冷……我從我父親這位傑出領袖那裡學到的最重要的東西是：一個人能夠做到走上這個職位、做出出色業績、承受種種攻擊、最終仍然保持完整的尊嚴、正直和相愛家庭。」

　　布希總統所關心的問題之一是確保美國的每一個人都完全享有經濟機遇。他曾說：「我們這個時代無限繁榮，但富裕中仍有貧困。在富人周圍，還有人生活在繁榮的陰影之下。對數以百萬計的美國人來說堪稱奇蹟的經濟發展，同時也令數以百萬計的人感到迷惑不解。我們的報紙和電視對我們的高科技經濟中的贏家推崇備至，但我們的社會絕不能成為贏家獨攬的天下。我們的經濟還必須尊重並回報辛勤勞作的工人和農民，回報餐館服務員和計程車司機；不僅尊重實業，也要尊重實在努力；不僅尊重技術，也要尊重苦幹。讓後人不僅說我們這個時代繁榮昌盛，也記住我們曾合理的使用了財富、有目的的進行了投資，並打開了機遇的大門；所有人都能夠充分享受到美國生活給予的機會。」

　　布希的視野並不局限在美國。他在自傳中寫到：「世界尋求美國的領導作用，從這個以自由、公正和平等為價值觀的國家那裡尋求領導。我們不應該擺出傲慢的老大哥的家長派頭，而應該成為一個來自偉大高尚國家的有感召力和親和力的領袖。我們作為個人有對家庭和社會的義務，作為世界上最偉大、最自由的國家的公民，也有一種共同的義務。美國絕不能閉關自守。我們輸出的最有價值的東西是自由，我們有在全世界宣導自由的道義責任。」

　　喬治‧布希生於 1946 年 7 月 6 日，在德克薩斯州的米德蘭鎮和休士頓長大。在耶魯大學獲學士學位後又在哈佛商學院獲工商管理學碩士學位。畢業後，他先是在德克薩斯州當過一段空軍駕駛員。

　　1975 年開始其石油天然氣事業直到 1986 年，將其公司股份出售給哈肯公司。

　　喬治‧W‧布希曾經說：「我做出的最好決定是請求蘿拉嫁給我，我不清楚她同意嫁給我是不是她所做出的最佳決定，但幸運的是，她做出了這一決定。」在 1977 年夏季，布希在朋友簡家的一次晚餐會上見到了蘿拉。三個月後，兩人於 1977 年 11 月 5 日結婚，他們最親密的朋友和他們的家人參加了小規模的結婚儀式。

　　當喬治‧布希的兩個雙胞胎女兒巴巴拉和吉納於 1981 年出生後，喬治‧W‧布希的最重要和最好的工作就開始了。這兩個女孩的名字是取之於她們祖

母的,由於她們的祖父當時是美國的副總統,她們在出生兩個小時後就舉行了她們的首次記者招待會。

喬治‧布希和一些業主一起於 1989 年從埃迪查爾斯手中買下了德克薩斯「突擊隊員」隊棒球隊,並與羅西‧羅斯一起擔任了球隊的總經理,直到 1994 年他當選德克薩斯州長。在任經理期間,他與德克薩斯的傳奇人物投球手諾蘭‧拉恩成為朋友。今年,布希州長參加了拉恩進入棒球名人堂的儀式。

共和黨總統候選人喬治‧布希當年 54 歲,是美國前總統布希的長子。他於 1994 年當選德克薩斯州州長,1998 年獲選連任。並於 2001 年,擔任第 43 任美國總統。

俄羅斯第二位總統 ── 普丁

作為新世紀的俄羅斯總統,年輕的普丁領導人民走向發展強大之路。靠著他強有力的領導,把一個風雨飄搖的國家引上了有序的發展軌道,普丁可謂勞苦功高。

1999 年,剛就任俄羅斯總理的普丁就碰到了十分棘手的問題 ── 車臣戰爭。1994 年和 1996 年,葉爾欽發動了兩次對車臣的進攻,結果都是以失敗而告終。為了解決車臣問題,又不負人民的重託,普丁決定發動一場志在必得的戰爭。

戰爭之初,普丁到處製造輿論,以獲取國際社會的認可和人民的支援,接著爭取到議會同意。一切準備就緒後,普丁便開始大幹。先是發動空襲,近兩個月的空襲之後,俄羅斯地面部隊開始出動。在飛機和大炮的掩護下,俄羅斯軍隊採取了步步為營、穩紮穩打、逐步推進的戰術,逐漸縮小對敵人的包圍,同時,進行積極宣傳,聲明對投降者不予追究。這種雙管齊下的策略很快取得了成效。12 月 4 日,俄軍對車臣首府格羅茲尼實現了全面出擊。在普丁的指揮下,俄軍的進攻卓有成效,最終,車臣首領不得不放下武器談判,就這樣車臣問題終於得到圓滿的解決。

1999 年 12 月 31 日中午 12 時，俄羅斯總統葉爾欽發表電視講話，宣布辭職，任命普丁為代總統。幾小時後，走馬上任的普丁就簽署了《關於對停止行使職權的俄羅斯聯邦總統及家庭成員提供保護的命令》，這一命令使葉爾欽得以高枕無憂的安享晚年。

1 月 11 日，普丁簽署《俄聯邦國家安全構想》，對俄羅斯的國際地位、國家利益、國家安全威脅保障作了詳細的闡述。

普丁首先針對俄羅斯國內經濟普遍混亂的狀況，採取了國家干預和市場經濟相結合的政策。並在外交上，普丁採用了多元化方針，繼續保持著與中國「戰略協作夥伴關係」，對西方採取接觸和談判的姿態。這一系列的措施使普丁深得民心。很快，俄羅斯便步入了正軌，有序的發展起來。

1999 年，俄羅斯對車臣的戰爭白熱化。12 月 6 日，俄羅斯空軍向被圍困的格羅茲尼空投「清城通牒」。通牒稱，如果城裡的市民在 12 月 8 日之前不透過祕密頻道撤離格羅茲尼，將被視為恐怖分子，與車臣叛軍一起被消滅。很多國家對通牒強烈不滿。英國外交部長說，如果俄羅斯不尊重基本人道準則，西方就取消對俄羅斯的援助。

北約祕書長喬治·羅伯遜警告俄羅斯，它屠殺格羅茲尼的威脅「讓人完全無法接受」，敦促俄羅斯保持克制。

美國總統柯林頓稱，通牒已經威脅到無辜平民的生命安全，俄羅斯如果執意要行動，那它將為它的行動付出慘痛代價。

在西方的一片強烈的反對聲中，普丁面臨艱難的選擇。在普丁之前，已經有好幾個總理因車臣事件被解職。如今，普丁一步不慎，也將遭到和前者同樣的命運。但是，普丁頂住了壓力，繼續對車臣進行軍事打擊，並重申，除非車臣交出曾率眾侵犯俄羅斯邊境的好戰領袖，否則，俄羅斯堅決不與車臣尋求政治解決之道。從這裡，普丁的膽識和魄力可見一斑。

普丁與夫人柳德米拉（Ludmila）有一段鮮為人知的愛情史。

那次，柳德米拉到列寧格勒找朋友玩。一天，她和女友及女友的男朋友三人準備到劇院看戲。走到劇院售票處時，已經買好票的普丁在那裡等候多時

了。當時，衣著樸素的普丁並沒有引起柳德米拉的特別注意，但看完一場戲後，她就改變了之前的看法。

第二天兩人就開始了單獨約會，他們倆跑到列寧格勒音樂劇院看表演，第三天也是這樣在劇院度過，他們不覺得單調，只覺得時間是飛一樣的快，很快就到了柳德米拉不得不走的那天。那天，普丁和朋友到車站送柳德米拉，臨上車那一刻，普丁把自己一向對人保密的電話號碼留給了柳德米拉。列車開動了，普丁和柳德米拉都感覺到了依依的惜別之情。

分開後，普丁的身影不斷在柳德米拉的腦海中出現。柳德米拉意識到自己遭遇了愛情，隨著時間的推移，她對普丁的思念就越強烈。終於，柳德米拉耐不住性子飛到列寧格勒，這兩天兩夜相思的人熱烈的擁抱在一起。相處三個月後，柳德米拉認定普丁就是她尋找已久的「白馬王子」。戀愛三年後，兩人便結為伉儷。

代總統普丁在國家杜馬討論是否同意任命他為總統時，說了這麼一段話：

「……政府的主要任務之一是保障國家平靜有序，進行誠實和公正的選舉，無論是杜馬選舉，還是總統選舉。我認為，無論政府由誰組成，這都是它在政治領域的主要任務之一。選舉是爭奪權力的鬥爭，但不是反國家的鬥爭。在這個問題上我們要做工作，要有共同負責的表現。我想提醒所有參加競選的人：政府準備在自己的許可權範圍內嚴格制止任何違法行動。」

在一次公開向俄羅斯公開演說中，總理普丁說：「哪裡有匪徒，我們就打到哪裡，如果在廁所裡抓到土匪，就直接把他塞進便池裡。」

現在，「把匪徒塞進便池」已經成了俄羅斯家喻戶曉的名言，這也被人民看作普丁在車臣問題上的態度。

哲學宗師

佛教創始人 —— 釋迦牟尼

釋迦牟尼是世界三大宗教之一佛教的創始人，原名喬達摩・悉達多，意為「成就一切者」。釋迦牟尼這一名字是在他成佛以後，世人對他的尊稱，意為「釋迦族的聖人」。

在當時社會裡，婆羅門教是占統治地位的宗教。教義規定年輕人要經歷四種生活，即梵行期、家住期、林棲期、遊行期。釋迦牟尼就是順從這個社會習慣，進行了四方出遊。

一日，釋迦牟尼及隨從數十人乘車馬從東門出遊。在郊外野徑旁，一個老人拄杖而過。開車者告之：此人為老所迫，「老」非國法，眾人至壯被老殘。太子想像著父母妻室乃至自己，不論此時多麼年輕富有，終將老去，實在讓人痛苦！於是遊興頓無，命起駕回宮。

幾日後，釋迦牟尼又從南門出宮郊遊，行至不遠，見一病人，駕車者告之：此人已被病纏身，病危常在將近死。太子心想，生病之人周身無力，即使頭腦聰睿手足健全也不能料理自己的生活，多麼令人痛苦！有什麼辦法可以免除這種痛苦呢？」回宮後，他整日為尋思這個問題愁眉不展，國王見了甚是擔憂。

過了幾日，釋迦牟尼又啟請出遊西門。出城不久，遇見四人抬著一具棺材迎面走來，死者家屬跟在後面，捶胸頓足呼號哭泣。駕車者告之：瞻州次是已死人。釋迦牟尼想，怎樣才能使人返老還童、青春永駐，怎樣才能使疾病遠離，生命長存呢？回宮以後，悶坐苦思，憂形於色。

過了十幾日，釋迦牟尼始終未找到答案，於是啟奏淨飯王，要出遊北門。剛出北門，遇見一比丘（和尚），駕車者告之：此人名丘僧。此時比丘僧走近說：解脫之道，不在王宮在山林。釋迦牟尼大受震動，心想：這就是我苦苦追尋的事業啊！於是下定決心捨棄王位，離家尋找解脫之道。

北門出遊回來第二天，釋迦牟尼前去拜見淨飯王，說道：恩愛聚會，必有離別。願父王許我出家，為眾生尋求一條解除痛苦的途徑。淨飯王聽後非常難過，他想盡一切辦法挽留太子。

第七天晚上，釋迦牟尼趁眾人困乏歇息的機會，偷偷溜出寢宮，來到馬

廄，叫醒車夫，讓他駕車送他出城。

釋迦牟尼看見許多修苦行的婆羅門，認為修苦行不能獲解脫之道，便告辭跋涉，繼續尋找真諦。

釋迦牟尼繼續南行，他們渡過凶險的恆河，來到摩揭陀國（古印度國名，王舍城之所在國），受到國王頻毗婆羅的熱情款待。

釋迦牟尼帶領五人渡過尼連禪河，來到河邊的迦暗山修行地。此後，他先後尋訪了新學派領袖、年逾百歲的阿羅邏迦羅摩和數論先師優陀迦羅摩子，並且吸收了二位大師的禪定觀想方法。

釋迦牟尼離開兩位數論大師後，又到了伽耶，當時在尼連禪岸邊的苦行村，住著許多苦行者，面對苦修盛行的當時社會，釋迦牟尼一時找不到更佳的修行方法。他想：五濁使世道險惡、人心叵測，我為自身清淨，破除邪謬，普度眾生，應當修禁行和苦行。於是他就這樣修行了六年。

六年後的一天早晨，太子來到尼連禪河邊飲水，他看見了自己投在水中的身影心中不禁悲嘆：六年苦修，殘身傷智，徒勞無益。若丟掉苦行，仍像先前居家沉思，或許能獲得解脫之道。於是決定淨身進食。

釋迦牟尼不久來到佛陀伽耶的一棵畢缽羅樹下。釋迦牟尼端正身體，並發誓不獲誓不起此坐，便默坐進入禪定境界。

他在畢缽羅樹下連坐了七天七夜，未進一粒米粟。

到第七天黎明，釋迦牟尼忽然感到長期縈繞在頭腦裡千絲萬縷的疑難全部釋然，混沌已久的大腦豁然開朗、大徹大悟了。原來，世界上的萬事萬物都在永不停息的變化，萬物變化的唯一歸宿就是因果報應。有因必有果，因果必循環。人生如舟，苦海無涯，只有斷絕一切欲望，多累積施捨的善行，才能消除煩惱，才能寧靜的忍受各種痛苦，得到真正的解脫。這就是釋迦牟尼所證得的「正覺」。

從此，釋迦牟尼成為佛陀（BUddha）（簡稱佛，意思是覺者，智者）。釋迦牟尼成佛這一天是西元前 530 年農曆十二月初八。那年他 35 歲。

釋迦牟尼成佛後，來到鹿野苑（今印度的波羅奈城），尋找跟隨他多年的橋陳如等五人，向他們說法。

釋迦牟尼尋到他們後，開始傳授自己的法道。

釋迦牟尼的初次說法，完全征服了橋陳如五人的心。他們一齊跪拜，乞求佛陀收他們為徒，這就是釋迦牟尼最初的五個弟子，鹿野苑是他得道後第一次傳授經法的所在地。

在鹿野苑最初說法後，釋迦牟尼暫時行走在縛羅迦河的沿岸。為眾人排憂解難、指點迷津，傳播佛教，不久就收了弟子六十多人，師徒眾人在縛羅迦河岸傳道。後來釋迦牟尼讓六十佛徒分散而去，雲遊四海，佛教廣泛的傳播起來。

釋迦牟尼為傳播佛教奔波勞碌了一生，於西元前 486 年圓寂（涅槃）在拘尸那揭羅國（今印度聯合省伽夏城）的跋提河邊。

釋迦牟尼圓寂後，古印度各國為爭奪他的遺骨（「舍利」，火化後呈珠狀物）而大動干戈。後經調解，決定將遺骨骨灰分成八份，各自帶回「舍利塔」供養。此外，當地人還搜集釋迦牟尼的毛髮、衣物，建塔封存供養。這些「舍利塔」至今古風猶存，供八方遊人瞻仰、祭拜。

釋迦牟尼生於西元前 565 年，圓寂於西元前 486 年，共活了 80 歲，與春秋時代的孔子是同時代的人。

據佛經記載，在古印度靠近雪山南麓森林繁茂的地方，有一個富庶的小國，這就是迦毗羅衛國（今尼泊爾南部提羅拉科特附近）。年輕的淨飯王是位文韜武略樣樣精通之人，後與毗鄰的拘利族天譬城主善覺大王的女兒摩耶結為夫妻。

王后 40 歲那年，才有了懷孕徵兆。懷胎 10 月後的一天，王後生下一個男孩。只見他相貌端麗、神態安詳，並無一般嬰孩的哭鬧表現。這就是後來成為佛祖釋迦牟尼的喬達摩‧悉達多。他的誕生地蘭毗尼園後來成為佛教徒世代朝拜的聖地。

在皇宮優越的物質條件下，釋迦牟尼一天天成長起來。

釋迦牟尼天姿聰慧、悟性極佳，長到少年時代，便養成了愛思考、愛提問的良好習慣。其父淨飯王期望他長大以後成為「轉輪聖王」，有意加以培養。他命兒子同釋迦族姓兒童約萬人一起到教書法師跋陀羅尼（意為「普友」）的學堂學習。釋迦牟尼很快就脫穎而出。

當釋迦牟尼長到 17 歲時，釋迦族姓的長輩們都來拜見國王，請求國王為太子選擇賢妃！淨飯王納言下召，召集釋迦種姓年輕美貌的女子五百人，讓太子挑選。釋迦牟尼後來鍾情於一位名叫俱夷的女子，她父親是一名持杖者。持杖者說：我姓之宗法，須通曉技藝之人，才可把女兒嫁給他。使臣回稟國王，國王頗為不快。釋迦牟尼聽到後倒是極力贊同，應允七天後舉行技藝比賽。釋迦牟尼在全部專案中都占優勢，最終獲勝。持杖者心悅誠服的把女兒嫁給了他。

西方哲學之父 —— 柏拉圖

柏拉圖是古希臘著名的哲學家，亞里斯多德的老師，哲學鴻篇巨制《理想國》（The Republic）的著述者，西方哲學的精神導師。他的文藝理論思想和美學觀點對歐洲文藝界產生了深遠影響，成為西方各種思想的理論源頭。

柏拉圖出生於一個雅典的貴族家庭，很早的時候，他就慕名拜當年著名的唯心論哲學家蘇格拉底為師，並深受其思想的影響。28 歲至 40 歲間，柏拉圖一直在外漫遊、考察，接觸了不少學者名人，大大成長了見識，逐步建立起自己的思想體系。他的思想體系代表著西方政治哲學的起點。同時他也是道德觀念和形而上學的奠基人。他在這方面的思想和概念已被研究了二千三百多年。因此，柏拉圖被人們認為是西方思想之父和先驅。

西元前 387 年，柏拉圖停止了在外遊歷的腳步，重新回到雅典，創立了歷史上第一所固定學校，開始了他聚徒講學的生涯，至今這所學校存在 3900 年之久。此後他在雅典度過了 40 年的大部分歲月。他一面從事哲學著述，一面教學。他的主要著作有對話體著作四十多部，涉及文藝理論和美學的有《伊安》、《理想國》、《斐德若》、《會飲》、《大希庇阿斯》等。其學說認為在現實世界之外，存在一個客觀永恆的絕對的理念世界，現實世界只是理念世界的「模仿」和「影子」，而人的知識則源於靈魂對理念的回憶。他把這種學說和客觀唯心論哲學體系運用於社會、政治方面，主張以神的意志建立奴隸主貴族統治的「理想國」。

　　柏拉圖認為最完美的國家形式就是論資格、論才能的貴族式國家，根據一定的挑選原則，挑選出的統治階級成員或「法定執政人」應該在審定資格和能力的基礎上，把合格的人更多的吸收到自己的階層中來。他認為，個人是縮小了的國家，國家是放大了的個人。

　　柏拉圖主張由國家組織教育，不論男女，所有的人都應該得到受培養教育的機會。由此，我們可以看到主張男女平等的第一位哲學家是柏拉圖。不僅僅是這樣，他還建議國家對兒童進行嚴格全面的訓練，並在各階段進行廣泛的考試。

　　柏拉圖的思想對西方有著較大的影響。至今美國憲法中某些條款規定：國家應該設法發現並尊重人民意願，選拔最聰明、最傑出的人為國效力。這些都是深受柏拉圖思想的表現。

　　柏拉圖的影響經久不衰，他的道德理論和政治理論影響了後來的許多哲學家。他的文藝理論思想和美學觀點對歐洲文藝理論和文藝批評的發展產生了深遠的影響，成為西方各種唯心論等觀念和美學思想的理論源頭。而他的政治論著對世界的影響更是持續 23 個多世紀。

　　柏拉圖對邏輯思維很有研究。他認為，要使人的思維嚴密，具有規律，善於思考和探索，沒有扎實的幾何學基礎不行。因此他極力推崇幾何學，並特地在他開辦的學園門口掛了一塊牌子，上面寫道：

　　「不懂幾何學的人，請勿入內。」以此來強調幾何學的重要性。

　　柏拉圖在未被人們理解以前，曾經經歷了一次歷史上最有名的「徒勞行動」。60 歲那年，柏拉圖受人邀請離開雅典去給狄奧尼修一世的兒子小狄奧尼修講課，講授的內容是如何建立一個理想的國家。柏拉圖決定先從幾何教起，他認為幾何學有助於小狄奧尼修掌握嚴密的推理技巧，也有助於處理政治改革中更為複雜的問題。課程開始的時候，無論是小狄奧尼修本人，還是他的宮廷人員都參加了這次幾何學的「學習」。不過這種熱情很快就煙消雲散了，使得柏拉圖「徒勞行動。」

　　小狄奧尼修很喜歡柏拉圖，也很喜歡這種刺激，但就是不喜歡幾何學。人們也不明白為什麼要學幾何學這種難懂的學科。反對柏拉圖的人趁機給小狄奧

尼修找了另一個哲學家。面對人們的不理解和反對派的排斥，柏拉圖最終不得不在夜裡逃離宮廷，並繞遠路乘船回到雅典，匆匆結束了這次「徒勞之行」。

在慢慢的人生道路上，柏拉圖晚年生活得相當快樂。這時，他早已是桃李滿天下，他受到了來自四面八方的邀請和人民對他的崇敬。他的學生熱愛他正如他熱愛他自己的學生一樣。

一個學生結婚時，盛情邀請柏拉圖參加婚慶喜宴。年屆 80 的柏拉圖如約而至，高高興興的加入到狂歡的人群中。隨著良辰在歡樂中飛快的流逝，這位哲學老人有些疲憊退到安靜的角落，在一張椅子上坐下，他想休息一下並享受良辰的歡快，人們沒有打擾他。第二天早晨，宴會結束了，疲倦的狂歡者們走過來想把他喚醒時，才發現他已在夜裡安詳而恬靜的告別了人世。於是整個雅典城萬人空巷，送他進入了墓地。人民永遠都紀念著他。

古希臘哲學家 —— 亞里斯多德

亞里斯多德歷來被人們認為是世界上最偉大的哲學家和科學家，是西方現實主義美學原則的奠基人、古希臘集大成的學者。他創立了形式邏輯學，研究了辯證思維的最基本的形式。作為百科全書式的思想家，他豐富了哲學的各個分支學科，對許多學科都有貢獻。

西元前 367 年，剛滿 17 歲的亞里斯多德來到了雅典，進入到柏拉圖的學校來學習柏拉圖，一學就是 20 年之久，在柏拉圖去世後，他才開始出外遊歷講學，曾擔任馬其頓王亞歷山大的教師。後來他在雅典講學著述多年，世稱「逍遙學派」。亞里斯多德學問淵博，著作宏富。主要著作有《詩學》、《工具論》、《形而上學》、《修辭字》、《物理學》、《倫理學》、《政治學》等一百七十多部，到今天，流傳下來的僅有四十七種了。他的著述涉及到人類生活及社會的所有現象，一切情況都在思考和分析範圍之內。他成就事業的理性方法至今仍然值得學習、研究和借鑑。

亞里斯多德認為宇宙不受神鬼或命運、幻術控制，而遵從一定的規律運

行。面對自然現象，他認為人類應該透過試驗和邏輯分析，得出這種現象應有的結論，而不應該去迷信和害怕這種現象。他這些反傳統、迷信或禮儀的主張深刻的影響了西方文化發展的根本方向。

亞里斯多德是一位真正的哲學家。他的哲學思想動搖於唯物論和唯心論之間，但在文藝思想上基本傾向於唯物主義。他的文藝觀點是從批判柏拉圖的唯心論開始的。他認為理性原則存在於感性事物之中。因此，對於現實世界的模仿不僅能夠反映本質，具有真實性，而且「因為詩歌所描述的事帶普遍性」，所以它比歷史「更富於哲學意味」；同時，他還強調模仿的文藝符合人性的要求，具有積極的社會作用，不僅給人們以知識，還能給人們帶來精神上的快感，從而肯定了文藝的審美作用。

在文藝創作上，亞里斯多德否定了柏拉圖的非理性迷狂說，肯定了詩人的藝術創造性和藝術想像的特殊規律。他還在總結古代藝術實踐的基礎上對悲劇的藝術特點進行了系統的探討，這門對西方戲劇理論，尤其是悲劇理論的發展做出了重要的貢獻。

亞里斯多德創立了科學與哲學的術語學說。我們今天在談論任何科學的時候，幾乎不可能不用到他所發明的術語。例如形式、質料、原理、範疇、能量、現實、動機、結局、法則和形態等。所有這些術語都是哲學思想中心不可缺少的「硬幣」，而這些「硬幣」又都是在他頭腦中「鑄造」的。

亞里斯多德最偉大之處就是他創立了龐大的科學研究體系。他多方面的總結了古希臘各門科學技術的成果。在亞里斯多德之前，古希臘科學還處於萌芽狀態。他是形式邏輯的奠基人，而且研究了辯證思維的最基本的形式。他不僅對植物學、動物學、生理學和醫學等學科做出了貢獻，還探索和研究了政治學、歷史學和文藝理論，並且都有著作傳世。因此，他是古希臘集大成的學者。在他死後的幾百年中，沒有一個學者像他那樣對知識有過系統的考察和全面掌握。他的恩師柏拉圖稱他是「學園的菁英」；馬克思稱他為「古代最偉大的思想家」，恩格斯則稱他是古希臘哲學家中「最博學的人物」。

西元前 335 年，亞里斯多德在雅典呂克昂（Luceion）開辦了自己的學

園。除了教學之外，他還致力於生物學和自然科學的研究。

亞里斯多德有強大的經濟實力，僅他擔任亞歷山大老師一職，就有非常可觀的收入，另外他還與希臘最有權力的富戶聯姻。這些條件使得他有財力、物力資助自己的事業。同時，為了讓他更好的投入研究工作，亞歷山大指示他的獵手、獵場守門人、園丁和漁夫向亞里斯多德提供一切他所感興趣的東西。光是亞歷山大向他提供的設備與研究材料就價值八百泰倫（約為四百萬美元）。另外，亞里斯多德在他浩繁的工作中也投入了大量的人力。他曾派了一千人到希臘和小亞細亞各地，為他採集各種動物和植物標本。

就是因為有了這些條件，亞里斯多德建立起了世界上第一座動物學庭園。據說，這也是人類歷史上以社會財富大規模資助科學事業的第一例。

西元前 322 年，亞里斯多德因病與世長辭。彌留之際，留下一份遺囑，對妻子、子女、前妻遺骨的安排和對家奴、財產的處理一一向遺囑執行人進行託付。

亞里斯多德請好友 —— 雅典的執政者安提帕特作為他的遺囑執行的主持人。

對於另一位好友塞奧弗拉斯托，亞里斯多德指定他為呂克昂學園的繼任主持人。亞里斯多德表示，如果塞奧弗拉斯托願意並且可能的話，希望由塞氏來照顧他的子女、妻子以及產業。

亞里斯多德希望尼康諾 —— 他的衛士普洛森努斯之子，也是他的義子 —— 在他女兒成年時與她結婚，並擔任他兒子的監護人。但他在遺囑裡也給予了尼康諾充分的自由選擇權，如果他不願意，由安提帕特和執行人商討後，以他們認為最適合的方式來安排他的兒女們。

對於妻子，亞里斯多德完全具備了現代人最為稱許的自由精神。他希望她再次結婚，重新獲得幸福，並對她應分的財產、奴僕及房產選擇居所權等都做了明確安排。對已故前妻的遺骨，他囑託執行人滿足她生前的心願 —— 將她的遺骨與他合葬。

對於家奴們，他要執行人在他死後，給奴僕及其孩子們以完全的自由。

基督教的救世主 —— 耶穌

耶穌是世界三大宗教之一基督教運動的領袖，是歷史上很有影響的宗教啟示者，稱為基督（希臘語、又稱彌賽亞，即救世主）。耶穌作為宗教思想的領袖，對後世產生了深遠的影響。

「上帝之父」是耶穌宗教思想中起主導作用的思想。

耶穌向人們提供了可供選擇的另一個世界，即天國。他向人們描繪天國的生活時說，天國是人群的生活，在那裡不論是聖徒還是罪人，不論是正人君子還是懦弱低賤之輩，人人平等。

耶穌認為，自己是上帝的兒子，是由上帝派到人間來的，肩負著教諭世人，行善除惡，解救人類的偉大使命。

耶穌告訴人們，只要誠心誠意的懺悔，不論是窮人還是罪人，都可以進入天國。耶穌強調人們做錯一些事，只要認真懺悔就可以得到上帝的原諒。

耶穌提倡人們要樹立良好的品德。要正確對待異性，正確對待金錢。耶穌勸導人們，要以上帝為中心，必須全心的愛上帝。重金錢、重衣食，就是分心、喧賓奪主。只要信奉上帝，做善事，其餘的都可以自然而然的得到解決。

耶穌認為，一個人最寶貴的是贏得天下，「失去心靈」是世上最大的損失。因此，要「愛人如己」，「要愛仇敵」，「愛鄰居」。他號召人們順從一切制度，順從「世上有權柄的人」，今生要忍耐、順服，把希望寄託於來世。

西元 28 年春，耶穌的傳教活動廣泛發展起來，信教的人越來越多。耶穌深感傳道事業不能只靠他一個人，必須把教規傳授給得力的門徒，讓他們到民眾中去宣傳。

耶穌經過反覆考慮，選擇了 12 名最了解最有希望在民眾中宣傳教規的門徒，其中有西門（耶穌稱他為彼得）、雅各、約翰（耶穌稱他為雷之子）、安得烈、腓力、多馬、巴多羅馬、馬太、猶大、拿但亞等。

耶穌的 12 門徒各有所長，各有特點。耶穌選定門徒以後，不僅把教規、教義等方面的思想觀點傳授給他們，而且嚴格訓導他們。

耶穌深知門徒們都具有各種特長，能夠各顯神通，心中抱著很大希望。

從此，12 門徒支持和保護耶穌到各地進行傳教活動。

耶穌的傳教活動受到民眾的廣泛響應。耶穌的傳教活動能夠吸引廣大民眾的主要原因是，他把傳道與行醫結合起來，他對天國、彌賽亞的宣傳，反映了被壓迫民眾對現實的不滿，行醫神蹟則證明他具有神能，因此越來越多的人相信他是上帝派來的。

耶穌經常在差役們的監督下進行宗教宣傳，他逐漸的感覺到，猶太人與自己為敵，祭司和法利賽人也絕不會放過他。他認為耶路撒冷不是自己久留之地，因此動身回加利利了。但是，耶穌尚未到加利利，便得知曾經給他洗過禮證明他的先知身分的約翰，因宣傳新教受到猶太人的仇視，關押多年後被希律王的差役殺害了。耶穌獲悉此訊深感悲痛，他於是改變主意先來到約旦河附近逗留一段時間後再回加利利。

耶穌利用這段時間把握培訓門徒，讓他們掌握自己的宗教思想，萬一自己受難也讓他們成為自己的化身，繼續做天國的事業。

經過多次的周折，耶穌反覆觀察門徒們的行為，發現彼得最忠於天國，也很聰明，所以決定把進「天國」的鑰匙轉給他，讓他根據上帝的安排行事。

形勢發展越來越艱難，社會環境對耶穌很不利。由於猶太人和文士、法利賽人的迫害，拿撒勒、加利利都拒絕他去傳教。這時又發生了彼拉多殺害信奉基督教的加利利人的事件。西元 30 年在猶太人的逾越節將來臨之際，耶穌決定開赴耶路撒冷，向耶路撒冷當權者和法利賽人挑戰。此時去耶路撒冷凶多吉少，耶穌決心以身殉國（天國）以死救世。到了耶路撒冷，耶穌深感自己已陷入舟沉釜破之境地，只有用自己的血，才能開出一條拯救以色列民族的道路。

耶穌預感到自己在世的日子不長，所以終日向群眾宣傳天國，答覆他們提出的問題。

多次的交鋒失敗後，更激起了當權者對耶穌的仇視。

最後，耶路撒冷的當權者和法利賽人列出了耶穌的三條罪狀：一是耶穌宣

稱自己有赦罪的權利，對當權者進行挑戰；二是在安息日為人治病公然違反猶太人的法律；三是同情被法利賽人治罪的「賤民」。

而這危難時刻，耶穌的門徒猶大出賣了耶穌，耶穌以擾亂世俗罪被告而遭到逮捕。

耶穌被送交羅馬猶太人總督彼拉多那裡受審。耶穌最終以「謀叛羅馬」，自稱「猶太人的王」之罪被判極刑，在山丘上被釘上了十字架。據傳說，耶穌死後第三日復活，顯現於諸門徒面前，第四十天升天。

耶穌死後，他生前培養出來的門徒們又聚合起來，按照耶穌的教訓，繼續宣傳耶穌的教義。近兩千年來，他們以極大的熱誠從事於基督教的宣傳普及活動，使基督教經久不衰，一直承襲下來，成為當今世界上影響最大的宗教之一。

大約西元前 7 年，羅馬皇帝該撒亞古士督下了一道上諭，要民眾都報名登記戶口。於是眾人各歸本地，接著每個家庭報名登記戶口。當時住在地中海與約旦河之間拿撒勒小鎮的木匠約瑟本是猶太國王大衛的後裔，因此，便攜著妻子瑪利亞，離開拿撒勒城來到伯利恆。他們到了伯利恆後找不到住處，不得不住在一家旅館的馬槽裡。晚上瑪利亞生了一個男孩子。

孩子出生後第八天，約瑟和瑪利亞按照摩西的法律，帶孩子來到耶路撒冷聖殿，將孩子獻給上帝，為他行了割禮，並給孩子取名為約書亞，就是拯救的意思，用當時口音念耶穌。意思是受上帝的旨意，希望孩子長大以後能解救以色列民族。此後，約瑟帶著妻子回到了拿撒勒。耶穌的童年是在拿撒勒度過的。

按照摩西當時行使的法律，孩子長到 13 歲，就可以承擔法律責任。耶穌長到 13 歲時，他的父母為了紀念這個日子，帶著耶穌上耶路撒冷守節。耶穌 19 歲時父親病故，家庭生活的重擔落到他肩上，他幫助母親照顧弟妹，受到他們的尊敬。

耶穌 13 歲那年，他的表兄約翰預言，人類的救世主將要出現。約翰經常到約旦河一帶，勸誡人們洗禮悔改，從而使人們赦免各種罪惡。

耶穌耳聞約翰受洗的消息，便從加利利的拿撒勒來到約旦河，請約翰為他施洗。約翰遵從了耶穌的話，便為耶穌施洗。據傳說，當耶穌受洗禮以後從水

裡出來時，天忽然開了，聖靈從天而下飛到耶穌身上。與此同時，天空中傳下
聲音：「你是我的愛子，我喜歡你！」約翰目睹了這一切。自此，約翰為耶穌
作證，稱他為上帝的兒子，他為拯救世人，由聖靈降孕瑪利亞而取肉身成人。
耶穌接受約翰的宣揚，以救世主的身分到各地進行宗教宣傳活動。

法國啟蒙思想家 ── 盧梭

　　盧梭是法國著名的啟蒙思想家、哲學家及教育學家。在這幾方面有代表作
《新愛洛綺絲》、《民約論》、《愛彌兒》。「人民主權」思想是他思想的精
華和基本原則。他的思想曾是法國大革命中雅各賓派的旗幟，和處於革命中的
各國資產階級的福音。

　　盧梭是哲學論壇上的著名人物，在 1750 年代，盧梭先後發表《論科學和
藝術是否敗壞或增進道德》及《論人類不平等的起源和基礎》兩篇文章奠定
了他在哲學史上的地位。

　　1761—1762 年間，他完成了三部重要著作：哲理小說《新愛洛綺絲》
和《愛彌兒》、論著《民約論》。晚年，盧梭完成了敘述自己生活史的巨著
《懺悔錄》。這一部具有深刻分析思想的自傳，文筆優美，說服力強，這是一
部世界文學史上別具一格的名著。

　　盧梭在政治上是激進的民主主義者。《新愛洛綺絲》這部小說透過平民
出身的少年聖‧普洛和貴族少女茱麗葉的戀愛悲劇，揭示了兩個不同等級的人
的精神世界，顯示了他們之間道德倫理的衝突，強烈的抨擊了封建專制制度。
《民約論》是盧梭民主主義政治思想的集中展現。他認為，人類最初處於原始
的「自然狀態」，在這個時期，不存在私有制和不平等。私有權和不平等使
人與人之間產生了不平等。國家是由於訂了契約而產生的，而人民是訂契約的
主體。他提出了「人民主權」的思想。他認為一切權力屬於人民，國家主權
不可分割，也不能轉讓，一切權力的表現和運用必須展現人民的意志。法律
就是「公意」，在法律面前人人平等，君主不能高於法律。盧梭的「人民主

權」思想是他思想的精華和基本原則。

在教育思想方面，盧梭有著重大貢獻，這在《愛彌兒》中有所闡述。盧梭認為，一個人生來是完美的，教育者的任務就在於一直保持孩子的這種完美本性，促進受教育者自然發展。盧梭還認為，教育的初級階段開頭是培育兒童嬌嫩靈活的器官，發展感性經驗。他的一句名言這樣說：「我們的第一個哲學教師是我們的兩條腿、我們的一雙手和我們的一雙眼睛。」

盧梭是法國資產階級民主文學的創始人之一。在文學和音樂等方面，他也有重大的貢獻。他這些豐富的精神遺產給人類留下了寶貴的財產，是人類寶庫中不可或缺的重要組成部分。為此他的精神也曾照亮了整整一個時代。美國《獨立宣言》在相當程度上展現了盧梭民主理論的精神。盧梭的政治學說在法國資產階級革命中被革命人士奉作「革命《聖經》」，成為雅各賓派的旗幟。連恩格斯也說：「我們在盧梭那裡不僅已經可以看到了那種和馬克思《資本論》中所遵循的完全相同的思想進程，而且還在他詳盡敘述中可以看到馬克思所使用的整整一系列辯證的說法。」

盧梭出生在一個窮困潦倒的鐘錶匠家中，很小的時候，母親就死了，沒有條件受到正規而正統的教育，主要靠自學獲取知識。10歲時，盧梭被寄養在一個牧師家裡。12歲時在試圖當訴訟記錄員失敗後，他又跟雕刻師傅阿貝爾・迪科曼做學徒。師傅是個年輕的老闆，野蠻粗暴，使他這個當徒弟的無法忍受，因而做了許多蠢事。在做了兩年學徒後，盧梭終於不堪忍受非人的虐待就逃出師傅家，開始了顛沛流離、寄人籬下的痛苦生活。

流浪了兩年之後，盧梭來到了薩瓦，在這裡他投奔了華倫夫人。在華倫夫人的幫助下，盧梭過了幾年較為平靜溫馨的日子，然而好景不常，他與華倫夫人關係冷淡下來。此後，他當過雕刻匠、僕人，還做過家庭教師。由於生計困難，他不得不又回華倫夫人身邊與她同居了十年。

1745年，離開了華倫夫人的盧梭在威尼斯與一個旅館的女傭同居期間，生了五個孩子。由於生活實在貧困，最後只得將孩子全部送進了孤兒院。在這一時期，盧梭在社會和生活的道路上艱難的蹦躂，嘗遍人間的辛酸。雖然他發

表了一些作品，但他的智慧和勤奮卻得不到社會的承認。

在盧梭的生命裡，遇到過不少的女人，而華倫夫人是他第一個情人。

16 歲那年的復活節早晨，盧梭在天主教堂認識華倫夫人。美麗可愛的華倫夫人把他迷住了，他不由得戰慄起來，這是一位懷著柔情微笑歡迎他的夫人。這以後，華倫夫人稱他「孩子」，他稱她為「媽媽」。對盧梭來說，從未曾得到母愛的他，在華倫夫人身邊享受到充滿母愛的日子，這是一個真正幸福的時期。

盧梭 18 歲那年夏天，和兩個度假的市民少女有過田園詩般的迷人豔遇。他們常常在一起爬山，散步，共同度過了很多浪漫而美麗的日子。在這些日子裡，盧梭愛上了其中的一個加蕾小姐，他常徘徊在她的房子周圍，給她寫了許多動人的信，然而沒有回音。盧梭的初戀失敗了。

在盧梭的眼裡，華倫夫人只是一個極其溫柔的「媽媽」，但在他 21 歲那年秋天，在郊區花園的一間農舍裡，華倫夫人從此成了他的情人。盧梭感到了另一種來自心靈深處的巨大的幸福，他在文章裡寫道：「這裡開始了我一生短暫的幸福，這裡流逝著寧靜而迅速的時光，它們使我有權利說我並未虛度此生。」雖然如此，這並不是盧梭找到的真正愛情。

一個偶然的機會，盧梭結識了一位有了孩子的拉爾納夫人。這位迷人的女伴陪他度過了五天快樂時光，這使盧梭感到了瘋狂的愛情。可是令盧梭痛苦的是，拉爾納夫人始終友好的與他保持著一定的距離，他們的感情無果而終。

當生活的貧困迫使盧梭再次回到華倫夫人身邊時，他發現她有了新的情人。在這種三人世界裡，盧梭痛苦的生活了幾年時間，最後孤獨的離開了華倫夫人。茫茫人世間，盧梭追尋著真正的心上人。他又被風趣貌美的杜潘夫人迷住了。然而，對他的追求，杜潘夫人毫無反應，最後居然冷漠的拒絕了。盧梭徹底的心灰意冷了，他放棄了對愛情的任何希望。最終與一個旅館的女傭同居，並結了婚，他們之間的感情是病態的。

盧梭在情海中尋覓了一生，最後還是被愛情拋棄了。

1750 年代後期，盧梭患了一種受迫害的妄想症，這使他身心不時受到嚴重折磨。這以後，他的著名作品《民約論》和《愛彌兒》由於抨擊了封建專

制制度和科學家，激起當局和教會人士的極大憤怒。這兩部著作在巴黎被當眾焚毀，他本人也遭到政府通緝。盧梭先逃到瑞士，而後又躲到普魯士。這次災難加重了他受迫害妄想症。

盧梭晚年鬱鬱寡歡，極度貧困，年過六旬又不幸慘遭車禍。1778 年 7 月，這位法國思想界和文學界的巨星隕落了，他死時，無限淒涼，身邊沒有一個親人。

盧梭曾擔任法國駐威尼斯使館祕書，他盡職盡責，工作幾乎沒有一點疏漏之處，工作得非常出色。

有一次，法國國王聘請當時已十分叫座的女演員柯拉麗娜姐妹及其父維羅奈斯去巴黎演出，可是他們收到 2,000 法郎的旅費後，卻跑到威尼斯聖呂克劇院來演出。盧梭收到熱弗爾公爵以侍從副官長身分給大使寫的信後，就開始尋找他們父女，當大使託人去向聖呂克劇院老闆徐斯提涅尼提出要求他解僱維羅奈斯，沒成功。盧梭很生氣，那天正值狂歡節，他披上斗篷，戴上面具，坐著掛有大使徽號的平底輕舟，趕到徐斯提涅尼公館。在門口，盧梭叫人通報說一位戴面具的女士來求見。他被人引進去後就摘下面具，說出了真實姓名和身分。那位老闆頓時臉色慘白，不知所措。

盧梭按照威尼斯的習慣對他說：「先生，我來打擾閣下，很抱歉！但是你的劇院有個叫維羅奈斯的人，他已受聘為法國國王服務。我們曾派人向你要人，可是沒有結果。我來此是以法國國王陛下的名義向你要人的。」他走後，維羅奈斯當天就被辭退了，只好匆匆趕往巴黎演出。

德國古典哲學家 —— 康德

康德是近代對西方起過劃時代作用的德國哲學家，一位在自然科學領域做出重大貢獻的學者，是西方最偉大的哲學家之一。他一輩子沒有走出哥尼斯堡，但卻發現了人類最為深刻的思想；身居斗室，卻胸懷宇宙，了解宇宙的奧祕，建立了二元論的思想體系。

　　康德的學術生涯通常以 1770 年為界劃分為前後兩個時期。前一個時期是「前批判時期」，後一個時期是「批判時期」。在前批判時期，他主要研究的是自然科學，著有《自然通史和天體論》，提出了著名的「星雲說」。1770年，康德發表了教授就職論文《論感覺界和理智界的形式和原則》，初步提出了「批判」哲學的一些原則，以後逐漸開始轉向哲學的研究。這以後他陸續發表了三個有名的「批判」:《純粹理性批判》、《實踐理性批判》、《判斷力批判》。

　　康德的哲學出發點有兩個:一個是近代以來對觀念來源問題的爭論。在這場爭論中，出現了經驗論和唯理論。康德哲學可以說是這兩場爭論的總結。另一個就是休謨的懷疑主義。康德認為休謨哲學使他從獨斷的迷夢中驚醒過來，促使他走向考察人類認識能力的精神之路。雖然康德哲學並不是休謨哲學的簡單翻版，但在哲學精神上卻是一致的，應該說休謨哲學被康德哲學進一步發展了。

　　康德的美學思想和文藝思想是他整個哲學體系的一個重要組成部分。

　　在美學著作《判斷力批判》中，康德試圖以審美判斷溝通自然界的必然和精神界的自由，使知性和理性、認識和倫理、自然和自由有機的統一起來。根據這一點，他對美和崇高做了分析。他認為美和審美與實際利害無關，它不涉及任何概念、任何目的而引起普遍的愉快。從這一美學觀點出發，他論述了藝術的特徵、藝術的創造以及想像和天才等問題。他認為藝術活動的本質是「透過以理性為活動基礎的意志活動的創造」，它區別於自然、科學和手工業，彷彿是一種遊戲，本身是「自由的」、「愉快的」;但藝術的自由創造「卻是對於一個事物所作的美的形象顯現或描繪」，它以美的形象引起人們想像力的活躍和諧，從而陶冶心靈，有益社會。他還認為「美的藝術必然要看做出自天才的藝術」，進而分析了天才的特點，認為「天才就是那天賦的才能，它給藝術制定法規」，具有獨創性、典範性和難以言喻的自然性等特徵。可見康德的美學思想和文藝觀在一定的程度上批判的總結了理性主義和經驗主義的觀點，揭示出藝術活動的深刻本質和審美特徵，包含著不少辯證的合理因素。

　　在康德的哲學思想中，不僅僅是休謨的哲學思想影響了他，伏爾泰的理性

主義，盧梭的感情主義，以及柏克萊對物質的批判都對他的哲學思想有著重要的作用。正如湯瑪斯所言：「康德的哲學之河是許多條支流彙集而成的，也正因為這樣，康德哲學的大河裡才能掀起洪波巨浪。康德的文藝思想充滿矛盾，具有明顯的主觀唯心論和形式主義色彩。他承前啟後的推動了西方美學史和文論史的發展，產生了較為深遠的影響。」

1724 年，在一個貧苦的鞍馬匠家中，兄弟姐妹共有九人，夭折四人，活下來的有五個人，康德排行第四。他的一生都處在貧寒的竟遇中。一輩子沒有離開過他的家鄉。他前半生是在較為困難的狀態中度過的，主要是做家庭教師。後來他在哥尼斯堡大學擔任編外講師，靠收學費來維持自己的生計。在這個微不足道的職位上，他一待就是 15 年；他曾兩次申請提升教授都被校方拒絕。經多方努力，直到 1770 年康德 46 歲，他才被評為邏輯學和形而上學教授，從這裡開始才有了固定收入。

康德一生謹小慎微，從未想到要損害他人利益。但是，當他第一部「批判」問世後，卻遭到了當時德國牧師發瘋似的反對。因為這部長達 800 頁的巨著，摧毀了科學的自然、樸素的世界，即使不在程度上，也在範圍上束縛了科學 —— 使之局限表面的世界，超越了這種局限，科學只能產生可笑的「二律背反」；科學便如此得到拯救！這部著作最雄辯、最深刻的部分強調說：人們信仰的對象是自由的，不朽的靈魂，仁慈的造物主不能用理性來加以說明；宗教於是也得到了拯救！難怪牧師們紛紛把他們的狗喚做伊曼諾爾‧康德，藉此來發洩胸中的憤恨。

康德對愛情問題保持著嚴肅而又謹慎的態度，在談婚論嫁方面總是猶豫不決。曾經也有兩次他想向女人求婚，就是由於他前怕狼，後怕虎的考慮太多，還沒來得及張口，第一位心儀的女友嫁給了另一位比他有勇氣的男人。第二位女友在這位哲學家下定決心之前搬離了哥尼斯堡。也許，他同哲學家尼采一樣，覺得婚姻會妨礙對真理的一心一意追求，以至於終身未娶。

德國唯心論哲學家 —— 黑格爾

　　黑格爾是德國古典哲學家之一，客觀唯心論者，哲學發展史上第一個系統的闡述唯心論辯證法的哲學家。他的一元論思想進一步批判了形而上學思想，恢復並發展了辯證法這一最高的思維形式。

　　黑格爾畢生從事教學工作和學術研究。他的著述極為豐富，主要著作有：《精神現象學》、《邏輯學》、《哲學全書》、《法哲學》、《歷史哲學》、《哲學史》、《美學講演錄》等等。在這些著作中，他批判的吸收了德國古典哲學的成就，創立了前所未有的龐大的客觀唯心論體系。美學是這個哲學體系中的有機組成部分。他認為，整個世界的本質是純粹精神性的「絕對理念」，它處於辯證發展之中；整個世界歷史就是這種絕對精神的矛盾發展和轉化的歷史。

　　黑格爾的美學包括三個部分：第一部分探討了美學的一般原理，提出了美學理論的核心命題 —— 美是理念的感性顯現；第二部分探討並分別論述了藝術美的三種歷史類型 —— 象徵主義、古典主義和浪漫主義；第三部分深入各門藝術的系統，對建築、雕塑、音樂、繪畫、詩歌等不同的藝術種類進行了探討。從根本上說，他的美學體系不是建立在客觀的現實基礎之上，而是從精神性的「絕對理念」出發，將辯證發展的方法貫穿到美學研究之中，從而把美的理念同文學藝術的發展、歷史和人類社會意識有機的聯繫起來進行研究。他提出一系列的辯證的對立統一原則，比如：特殊與一般，認識與實踐，主觀與客觀、理性與感性、內容與形式等等。

　　黑格爾的歷史哲學包含有豐富的辯證法思想。他不僅把人類歷史看作是不斷變化發展的過程，而且把它看作是前進運動的過程。他認為，世界歷史這個辯證發展過程是按照嚴格的客觀必然性來實現的。

　　在批判康德的基礎上，形成和發展了黑格爾哲學。他從唯心論的一元論出發批判了康德的二元論，建立了自己的客觀唯心論哲學體系；他深刻的批判了康德在許多問題上的形而上學思想方法，從而大大的發展了辯證法思想。此外，黑格爾還批判了費希特、謝林的哲學，繼承了這些哲學先驅的唯心論基本路線，大量的吸取和發展了他們哲學中所包含的辯證法因素，並且使辯證法得

到了全面系統的表述。從而進一步建立和完善了，他那龐大的具有豐富辯證法思想的客觀唯心論的哲學體系。在這個體系中，宇宙萬物的內在聯繫和矛盾發展的思想，貫穿著一種極為寶貴的科學辯證法思想。這樣，黑格爾就成了德國古典唯心論哲學的集大成者。

黑格爾是歐洲哲學史上第一個明確的把素養互變思想作為一條普遍規律提出來的哲學家。他的哲學是德國古典哲學的最大成果，對馬克思主義哲學的誕生產生了重要影響。

1830 年革命結束後，黑格爾的最後時光度過的非常愉快，然而就在這些愉快的日子裡，黑格爾卻迅速的衰老了下來，他突然就變得像傳說中的天才那樣心不在焉。有一次，他只穿了一隻鞋，光著一隻腳板走進教室，另一隻鞋不知什麼時候陷在爛泥中，而他竟根本沒有察覺到。看到他的學生們把那隻丟失的鞋找回來後，他才拍著自己的腦袋說：「我是越來越糊塗了！」

1793 年，黑格爾從圖賓根神學院畢業，畢業文憑上注明他資質良好，長於神學，毫無哲學天賦。這期間他非常窮困，為了生活，只得在法蘭克福和伯恩做家庭教師。1799 年，黑格爾的父親去世，他繼承了一筆大約一千五百美元的遺產。這時，他自以為已成了富翁，可以按照自己的想法生活了，便準備放棄家庭教師職位。他寫信告訴好朋友謝林，希望找一個藏書豐富、吃飯簡便並且可以喝到鮮美啤酒的地方定居下來。謝林說：「到耶拿（當時普魯士的大學城）來吧！」就這樣，黑格爾於 1801 年辭去家庭教師的工作，來到耶拿，從此開始了他的學術研究。

馬克思主義創始人 —— 馬克思

馬克思是馬克思主義的創始人，第一國際的組織者和領導者，與恩格斯一起起草了著名的《共產黨宣言》，用畢生心血寫成了巨著《資本論》。

馬克思在中學時代，就受到了法國啟蒙思想的影響，為自己樹立了為人類探求幸福的崇高理想。大學畢業後，馬克思擔任了《萊茵報》的主編。因為

他的努力，該報越來越傾向於革命民主主義。他在報上發表了一系列文章，批判普魯士當局的反動實質，公開維護受壓迫的勞苦大眾的利益。

1844 年 2 月，馬克思在巴黎與盧格（Lugar）合作創辦了《德國年鑒》。在這份雜誌上，馬克思以一名革命家的姿態出現，主張「對現存的一切進行無情的批判」，尤其是「武器的批判」。同年 8 月底，恩格斯會見了馬克思，他們合作寫了《神聖家族》和《德意志意識形態》。前者論證了無產階級由於自己的經濟和社會地位而必然肩負的解放人類的歷史使命；後者則第一次系統的闡明了唯物主義歷史觀，提出了無產階級的歷史任務就是必須奪取政權，建立無產階級共產主義社會。

1847 年春，他們一起加入「共產主義者同盟」。年底，馬克思接受同盟大會委託與恩格斯共同起草理論和實踐的黨綱。1848 年 2 月，他們起草好檔並正式發表，這就是《共產黨宣言》。《共產黨宣言》系統的論述了科學共產主義的基本思想，是國際共產主義一個綱領性檔。《共產黨宣言》的發表，標誌著科學社會主義誕生，開創了科學社會主義和無產階級革命運動相結合的新紀元。

馬克思在 19 世紀中期完成了馬克思政治經濟學理論體系的創建，寫成了具有劃時代意義的不朽巨著 ──《資本論》。《資本論》論述了資本主義社會的經濟規律，揭示了資本家對工人們的剝削在於占有他們的剩餘價值，揭露了資本主義的內在矛盾和剝削的內在本性，科學的論證了資本主義必然滅亡，社會主義必然勝利。這樣就把社會主義學說置於牢固的科學基礎之上。《資本論》成了無產階級反對資產階級的最銳利的理論武器。

1864 年，馬克思親自組織建立了第一國際，還起草了《成立宣言》、《臨時章程》等重要文件，並制定了鬥爭綱領、策略和組織原則。在第一國際存在的整個時期，他始終是第一國際的領袖，第一國際的靈魂。

1871 年 3 月，巴黎公社革命爆發，馬克思滿腔熱情的給予支持和幫助。公社失敗後，他寫了《法蘭西內戰》一書，及時總結出公社失敗的經驗，論證了無產階級必須打碎資產階級國家機器，建立無產階級專政的原理。他指出：「無產階級的軍隊是無產階級專政的首要條件。工人階級必須在戰場上爭

取自身解放的勝利。」

在 1875 年初寫的《哥達綱領批判》一書中,馬克思第一次指出了共產主義應劃分為兩個發展階段,論述了兩個階段的基本特徵和分配原則,並提出了從資本主義向共產主義過渡時期的理論,這部著作對無產階級政黨具有重大的理論意義和實踐意義。

馬克思大學畢業後,他準備在波昂大學講授哲學,但是普魯士政府加緊了對進步知識青年的迫害,於是他不得不放棄這個打算。於是他轉向政治,開始從事反對封建專制和爭取民主的鬥爭。1842 年 5 月,馬克思開始為自由主義反對派創辦的《萊茵報》撰稿,10 月擔任了該報的主編。由於《萊茵報》觸犯了普魯士當局的利益,於 1843 年 4 月 1 日被普魯士當局查封,馬克思不得不離開普魯士,逃亡巴黎。

在巴黎,馬克思積極參加法國工人的集會,了解法國工人階級的鬥爭狀況。這期間他發表文章揭示資產階級社會剝削人和壓迫人的本質,指出共產主義就是要廢除私有制,消滅人的異化,強調只有用武裝鬥爭才能消滅現實的私有制,導致激怒了法國統治階級。1845 年 1 月,馬克思被法國政府驅逐出境。

反動階級和政府的打擊迫害沒有使馬克思屈服,他來到比利時後繼續進行解放全人類的新鬥爭。1848 年 3 月,馬克思再次被比利時當局驅逐出境,到了巴黎。4 月,他與恩格斯返回德國,參加了席捲歐洲的革命。革命失敗後,馬克思在倫敦流亡,並在那裡長期定居。

1850 年代是馬克思一生最困難的時期。貧困的生活把他壓得喘不過氣來,形形色色的敵人對他攻擊誹謗,幾乎所有的報刊都對他關上了大門。這期間他主要靠恩格斯接濟。但馬克思沒有退縮,沒有氣餒,繼續戰鬥。從 1857 年到 1865 年,馬克思主要集中精力從事《資本論》的寫作。他嘔心瀝血,以驚人的毅力承受了貧病交加的困苦,終於完成了《資本論》的三卷手稿。

反動政府的迫害,貧困的物質生活,繁重的理論工作和緊張的戰鬥,使馬克思的身體被嚴重損害了。他晚年常被病魔折磨。1883 年 3 月 14 日下午,馬克思在自己工作室的座椅上溘然長逝。

文藝巨匠

神祕的行吟詩人 —— 荷馬

　　相傳荷馬為古希臘著名史詩《伊利亞德》（The Iliad）和《奧德賽》（Odyssey）的作者，因而這兩部史詩又稱《荷馬史詩》，鑒於史詩的巨大影響，歷史上把史詩所反映的時代稱為「荷馬時代」。幾千年來，《荷馬史詩》盛譽不衰，魅力永存。

　　《荷馬史詩》取材於特洛伊戰爭的傳說。

　　在西元前 2500 年至西元前 1000 年，歐洲大陸還處於蒙昧狀態，而在地中海東部的愛琴海一帶卻早已產生了燦爛的文化，這個古代文化的最早主人是克里特人。大約在西元前 1600 年左右，原先居住在歐洲大陸上的亞該亞人（Achaeans）進入希臘半島的中部和南部，他們接受了克里特文化，建立起邁錫尼文化。克里特島和小亞細亞西岸文化昌盛，地處東西方交通要道。因此從西元前 1500 年起，邁錫尼諸國一再組成聯軍，渡海遠征克里特和小亞細亞，以便掠奪東方的糧食和其他財富。此後 300 年，克里特人所有的城市幾乎全都落到亞該亞人手中。根據考古發掘，特洛伊城前後發生過 9 次戰爭，荷馬史詩中所指的那一次，是其中的第 6 次，發生在西元前 12 世紀。特洛伊城最後毀於戰火，此後，小亞細亞一帶便長期流傳著關於這些戰爭的傳說，不過都塗上了濃重的神話色彩。

　　《伊利亞德》和《奧德賽》就是以特洛伊戰爭的傳說為題材的最著名的、也是完整流傳下來的僅有的兩部史詩。

　　《伊利亞德》中所反映的，是希臘氏族社會開始瓦解，奴隸制度開始形成時代的社會生活。史詩描寫了希臘人對特洛伊進行的一次搶劫和掠奪的遠征。

　　《伊利亞德》共 24 卷，15,000 餘行，描寫了戰爭第 10 個年頭的 51 天，集中的描寫了其中 9 年所發生的各種事件。

　　故事開始時，希臘人與特洛伊人已經打了 9 年多的仗，特洛伊城還是未被攻陷。這時，希臘人洗劫了克律塞城，希臘聯軍統帥阿伽門農（Agamemnon）搶奪了阿波羅神廟的祭司克律塞斯的女兒。祭司帶著贖金到希臘軍中贖取女兒，但勇猛善戰的英雄阿基里斯（Achilles）堅持要阿伽門農

釋放祭司女兒。阿伽門農只好把自己的女俘送回，但搶去了阿基里斯的美麗的女俘作為抵償，並且當眾侮辱了阿基里斯。阿基里斯為此大怒，拒絕出戰，並祈求母親 —— 海神的女兒特提斯（Tethys）為他報仇。

在特提斯的請求下，宙斯同意讓特洛伊人暫時取得勝利以便引起希臘人對阿基里斯的重視。由於阿基里斯拒絕出戰，希臘人屢戰皆敗。在激戰中，統帥阿伽門農、伊大卡國王奧德修斯等都負傷了。被稱為「特洛伊和特洛伊人的堡壘」的統帥赫克托耳趁機大舉進攻。

希臘人已陷入絕境，可是阿基里斯仍然怒氣未消，拒絕去扭轉戰局。他的朋友帕特洛克羅斯（Patroclus）只好借了他的鎧甲到戰場上去廝殺。特洛伊人一見阿基里斯的盔甲，以為他本人出戰，紛紛潰退。帕特洛克羅斯乘機追殺敵人，但逼近特洛伊城門時，赫克托耳衝出迎戰，將他殺死，並奪去阿基里斯的盔甲和盾牌。

阿基里斯聽說他的朋友帕特洛克羅斯陣亡，萬分痛心悔恨，決心為戰友報仇，並與阿伽門農重歸於好。

特提斯請火神兼鐵匠赫斐斯塔司連夜為阿基里斯製造一副新鎧甲，阿基里斯重新上陣，與赫克托耳決一死戰，最後用長槍把他刺死。阿基里斯凱旋回營，為他的朋友帕特洛克羅斯舉行了葬禮，並進行各種競技活動。

赫克托耳的父親到阿基里斯的營帳，贖回了兒子的屍體。赫克托耳的屍體運回特洛伊，全城的人都無比悲痛，為他舉行了隆重的葬禮。

《奧德賽》也是 24 卷，約 12,000 行，描寫的是奧德修斯漂流 10 年的經歷，實際上是最後的 42 天中的事情。

戰爭結束後，希臘將士紛紛回到故鄉，唯有奧德修斯一人還被女神卡呂普索扣留在俄古癸亞島上。這時有許多貴族子弟正聚集在他家裡，向他美麗的妻子珀涅羅珀求婚。他們終日宴飲作樂，傾蕩奧德修斯的家產。珀涅羅珀施計拖延時日；與此同時，在雅典娜的幫助下，奧德修斯的兒子偷偷去尋找父親，了解到亞該亞人從特洛伊回來以後的情況，得知阿伽門農已死。同時也了解到攻陷特洛伊的經過；赫克托耳死後不久，阿基里斯也陣亡。希臘人最後巧用木馬

計謀一舉攻下特洛伊。但奧德修斯在回國途中被女神扣留。

諸神同情奧德修斯的遭遇，派荷米斯向女神卡呂普索傳達了神旨。在神的幫助下，奧德修斯搭乘一隻木筏航行。快到家鄉時，海神興風作浪，打沉了他的木筏，在大海女神的幫助下，奧德修斯漂流到阿爾喀諾俄斯國王的島上，應國王請求，他敘述了自己歷險的經過。

奧德修斯回到伊大卡島後，先與兒子見了面，商定了報仇計畫。他在兒子和兩個忠心的家奴的協助下，把那些求婚的無賴全都殺死，奪回了自己的財產，珀涅羅珀對奧德修斯進行了長時間的盤問和考驗，終於認出久別的丈夫，夫妻團聚，奧德修斯重登伊大卡國王位。

《奧德賽》和《伊利亞德》一樣，在作品中串聯了許多傳說和神話。這部史詩反映了古希臘氏族社會向奴隸社會過渡時期的家庭關係、社會生活和維護私有財產的鬥爭。

荷馬與《荷馬史詩》，在世界史上無疑占有極其重要的地位。早在西元前6世紀，這兩部詩就已經被認為是偉大的文學作品，從此以後，希臘人一直把《伊利亞德》和《奧德賽》視為自己民族至高無上的文學傑作。

在希臘，他的作家喻戶曉，婦孺皆知，在很長時期裡對人們宗教觀和道德觀產生影響。《伊利亞德》和《奧德塞》更是人所共知。

荷馬對後世的文學的影響是極為重大的。所有傑出的希臘詩人和劇作家都受荷馬傳統薰陶很深，他們根據荷馬的文學思想提出了自己傑出的文學觀。荷馬對古代羅馬作家的影響也非常之大，所有古代羅馬作家都把他的詩歌看作是傑出的典範。義大利的偉大詩人但丁稱荷馬為「詩人之王。」即使在當代，每個著名的作家實際上都直接或間接受到荷馬的強烈影響，在歷史上再沒有哪位作家有近乎這樣廣泛而持久的影響。

荷馬的影響持續了兩千多年，這位遠古偉大的詩人，為後世留下了極其寶貴的財富。《荷馬史詩》不僅是人們了解古代希臘的重要史料，而且被譽為歐洲史詩的典範，並為以後的文學藝術提供了豐富的素材。荷馬史詩具有永久的魅力。

荷馬、但丁、莎士比亞、歌德一起被西方文藝評論界推為四大詩人。

目前仍有很多學者致力於研究荷馬問題，比較有關荷馬問題的各種互相矛盾的論述，下列各點可以認為已經得到證明：兩部史詩有統一的藝術布局，它們的人物性格也是完整的；創作史詩之前，曾有一個漫長的民間口頭創作時期，在這個時期形成了很多傳說和篇幅不長、性質也與《荷馬史詩》不同的詩歌；雖然荷馬史詩取材於神話傳說，但有些篇章與神話沒有任何共同之處；另外，神話本身在史詩中也取得了活力和藝術的具體性。

關於創作《荷馬史詩》的時間，從西元前 1000 年左右開始，到西元前 6 世紀為止，學者們眾說紛紜，莫衷一是。與其他民族的英雄史詩類比，從特洛伊戰爭到形成有關的傳說，然後再加工成史詩，時間應不少於兩三百年。另一方面，西元前 6 世紀《荷馬史詩》已經流傳於希臘。從這些情況看來，西元前 9 至 8 世紀應是創作《荷馬史詩》最可能的時間，荷馬也應是此時期的人物。

義大利最偉大的作家 —— 但丁

但丁是義大利 13 世紀末和 14 世紀初的一位偉大詩人，《神曲》是他的代表作。《神曲》是但丁在流放期間寫下的偉大詩篇，是作者嘔心瀝血，歷時 14 年的憂憤之作。作品表達了人民反封建、反教會的思想情緒，提出了人文主義思想，為文藝復興時期的文學開闢了道路。恩格斯說「他是中世紀的最後一位詩人，同時又是新時代的最初一位詩人」。但丁也因此而成為中世紀最偉大的作家。《神曲》創作於 1307 年至 1321 年間，全詩分為三部：《地獄》、《煉獄》（又譯《淨界》）《天國》。每部 33 歌，加上序詩共 100 歌，共計 14,233 行。作品表現了在新舊交替時代，人類和個人如何從迷惘中，經過艱苦的磨難和痛苦的考驗，從而達到至善至美的境界。由於詩篇博大宏麗，思想深刻，俄國傑出的文學理論家別林斯基把它譽為「中世紀的史詩」。

《神曲》記敘了詩人託夢神遊「地獄」、「煉獄」、「天國」的故事。1300 年 4 月 8 日，步入人生中途的詩人已經三十五歲了，在一片黑壓壓的森林中黃昏來臨，詩人卻迷了路，經過一夜迷失方向的行走，黎明到來的時候。

他來到一個小山腳下，看見山頂灑滿陽光，正準備往這個風景旖旎的山峰攀登時，忽然來了三隻野獸：豹、獅子和母狼，擋住了他的去路。前有猛獸，後有萬丈深谷，但丁進退兩難，在這危急關頭，古羅馬大詩人維吉爾受貝阿特麗采之託，前來搭救但丁。維吉爾對但丁說：「你不能戰勝這三隻凶猛的野獸，我帶你從另一條路走向光明，你將經過罪人的居住地，爬上洗練靈魂的山坡，到達山頂，我把你交給另一個引導人，她會伴你遊覽幸福之國。」隨後，但丁在維吉爾的陪同下，開始了歷時七天的神祕夢遊。

《神曲》包含了一些神學和哲學知識，具有濃厚的神祕色彩，但《神曲》的根本目的是給人類指出一條從黑暗走向光明的途徑。迷路，遊地獄，煉獄，最後到達天國的描寫，具有明顯的象徵意義：人生在旅途的過程中，會有迷茫的時候，這個時候我們要經得住痛苦的磨礪和考驗，最後才能走上光明的旅途。這正是作者為人類探尋的政治和道德上的新生之路。黑暗的森林、三頭野獸是阻礙人們走向光明的邪惡勢力的象徵，獅象徵強權、豹象徵淫欲、狼象徵貪婪。維吉爾是理性的象徵，貝阿特麗采象徵信仰，但丁從地獄到天國的遊歷，象徵人類在理性的指導下，透過認識罪惡與錯誤，實現道德淨化，在信仰的引導下，走出迷惘，進入理想境界，只有這樣才能獲得真理和幸福。

但丁生活的時代，義大利四分五裂，羅馬教皇和皇帝之間長期鬥爭，各黨派之間也爭鬥不斷。但丁早年加入貴爾夫黨，貴爾夫黨獲勝後，但丁被選為佛羅倫斯的行政官之一，後來，貴爾夫黨分裂為黑白兩黨，但丁屬於白黨。黑黨以但丁貪汙公款、反對教皇、擾亂和平的罪名，將他開除公職、罰款、驅逐出佛羅倫斯兩年，永遠不得再擔任公職。但丁拒不服罪，也不繳罰款。1302年，黑黨不但沒收了但丁的家產，還判處了他流放終生。在流放期間，但丁曾多次組織了武裝鬥爭和和平談判，結果都以失敗告終，也就沒能回到佛羅倫斯。自1304年起，為了寄託自己的理想和抱負。開始了文學創作和著書立說。先後創作了《饗宴》、《論俗語》、《帝制論》。《饗宴》用通俗的語言，向讀者介紹了科學文化知識；《論俗語》論證了義大利民族語言的優越性，它是

義大利最早的語言學著作；《帝制論》全面闡述了但丁的政治主張。但丁反對教皇干預佛羅倫斯的內政，把義大利的統一寄託在羅馬皇帝身上，在《神曲》的「天國」裡，專門給他安排了位置。直到1310年，但丁的政治幻想才徹底破滅了。那是因為亨利七世御駕親征的時候，不幸偶感風寒而去世。1321年9月14日，但丁在拉文那逝世。佛羅倫斯人多次要求歸還但丁遺骨，遭到拉文那的拒絕，以致現在佛羅倫斯的但丁墓，還是一座空墓。

　　1274年的春天，但丁跟隨父親到貝阿特麗采家做客，據說貝阿特麗采的父親是佛羅倫斯的一個富人。當時但丁和貝阿特麗采都只有九歲，但丁被她的美貌所傾倒，貝阿特麗采穿著合身的紅衣服，楚楚動人。9年後，他們再一次在街上相遇時，貝阿特麗采的美麗深深的震動了但丁，這種纏綿愁腸的愛情使他久久不能忘懷，陷入到極度的相思中去。1286年，貝阿特麗采嫁給了銀行家希蒙尼，但丁內心十分痛苦，身體日漸消瘦。1290年，貝阿特麗采因病去世，但丁悲痛欲絕，感到世界都失去了活著的意義，他用「溫柔的新體」詩，讚美貝阿特麗采的純潔，抒發真摯的愛戀之情，寄託自己的哀思。後來，但丁把讚美、悼念她的詩，加以整理，用散文連綴起來，取名《新生》。在詩集中，貝阿特麗采成了善心、美德的象徵，她是但丁走向理想境界的引路人。《神曲》中，正是在她的帶領下，但丁進入了天國，見到了上帝，從而大徹大悟，進入理想的境界。

　　《神曲》共有100歌，在但丁死後很長一段時間，人們都認為它殘缺不全。據薄伽丘考證，《天國》的最後13歌是他的兒子雅科波完成的。在很長一段時間，原稿都沒有找到，但丁的親友建議雅科波續完這部文學巨著，以遂心願。雅科波也是詩人，還給《神曲》作過注。有一天，雅科波做了一個夢，夢見但丁，問起最後13歌的原稿時，但丁說已經寫完了，並把兒子帶到藏書稿的地方。雅科波一激動，夢就醒來了，他等不到天亮就衝進但丁的臥室，在牆上一個隱祕的洞裡，翻找到了原稿。這段逸聞的真實性已無法判斷，但它的思想內容和藝術風格與整個作品是和諧一致的。

義大利天才藝術家 —— 達文西

　　達文西是義大利文藝復興時期著名的自然科學家，天才的藝術家和傑出的工程師。同時，達文西又是一個畫家，他在繪畫方面取得了巨大成就。其代表作《最後的晚餐》、《蒙娜麗莎》都是巧奪天工的傳世名畫，特別是蒙娜麗莎那神祕的微笑至今令人遐思，成為後世畫家探索的源泉。

　　達文西在很小的時候就顯示出了非凡的繪畫天才，14歲時，隨父親來到佛羅倫斯，進入著名畫家、雕塑家維羅齊奧主持的藝術工廠學習繪畫。在老師耐心的教誨下，達文西苦練基本功，大大的提高了繪畫的技能。

　　在人文主義思想薰陶下，達文西迅速成長為文藝復興運動的一名戰士。作為一名人文主義者，他在繪畫中從現實生活著眼，努力創作真實而生動的藝術形象。他仔細的觀察自然世界，對各種自然現象進行

　　分析、總結，還從理論上對構圖、透視、光線等作了探討。為了確定人體的比例和結構，他對人體解剖學進行了研究。在人體素描中，他先勾畫出全身的骨骼結構，再添入神經，最後再加上肌肉，每部分都配上文字解說。達文西主張繪畫藝術不能光是臨摹別人的作品，也反對把眼前的事物原封不動的加以再現。在他以為，繪畫是一種重新創作，創作是應該有生命的。

　　1495年至1497年間，達文西受米蘭聖母瑪利亞修道院的委託，以基督教傳說中的一個故事為題材，創作了題為《最後的晚餐》的壁畫。在他之前，許多畫家都嘗試畫過這一題材，但都以失敗告終。為了創作這幅傳世壁畫，達文西付出了巨大的勞動。他經常到米蘭城的各種場所去觀察不同類型的各種人物形象，並畫了許多形狀各異的草圖。這幅畫的構圖是：主人公耶穌莊嚴、靜穆、安詳的處於畫面正中，餐桌兩旁十一個門徒左右呼應，把全部人物引向中心。達文西把叛徒猶大安排在一個美貌文靜的門徒旁邊，猶大的表情驚慌失措，面目可憎，這是他把猶大的表情用明暗的光線來表達而形成了這種效果，而耶穌的背後卻是通向光明的窗，以此表現耶穌的光明磊落。這二者形成了鮮明的對比。整幅畫面人物雖多，但以耶穌為主體，布局勻稱，色彩調和，成功

的描繪了戲劇性衝突中人物的精神面貌。達文西透過高超的藝術構思，表達了殉道者崇高的人道主義精神以及善良的人們對正義的熱愛和追求，揭示了對叛徒的憎恨，鞭撻了邪惡。這幅壁畫反映了世俗社會中人與人之間的關係，是現實主義的偉大作品。

大約在 1503 年，達文西又完成了著名的肖像畫《蒙娜麗莎》。在這幅畫中，達文西以他巧奪天工的技法，傳神的畫出了蒙娜麗莎嘴角邊的一絲微笑。這微笑俏麗、自然、明朗、舒暢，引人遐思。那雙別具神采的眼睛，又使她發自內心的喜悅之情躍然畫上，展現了這個少婦特有的青春活力以及她的智慧。這幅畫展現了 16 世紀初「文藝復興」時期的社會特徵：人剛從封建束縛和神的枷鎖下得到了解放，這是一種特有的來自內心的喜悅和樂觀主義情緒。這幅畫現收藏在法國巴黎的羅浮宮，是世界藝術寶庫中的珍品。

晚年的達文西是在漂泊中度過的。1517 年，他來了法國，受到了法國人民熱情而隆重的接待，在這裡，這位傑出的藝術家取得了國王首席畫師的稱號。在這裡他愉快的度過了生命中最後兩年時間，他為世人留下了近 20 幅的名畫，件件堪稱藝術精品。重要著作有《繪畫論》。他終生勤奮，死時留下的草圖速寫及其他手稿約有 7,000 頁。

達文西是義大利「文藝復興」全盛時期的傑出代表。在繪畫方面他把科學知識和藝術想像有機的結合起來，樹立了一派新風，創立了義大利這一時期反映世俗生活的新的繪畫流派，為繪畫藝術開闢了現實主義道路，使當時的繪畫表現水準發展到一個新的階段。他同米開朗基羅和拉斐爾一起被稱為「文藝復興」時期義大利的三位最偉大的藝術家。

達文西是私生子。母親卡塔琳娜在生下達文西之後，患了重病，身體很糟糕沒有乳汁餵養他，所以他從小身體很是不好。被父親接回家裡後，雖然物質方面好了一些，但在生活上很孤獨，沒有人陪伴他，但他跟學校的同學根本合不來，沒有一起玩。

早年的達文西在生活和學習中充滿了坎坷。在繼母的眼裡他是一個棄兒，對於財產的繼承權無疑是被剝奪了。當父親悄悄接濟達文西時，繼母的責罵就

會不絕於耳，對達文西的心理傷害很大。

達文西也有許多敵人。在跟老師維羅齊奧學畫的同學中間，年輕的達文西是佛羅倫斯數一數二的美男子。因此，招來很多人的嫉恨和中傷，說他與老師間存在超友誼的關係——同性戀。因為這種謠言，讓女孩子見他就像見到瘟神一般的退避三舍。

達文西在佛羅倫斯的日子越來越艱難了。於是，他開始離開老師單獨生活。但是謠言又紛紛四起，說他不信奉神靈，鼓吹「異端邪說」，一時間，達文西的精神快要崩潰了，整天無事可做，苦悶極了。

作為一個新興的資產階級藝術家，達文西把繪畫水準發展到了一個新的階段，提出了系統的繪畫理論。雖然如此，他始終受到義大利封建貴族的冷落和天主教會的迫害。1517 年，他已是白髮蒼蒼的老人，但還是被迫離開了義大利，漂泊異鄉，最後客死在法國。

達文西學畫是從畫雞蛋開始的。第一堂課，老師維羅齊奧讓他畫雞蛋，他頗感興趣的認真跟著老師學畫雞蛋。可是第二課、第三課……一連幾週時間還是畫雞蛋，達文西有點不耐煩了。他想不通，老師也真怪，小小雞蛋有什麼好畫的，就是畫好了，又有多大用處呢？

達文西好奇的去問老師：「為什麼老是讓我畫雞蛋呢？」老師親切而又嚴肅的說：「孩子，你別小看這雞蛋，畫好它並不簡單啊！在一千個雞蛋中，就從來沒有兩個完全相同的。即使是同一個雞蛋，角度不同，它的形狀就不同了。我讓你畫雞蛋是為了讓你練好基本功，基本功要練到得心應手才算功夫到家。孩子，你要好好練啊！」達文西聽了老師的話，才明白了老師的一片苦心，在老師的啟發下，他更為勤奮了。

幾年後，達文西已經完全掌握了老師傳授的繪畫和雕塑知識，有些方面還超過了他的老師，比如在繪畫技術上。

達文西在為修道院畫《最後的晚餐》時，修道院院長常常到他的畫室去催促他盡快完工。這位院長看見達文西站在油畫前冥思苦想，老半天也未動過一筆，就產生了一個念頭：他要達文西像園丁在花園裡工作一樣畫筆不停。他還

把這個主張嘮叨給爵士莫洛聽，搞得爵士很不耐煩，只好把達文西找來。

　　達文西知道爵士是通情達理、多才多藝的人，他向爵士解釋說，藝術不是一種簡單的勞動力，是思考和智慧的結晶，是一種製作，往往是用智慧去支配雙手行動來把美展現給人們。他又告訴爵士《最後的晚餐》還有兩顆腦袋沒畫完，一個是耶穌，一個是猶大。他不想在塵世間尋找現存的模式。叛徒猶大這個奸邪小人的腦袋最難確定。達文西開玩笑似的對爵士說：「如果那個修道院院長再來打擾的話，我就拿他的腦袋來畫猶大。」一席話說得爵士哈哈大笑。

　　爵士把這話告訴了院長，從此，他再也不敢來達文西畫室嘮叨了。達文西也就沒費多少時間就畫好了猶大和耶穌的頭像，完成了《最後的晚餐》這幅絕世名畫的創作。

義大利偉大的藝術家 ── 米開朗基羅

　　米開朗基羅是文藝復興時期與達文西齊名的藝術大師，是人類藝術史上的傑出人物。他不僅是畫家、雕塑家，而且是天才的建築設計師。其繪畫代表作《最後的審判》被譽為「人體的百科全書」；《大衛》、《摩西》等雕塑作品是無與倫比的精品。

　　米開朗基羅自幼就很有繪畫天才，他曾拜當地有名的畫家基蘭達約為師學畫。作為畫家，米開朗基羅的不朽作品和對後世藝術家的影響，足以說明他的藝術造詣已經達到了頂峰或者近似於頂峰。他用了四年時間在羅馬西斯汀教堂的屋頂繪製大幅壁畫《創世紀》。這幅壁畫數以百計的人物，個個體型健壯魁梧。後來他又花費了五年的時間，繼續為教堂繪製壁畫《最後的審判》，這幅畫從另一角度表達了新興資產階級的人本主義思想，控訴了基督教所謂最後的審判而帶給人的痛苦。他繪製的西斯汀教堂壁畫和巨型穹頂畫，被後人公認為是當時最偉大的藝術作品之一，《最後的審判》還被譽為「人體的百科全書」。

　　米開朗基羅雖然在繪畫方面取得了如此高的藝術成就，但米開朗基羅本人只將自己當做雕塑家。他在觀摩希臘和羅馬的古典雕塑時，刻苦學習，並在這

些雕塑中學慣用現實主義創作方法來表達人的健康和完美形態。最初，他創作了浮雕《半人馬之戰》，而後又完成了雕像《哀悼基督》，這尊雕像卓越的構思、完美的技藝，使他一舉成名。以後他又創作了雕像《大衛》、《摩西》和《奴隸》，這些雕像作品都是無與倫比的精品。其中作品《摩西》刻畫了摩西嫉惡如仇的神態，強烈而集中的表現了藝術家對祖國和人民苦難的關懷，也反映了人民對拯救時代的英雄人物的渴望。它是米開朗基羅的代表作之一。許多評論家都把他作為歷代最偉大的雕塑家來看待。

米開朗基羅不僅是偉大的藝術家，他還是天才的建築設計師。在他生命的最後 20 年裡，他領導設計了佛羅倫斯著名的麥地奇家族教堂和羅馬聖彼得大教堂。直到今天這兩座莊嚴、富麗的教堂仍然以它精美的雕飾和布局的完美和諧屹立於世界建築之巔。

米開朗基羅的最後一件作品是雕塑《聖殤》（現存放在米蘭的城堡博物館），這尊雕塑刻畫了一個扶著咽了氣的兒子的母親形象。米開朗基羅一刀一劃的一直雕到他生命的最後一天。1564 年 2 月 18 日，米開朗基羅死在自己的工作室裡。四百多年來，他這些豐富的藝術作品打動過無數觀眾的心。他的個人風格和藝術成就在文藝復興時期標誌著西方藝術的最高峰，對後來歐洲的藝術風格產生了深遠的影響。

米開朗基羅的一生充滿著辛酸和不幸。

1475 年 3 月 6 日，米開朗基羅出生後即被寄養在一個勤勞而善良的石匠家裡，這對夫婦給了他莫大的溫暖，也是在這裡，是他藝術的啟蒙，這種薰陶使他自然的拿起了鐵鎚、鑿子和雕刻刀。米開朗基羅特別喜歡畫畫，他父親在一個小鎮做官，看見兒子成天做著雕石畫畫的低賤事，覺得給自己丟臉，常常對他進行阻止和謾罵，以致毒打。但是，冷酷的拳頭並沒有讓他屈服。他頑強的抗爭著全然不顧父親的反對。在 13 歲那年，他毅然離家出走，到佛羅倫斯一位著名畫家基蘭達約那裡專門學習畫畫。一年之後，他又進入一所雕刻學校。從此，他潛心學習雕刻，苦練基本功。《哀悼基督》、《大衛》等精美的雕像作品相繼創做出來，這些作品的問世，使他成為了義大利最著名的雕塑家。

　　輝煌的成就把米開朗基羅推上了藝術的頂峰，但同時也把他推進了苦難的深淵。專橫而又殘暴的羅馬教皇朱利奧二世強令他為教會無償服務。從此以後，米開朗基羅開始了屈辱而又痛苦的一生。他在教皇的監視、辱罵和毆打之下，為陵墓鑄造銅像。傑出的雕塑藝術家遭遇了屈辱的生活和非人的待遇，這一切幾近令他痛不欲生，這位藝術大師的幾封信被保存了下來，透過它們可以看出他在羅馬教皇宮廷裡艱苦的工作條件以及悲慘的遭遇。

　　在西斯汀教堂畫壁畫期間，一次教皇朱利奧二世問他：「什麼時候畫完天花板？」米開朗基羅回答說：「當我能夠把它完成的時候。」任性的教皇突然發火了，隨手抄起一根棍子對他劈頭劈臉的就打了下來，並氣憤不已的嚷道：「當我能夠的時候！當我能夠的時候！」

　　在另一封信裡米開朗基羅說，當他來到宮廷請求償付為朱利奧二世陵墓運送大理石的費用時，教皇不但不支付費用，還教唆一個餵馬人把他轟了出去。

　　米開朗基羅曾無數次的抗爭，憤然逃跑，但都失敗了。無奈，這位偉大的藝術家只得帶著沉重的精神枷鎖，在屈辱中整整度過了漫長的 60 年。

　　米開朗基羅屈從了，但他的藝術思想和創作風格始終沒有改變。他把一生的坎坷和不幸，內心的傷痛和苦楚，人世間的悲傷和不平，一齊傾瀉在手中的畫筆和雕刻刀上，用藝術的語言，表達了他的憤怒和不滿、希望和理想，從而創做出像《最後的審判》、《大衛》等那樣的不朽作品。

　　米開朗基羅承擔了雕刻《聖殤》的工作。他每天從天亮就開始工作，一直做到天黑。到特別勞累時就和衣倒在床上，睡到半夜就餓醒了，起來啃幾口麵包，點燃蠟燭又開始了工作。但是燭光又暗又散，他根本看不清大理石和鑿子。

　　於是，他用硬紙做了一頂圓錐形的帽子，在帽尖的洞裡插上蠟燭。這樣，他又能工作了。但是一會兒，燭淚淌下來，流得滿腦門都是。他卻一點也不在乎，他就這樣把自己的靈魂都融進了藝術中去。

　　有天晚上，朋友們經過米開朗基羅的屋子，看見裡面有燈光，便進去看他。他們看到他是如此的工作，第二天便給他送來一些羊油燭。羊油燭熔化得慢，而且馬上就會凝固。從此以後，他才結束了以燭淚洗臉的日子。

1508 年，米開朗基羅接受了為羅馬西斯汀教堂繪天頂畫的任務。屋頂的面積有 300 平方公尺，20 多公尺高，畫中人物 343 個，在此之前還從未有人畫過如此宏偉的壁畫。

西班牙最傑出的作家 —— 賽凡提斯

賽凡提斯是西班牙文藝復興時期最傑出的小說家，《唐吉訶德》（Don Quixote）是他的代表作。作者寫這部小說的宗旨是把騎士小說掃除乾淨，但作品的社會意義遠遠超出了對騎士小說的抨擊，而是反映了廣闊的社會生活，對底層人民寄予了深刻的同情，並且為歐洲近代的長篇小說發展奠定了基礎。

從《唐吉訶德》開始，才出現真正著力刻畫人物典型的作品，作者以現實主義的創作方法，塑造了唐吉訶德和桑丘兩個不朽的典型。可以說，賽凡提斯是歐洲近代現實主義小說的先驅者，《唐吉訶德》是西班牙古典文學的高峰，對歐洲的現實主義文學有著深遠的影響。別林斯基曾經說：「在歐洲所有一切著名文學作品中，悲劇性和喜劇性、把嚴肅和滑稽、生活中的瑣碎和庸俗與偉大和美麗如此水乳交融……這樣的範例僅見於賽凡提斯的《唐吉訶德》。」

唐吉訶德是拉曼卻村的一個窮鄉紳，讀騎士小說入了迷，決心模仿古代的騎士去周遊天下，據說他曾愛上附近村子裡的一個女孩，那個女孩根本不知道這件事，他翻出曾祖時留下的一套破盔甲套在身上，並手握長矛，騎上了一匹皮包骨的老馬，偷偷的離家，踏上了冒險的旅途。他就把她當做理想的「夫人」，願意終生為她效勞，立志「冒大險，成大業，立奇功」，專門幫助被侮辱與被損害者。他第一次單槍匹馬的出遊就極為不利，被打得「像乾屍一樣」，一個運麥子的老鄉路過那裡，把他橫在驢背上送回來了。第二次，他找到農民桑丘·潘沙，說服他當侍從，答應征服海島後，就讓他做島上的總督。這一次出遊，由於滿腦子的騎士思想，充滿了騎士狂熱，竟把風車當做巨人，窮客店當做豪華的城堡，羊群當做敵人，苦役犯當做受迫害的騎士，理髮師的銅盆當做魔法師的頭盔，趕路的貴婦人當做落難的公主，不問青紅皂白，亂砍

亂殺，離奇萬象做了許多荒唐的蠢事，差點送命，但他仍然執迷不悟，被人護送回家。第三次出遊，桑丘在公爵的一個鎮上當了「總督」，唐吉訶德急於想實現他改革社會的理想，主僕二人歷經磨難，險些喪命。後來，他的鄰居為了醫治他的精神病，化裝成白月騎士打敗了他，唐吉訶德這才被迫返鄉，從此臥床不起。臨終時，他終於清醒了，說：「我從前是瘋子，現在頭腦靈清了。」他囑咐外甥女，嫁一個從來沒有讀過騎士小說的人，否則就不能繼承他的遺產。

賽凡提斯創作《唐吉訶德》時，騎士傳奇在西歐各國早已銷聲匿跡，但在西班牙，美化現實、歌頌騎士功勳、把騎士理想化的騎士文學風行一時，氾濫成災，影響了很多的年輕人。賽凡提斯深惡痛絕，他抱定的宗旨是：把荒誕的騎士文學掃除乾淨，不再讓那些年輕人有一些幻想。他說：「我的願望無非要世人厭惡荒誕的騎士文學。唐吉訶德的真人真事，已經使騎士小說立腳不住，註定要一掃而空了。」《唐吉訶德》出版後，社會上迷戀騎士小說的人大大減少，西班牙再也沒有出版過騎士小說，騎士傳奇在西班牙果然沒有市場了。

賽凡提斯在 1592 年至 1605 年期間，多次被莫須有的罪名關進監獄。他的不朽名著《唐吉訶德》的第一卷，就是在監獄中構思的。1603 年，賽凡提斯回到瓦爾亞多利城，瓦爾亞多利城，是王宮的所在地，所以相當繁華。而賽凡提斯太貧窮了，只能住到下等公寓裡。而當時他家裡有七口人，只能擠在二樓幾個小小的房間裡。樓上是妓院，樓下是小酒店，他家的住房成了上下樓的通道。賽凡提斯的書桌正放在過道上，無論是樓上還是樓下，整天沒有黑天白日的吵鬧不休。

就是在這樣艱苦的條件下，賽凡提斯憑著驚人的意志和毅力，寫出了《唐吉訶德》第一卷。小說出版後，受到讀者的熱烈歡迎，一年內再版了六次，風靡全國。由於這部作品備受讀者喜愛，不到一個月就出現了三個盜印的版本。1614 年，有一個化名為費爾南德斯的人，利用人們渴望《唐吉訶德》續集的心理，出版了《唐吉訶德》第二卷。他在作品的序言中，誣衊賽凡提斯是個庸才，盜用公款，多次犯罪坐牢，對他進行惡毒的人身攻擊，同時，還把唐吉訶德和桑丘寫成粗俗、下流的人物，企圖詆毀作品的社會影響。賽凡提

斯在憤慨之餘，抱病趕寫續集，終於在 1615 年冬天，完成了續集的寫作。

　　1571 年 10 月 7 日，西班牙歷史上著名的勒班多戰役爆發，賽凡提斯參加了抵抗土耳其入侵的海戰。在戰鬥中，他表現得異常勇敢頑強，左臂和胸口傷勢很重，左臂截除，成了殘廢。1575 年，他與弟弟在回國途中，被土耳其人抓去，在阿爾及利亞服苦役，在那度過了五年的囚徒生活，曾五次祕密組織難友越獄，但都以失敗告終。後來，一位阿爾及利亞的基督教商人湊了一筆贖金，賽凡提斯才回到了闊別十年的祖國。回國後，從事文學創作，生活十分貧困，因為稿酬菲薄，無法糊口。不得已擔任了「無敵艦隊」的軍需員，在採購過程中，受到鄉紳誣陷，被控「擅自征糧」而入獄，獲釋後改任收稅員。1587 年，旱災十分嚴重，封建主、僧人卻囤積居奇、哄抬糧價，而貧苦人民都瀕臨絕境。賽凡提斯按規定徵收了厄西哈大教堂講經師囤積的麥子，因得罪權貴，教會開除了他的教籍。後來又多次被誣入獄。就連有時做好事，賽凡提斯也招致飛來橫禍。一次，一個受傷的人倒在他家的門口，賽凡提斯出於好心，把他抬到家中護理，由於這個人傷得很重，不久就死在他的房間裡，全家被誣告為殺人嫌疑犯，隨後就被關進了監獄。後來被證明是清白的，才獲得無罪釋放。賽凡提斯一生窮困，道路坎坷，逝世後，西班牙當局連墓碑都沒有給他立一塊，直到 1835 年，才為他建造了一座紀念碑。

　　賽凡提斯在戰役中，作戰勇猛，並多次立下戰功。1575 年 6 月，西班牙軍隊統帥堂胡安到了賽凡提斯駐守的拿坡里，允許他回到西班牙。鑒於他戰功卓著，還給他寫了一封推薦信，面呈菲利普二世。西西里總督珊沙公爵也給他寫了保薦信，推舉他擔任軍官。賽凡提斯帶著這兩位官員的書信，於 1575 年 9 月 26 日，同在軍中服役的弟弟羅德里戈，乘坐「太陽號」兵船啟程回國。第二天，兵船到達法國里昂海灣時，遭到土耳其三艘戰艦的襲擊，雙方展開了殊死的搏鬥，由於力量懸殊，兵船被俘。賽凡提斯以及其他人員全被俘到阿爾及利亞。在阿爾及利亞期間，正是由於賽凡提斯身上帶著西班牙兩位高級官員的信件。土耳其人才把他當做重要人物，以為可以勒索巨額贖款，並派人嚴加看守。賽凡提斯因家庭貧窮，無力支付高額贖金，只得過了五年的囚徒生涯。

英國文學史上的巨擘 —— 莎士比亞

在英國文學史上，莎士比亞是首屈一指的詩人和劇作家，也是歐洲文藝復興時期最有代表性的作家，他的作品被公認為是不可超越的英語作品典範。莎士比亞一生創作了 37 部戲劇，154 首十四行詩，兩首長詩和其他詩歌。莎士比亞被譽為「時代的靈魂」，其作品已被譯成 70 多種文字出版，迄今為止，沒有任何一個作家像莎士比亞一樣在世界上享有如此廣泛的影響。

在莎士比亞的全部創作中，悲劇占主要地位，其中最著名的是《哈姆雷特》（Hamlet）、《奧賽羅》（Othello: The Moor of Venice）、《馬克白》（Macbeth）、《李爾王》（King Lear），合稱莎士比亞的四大悲劇。《哈姆雷特》是莎士比亞最有代表性的悲劇傑作，它一問世就大受歡迎。《哈姆雷特》不僅給演員帶來了榮譽，也為作家增添了光彩，1948 年，英國著名演員勞倫斯・奧立佛把它改編成電影，榮獲當年奧斯卡最佳影片獎，還使勞倫斯・奧立佛登上了影帝寶座。別林斯基稱它是莎士比亞「燦爛王冠上的一顆最光輝的金剛鑽」，它是文藝復興時期人文主義文學的頂峰之作。

莎士比亞 15 歲時，因為家道衰落，離開了斯特拉福文法貴族學校，回家幫助父親做手套，打理生意。到 16 歲時，就自謀生路了。傳說他到屠宰場當學徒，宰殺牛羊，到鄉村小學當教員，教小學生學字母，還做過書僮和律師小吏，參加過遠征軍，到過荷蘭和義大利。為了生存，莎士比亞到處奔波，在倫敦，他遇到了同鄉菲爾德，他是一家印刷廠的老闆。在他的引薦下，莎士比亞在劇團找到了工作，開始在劇院打雜、看門、掃地，為看戲的紳士照顧馬匹，不久，做了提詞員的助手，職責是按時呼喚演員出場、觀察音響效果等。由於他頭胸靈活，聰明伶俐，口齒清晰，行動敏捷，有些演員就讓他幫助自己在後臺提臺詞，以至於上臺跑龍套，做配角。直到他勝任了一些重要角色後，開始了導演生涯，得到了改編舊劇本，創作新劇本的機會。收入的增加，莎士比亞獲得了貴族稱號，他的家族成為世襲鄉紳。晚年在家鄉購置房產，127 英畝地產，和女兒住在一起，生活舒適幸福，但他仍然給劇院編寫劇本。

　　莎士比亞18歲時，與26歲的哈瑟維結婚，半年後，他們的女兒蘇姍娜來到人世，由此，引起了人們的種種猜測。有人認為他真正的意中人是惠特利，在莎士比亞去買羊羔皮時，邂逅了惠特利，後來由於莎士比亞與哈瑟維在五月節慶祝活動中有越軌行為，惠特利一家就不肯將女兒嫁給莎士比亞，他只好屈從命運的安排，與哈瑟維結婚。有人認為莎士比亞匆忙完婚，有不情願的因素，哈瑟維表現得更加主動積極。她在父親去世後，就和繼母一起生活，家人因她26歲還沒有出嫁，經常冷言冷語的打擊她，為此，她更看重莎士比亞，她對莎士比亞發起進攻。單純的莎士比亞最終就範了。還有人認為莎士比亞與哈瑟維真誠相愛，兩個家庭早就有業務上的聯繫，莎士比亞大概從小認識哈瑟維，長大後在相互了解的基礎上，產生了真摯的愛情。無論人們如何推測，莎士比亞對自己的婚姻還是比較滿意的，他和哈瑟維白頭偕老，一生沒有再娶。

　　傳說莎士比亞結婚後，結交了一些不好的朋友，其中有些人經常偷鹿，不止一次的拉他到路西公爵的園子裡偷鹿。公爵私設公堂，把莎士比亞狠狠的打了一頓，並告到官府，要追究他的法律責任。莎士比亞認為太嚴厲了，寫一首歌謠諷刺路西公爵，貼在公爵莊園的牆上，公爵十分氣憤，要求官府追捕他。莎士比亞那時只是一個小人物，無力抗爭，怕公爵對家裡人施加報復，把妻子兒女妥善的交給了父母，跟著一班江湖戲班子就去倫敦流浪了。

　　據說有一年夏天，烈日當空，莎士比亞正在地裡工作，由於中暑暈倒在地，他的愛犬向路邊的哈瑟維狂吠不已，目的在於尋求幫助。哈瑟維把他背回家中，為給莎士比亞去暑，她用涼毛巾冰敷他的額頭，並不停的為他搧風，莎士比亞甦醒後，心中充滿了感激之情。不久，兩人又在湖上相遇，對歌傳情，其樂融融，突然湖上刮起一陣狂風，掀翻了莎士比亞划的小船，莎士比亞落入湖水中。哈瑟維毫不猶豫的跳入水中，救起莎士比亞。從此以後，莎士比亞深深的愛上了哈瑟維，並向她求婚，哈瑟維考慮到年齡懸殊太大，多次婉言謝絕，最後在長輩的撮合下，他們才喜結百年之好。

德國文學史的代表 —— 歌德

　　歌德一生致力於文學創作、自然科學的研究，並參與政治活動，在這些方面都取得了一定的成就。尤其是他的文學作品，不僅在德語文學，而且在世界文學中也占有重要的位置。他的書信體小說《少年維特的煩惱》（The Sorrows of Young Werther），表現了德國進步青年的思想情緒，一問世，立即風靡德國和歐洲各國，形成了持續而強烈的維特熱。它是德國第一部產生重大國際影響的文學作品。長篇詩劇《浮士德》被譽為德國「世俗的《聖經》」。

　　歌德的文學才能是多方面的，創作有詩歌、小說、詩劇等，其中尤以《少年維特的煩惱》受到了廣大讀者的歡迎，小說一出版，就有各種譯本在世界上廣為流傳，據說拿破崙看了七遍，包括他在遠征埃及時都隨身帶著這本書。

　　《少年維特的煩惱》的創作素材來自於歌德在威瑪公國高等法院實習時的經歷：在一次鄉村舞會上他結認了美麗的鄉村少女夏綠蒂，對她產生了強烈的愛情。可是夏綠蒂已和別人訂婚了。

　　歌德感到絕望和痛苦，多次產生自殺的念頭。這時，他大學時的同學葉魯塞冷因愛戀同事的妻子遭到拒絕，在工作中經常受到上司的指責，在社交場合中又被貴族男女輕蔑、甚至侮辱，於是憤而自殺。這兩件事對歌德的震撼很大，他決心把自己在愛情生活中所經歷的痛苦抒寫出來，在四個星期內完成了千古絕唱《少年維特的煩惱》。《少年維特的煩惱》絕不僅僅是一部單純的愛情小說，它透過維特與夏綠蒂不幸的愛情悲劇，反映覺醒後的德國青年苦悶的精神和悲慘的遭遇，要求衝破封建羈絆、爭取新生活成為民族的共同意識。維特是「狂飆突進運動」的豐碩果實，他熱愛自然、歌頌自然，主張藝術回歸自然，讓天才自由揮灑，反對一切規則和束縛。夏綠蒂代表了他熱愛自然的本性，他愛夏綠蒂，表示他對自然的渴望與呼喚。實際上是反抗壓迫人的自然天性的封建社會。

　　《少年維特的煩惱》代表了當時德國進步青年的思想情緒，它一問世，立

即風靡德國和西歐，許多不滿現實的青年從維特身上找到了他們的影子，他們不僅狂熱的讀這部小說，還模仿維特的服飾，學維特自殺的方式，一時間維特曾經身著的長靴、青色燕尾服、黃色背心甚為流行，為戀愛自殺者不乏其人，形成維特熱，以致小說在第二版時，歌德不得不勸導青年們說：「青年男子誰不善鍾情？妙齡女郎誰不善懷春？……做個堂堂的男子，不要步維特後塵。」可見影響之大。

歌德的詩劇《浮士德》，創作延續了近 60 年時間，他的美學觀點及思想發展都展現在作品中，他的人生體驗、哲學探索、藝術實踐構成了這部作品永恆的魅力，它與《荷馬史詩》、《神曲》等齊名，被文學史家認為是史詩性的巨著。除文學創作以外，歌德在自然科學領域的研究也取得了顯著成績，比如：他解剖人體，發現過去一直不被人注意的顎間骨；用顯微鏡觀察種子潛在萌芽等。

1794 年至 1805 年席勒病逝的一段時間，被稱為德國文學的古典時期。歌德和席勒有過密切的合作，從 1794 年歌德結識席勒後，他們共同走過了十年的創作道路，他們的友誼一直延續到席勒去世為止。

他們在威瑪主辦劇院，主編文藝雜誌，在創作上互相幫助，合作完成了一批詩歌作品。實際上，他們兩人的思想觀點是有分歧的：歌德研究過自然科學，強調經驗、注重客觀實際；席勒在完成早期反封建、反暴政的戲劇之後，開始研究歷史和哲學，對待事物往往從概念出發。但他們都經歷過「狂飆突進運動」，如今他們主張用完美的形式，純潔的語言，以希臘古典藝術為典範，表達人道主義的內容。兩人的觀點不盡相同，卻又彼此相輔相成。他們合寫的《贈辭》，批評了社會上的市儈習氣和文藝界鄙陋庸俗的現象，他們還一起寫了一系列謠曲。1805 年 5 月 9 日，席勒被窮困和勞累奪去了生命。歌德當時也正在病患之中，沒有人敢把這噩耗告訴他，他從人們的臉上看出了一切，悲痛不已，他用手捂住臉，淚水不停的順著手流下來。他的身體稍好後，懷著沉痛的心情，為席勒寫下了悼念的文章。並在一封信中說：「我失去了一個朋友，我自己也等於死去了一半。」他們的友誼也成為文學史上人們稱頌的佳話。

歌德在他的自傳中，向人們講述了這樣一個故事：

在他還是小孩的時候，家人置辦廚房用具，也要給小孩買一些小炊具、食器供他們玩。一天下午，他帶上盤、鍋在格子間玩樂，實在玩不出什麼新花樣，就把其中的一個家用品扔到街上去，發出清脆的響聲，住在對門的朋友們高興得鼓起掌來，歌德自己也很高興。朋友們喊道：「再來一個！」為了贏得更多的掌聲他毫不猶豫的又把一個小鍋扔到街上，他們不斷的喊道：「再來一個！」他就把成套的盤、罐、鍋通通摔下去，博得了朋友的陣陣喝采。可是朋友們還不甘休，仍然在喊：「再來一個！」歌德只好跑到廚房把那些瓦盤拿出來，摔起來更加清脆好聽。他就這樣跑來跑去，凡是手能夠拿到的，都把它拿出來，摔下去，後來，覺得還不夠痛快，乾脆把能夠弄來的陶器也都摔得乾乾淨淨。而他的家人卻都安安靜靜的坐在家裡。

奧地利音樂神童 —— 莫札特

音樂神童莫札特是世界音樂史上偉大的音樂家，是古往今來一切音樂家中無可匹敵的天才。他的歌劇《唐璜》、《魔笛》以及交響樂《第41號交響曲》等不朽作品，是留給後世最寶貴的精神財富。

莫札特代表音樂，他是音樂的化身。3歲的莫札特就已經能夠在鋼琴上彈奏簡單的和弦了；4歲時能彈奏小步舞曲和簡單的小曲；5歲就開始作曲；6歲以後，莫札特開始隨父赴各地巡迴演出。莫札特有著驚人的音樂記憶力，他曾在羅馬教皇禮拜堂聽到了格里哥利創作的九部合唱曲，回家之後，他憑記憶把這樂譜全部記錄下來。當他再一次聽到格里哥利創作的一部合唱曲時，才發現自己所記的樂譜，只有兩三處微妙的錯誤其餘全部正確。莫札特能巧妙純熟的演奏各種重要樂器，無論鋼琴、風琴還是小提琴，只要聽別人演奏一遍，他就能彈奏。在他看來，音樂就像是平日裡吃飯、說話、背誦一樣，是非常容易的事。

莫札特在12歲時，創作了最初的歌劇《裝痴作傻》，14歲那年，他的最新歌劇在義大利米蘭上演了，並由他自己指揮歐洲最大的樂隊演奏。到15歲

的時候，他就已創作了 6 部歌劇和 20 部交響樂。羅馬教皇克雷蒙十四世十分讚賞他的才華，贈他「金拍車」的稱號。他高興的接受這個光榮的稱號，並自稱「騎士莫札特」。1771 年 1 月，他被推薦為威洛納學院的會員。

成年後莫札特陷入了貧困的生涯。在他所經受的苦難中，任何一個人都有足夠的理由抒寫悲歌，只有他從不把生活中的悲傷，無奈和失落帶進他的音樂。外部條件越糟糕，他就會將更多的勇氣注入他的音樂。在他貧困生涯的前期，他創作了《依多美尼歐》。莫札特的傳世歌劇，就是從這一曲開始的。

從 1782 年到音樂家逝世的那一年，這十年婚姻生活，對於莫札特來說是最幸福和最有意義的日子。生活雖然貧困，但他重要的作品都是在這一時期創作的。歌劇方面有《費加洛的婚禮》、《唐璜》和《魔笛》；其他方面有為普魯士威廉二世所作的三首四重奏，另有四首最偉大的弦樂四重奏，以及最後的最成熟的三首交響樂。有名的《第 41 號交響曲》就是最後三首交響樂之中的一首。

《唐璜》被稱為「最完美的歌劇」，儘管它是一部悲劇，但莫札特在歌劇中沒有傾訴悲傷，而是賦予它甜美的效果。《魔笛》是一部充滿精彩旋律的童話歌劇，當這部歌劇被搬上舞臺之後，有一個面臨破產的劇院重新煥發了生機，不僅如此，該老闆還大賺了一筆。《安魂曲》是莫札特最後的作品，它以可怖的力量唱出了悲哀的、震顫人心的懺悔，探索了我們人類追求永恆的終極願望。

再回頭來看他的作品，我們一定覺得非常驚異。藝術家那富有生命的藝術作品和他那悲涼的生活相對照。無論如何也不能使人相信為一個人所有；然而又實在是不可分離的一個人的生涯與藝術。貝多芬的作品讓人感到深刻苦悶；蕭邦的作品讓人感覺到的是甘美而悲哀。他們的音樂反映了他們的生活狀況。只有莫札特不同，他生活悲慘，他的作品讓人們感到陽春一般，流露著溫暖的春光，沒有他生活中的半點陰暗氣氛。它帶給世人的是精神的快樂，音樂透過莫札特表現了美。

莫札特是西洋音樂家中最大的天才，後人稱頌他為「不朽的莫札特」。義大利音樂家羅西尼說：「莫札特不是最偉大的音樂家，他實在是世界唯一的音樂家。」

　　莫札特在陽光下度過了童年和少年時光，然而正當他開始真正認識人生的時候，卻被禁錮在大主教陰森的目光下，他不但沒有了自由，也沒有了歡樂，更聽不到觀眾熱烈的喝彩聲。大主教經常禁止莫札特的父親參加宮廷的音樂演出，同時對莫札特施加壓力，只要他稍有排斥感，就採取粗暴的方式加以欺辱。大主教要求別人迎合他的藝術趣味，對於莫札特的天才和他獲得的榮譽，嫉恨萬分，他想摧毀這位音樂家的意志，使他變成一名百依百順的僕人。

　　莫札特忍受著痛苦在大主教手下工作。因為他深知萬一與主教決裂，其結果是父親的被解僱和家人的挨餓。他在逆境中憑著堅強的毅力和勇敢的精神建造自己心中的音樂世界，但他不得私人演出，也不能為他人創作音樂作品，他的一舉一動都受到了主教的監視。

　　最不幸的是，他的母親在長期的貧困生活中，身患重病過早的離開了人世。使他過早的失去了母愛。父親變得蒼老固執而又孤僻，他完全投身宗教，留下莫札特一人孤苦伶仃的生活。

　　婚後的莫札特寫了許多著名的歌劇和交響樂，音樂上的成就使他贏得了世人的尊敬。然而，莫札特的成就絲毫沒有得到宮廷官方的承認。為了阻止莫札特取代他們的地位，一些皇室音樂家們千方百計的阻止他進入宮廷。

　　生活的困苦幾乎使所有的朋友都遠離了他。晚年的莫札特在貧病交加的情況下超負荷的創作，身體每況愈下，最後淒慘死去。他被葬在窮人的公墓裡，由於妻子病重，下葬時沒有一個親人在旁。現今世人找不到莫札特的墓地，以至於無法在他墓地上建造一座紀念碑，來紀念這位偉大的音樂家。

德國最偉大的作曲家 —— 貝多芬

　　貝多芬是德國最偉大的作曲家和天才的音樂家，也是世界上最偉大的音樂家之一。在雙耳失聰的情況下，他以無比堅忍的毅力，投身音樂事業，用畢生的心血創作了《月光》、《第九交響曲》等經典作品，陶冶著一代又一代人的情操。

　　剛剛三歲，貝多芬就被父親帶到了樂團去學習彈奏羽管鍵琴。在這裡父親

發現了他的音樂天賦，就親自教他練習鋼琴。貝多芬練琴特別刻苦，三年過去，就能熟練的掌握彈奏鋼琴的技巧了。不僅如此還學會了小提琴，中提琴等樂器的演奏。8歲時隨父親到科隆和荷蘭的鹿特丹巡迴演出。在創作道路上，恩師聶費和音樂大師莫札特對貝多芬的影響極大。在他們的指導和影響下，貝多芬一步步登上了音樂的最高殿堂。

在創作上，貝多芬大膽改革奏鳴曲，打破其刻板的陳規舊條，給以更為廣大的空間範圍和伸縮的自由。他在即興演奏曲子方面具有別人無可比擬的優勢，並一直影響到他奏鳴曲的曲體。他的即興創作簡單淳樸，親切動人。

1798年，不幸降臨到貝多芬身上。他的聽覺開始衰退，多方治療，不但不見好轉，病情還開始更加惡化了。最後雙耳都完全失聰了。難以想像對於一個做音樂的人來說，失聰意味著什麼？然而，這致命的打擊沒有使貝多芬趴下，為藝術而獻身的理想最終使他重新鼓起了生活的勇氣，仍然潛心於音樂的創作。有時為了聽一下曲子的音響效果，他就將木棍的一頭咬在嘴裡，另一頭插在鋼琴的琴箱裡，透過木棍來感受音樂。貝多芬以無比堅忍的毅力創作了200多部作品，主要包括交響樂9部，鋼琴奏鳴曲32首，弦樂四重奏16首，小提琴協奏曲32首以及《莊嚴彌撒曲》和歌劇《費德里奧》等。其中《英雄交響曲》、《命運交響曲》、《田園交響曲》和《悲愴奏鳴曲》、《熱情奏鳴曲》、《月光奏鳴曲》等，都是世界音樂史上的經典佳作，它們所具有的影響力，經久不衰，與日俱增。

在世界文化史上，貝多芬用自己獨特的音樂語言來謳歌近代歐洲人民反抗封建專制的鬥爭精神，抒發了他們對自由和幸福的嚮往。他最著名的交響樂作品《第九交響曲》反映的就是同時代的人對封建專制的不滿和對自由幸福的渴望，作品裡還勾畫了一幅理想社會的藍圖，得到了廣大人民的喜愛。這也正表現了貝多芬「人民藝術家應當為窮苦人民服務」的人生追求。

貝多芬的音樂對歐洲音樂的發展產生了重大的影響。在藝術上他不但繼承了韓德爾、巴哈以來的德意志優秀傳統，還吸取了當時進步的法國音樂的各種成果和富於英雄性的音調。創作手法和形式上也進行了廣泛的革新。許多音樂

大師如：孟德爾松、舒曼、李斯特、白遼士和普朗克等人全都沾著他的雨露。貝多芬對整個十九世紀的巨大影響，至今也還餘音未了。可以說，一個世紀的音樂事業，都是他一個人撒下的種子。

貝多芬把音樂從刻板的枷鎖之下解放出來，從而使之可以自由的歌唱歡樂與痛苦，他讓音樂從僵死的學術轉變為活躍的意識。所有的後來者，即使絕對不模仿他，即使精神與氣質和他的完全相反，實際上也無一例外的都是他的門徒，因為他們正享受著他用痛苦換來的自由！貝多芬的不朽名作，早已超越了時空，陶冶著一代又一代人的情操，激勵著人類精神的不斷進步。

貝多芬出生在一個貧困的家庭，父親是一個男高音歌手，但是特別愛酗酒。母親是個女僕。

艱苦的童年生活沒有讓貝多芬像莫札特兒時那樣享受過家庭的溫情。一開始，人生對於他來說，一切都是那麼悲慘而殘暴。父親在事業上不得志，讓他脾氣暴躁，他把希望寄託在小貝多芬身上，甚至把他當神童一樣來要求，這使小貝多芬負重不堪。未滿 4 歲，貝多芬就被要求整天釘在鋼琴前面，或者和一架提琴關在家裡，幼小的他幾乎被繁重的工作壓垮。貝多芬也曾一度厭倦了音樂，父親不得不用暴力來迫使他學習。

很小的時候，貝多芬因為家庭貧困，就不得不過早的挑起了生活的重擔。11 歲時，貝多芬加入戲院樂隊，領取每月微薄的薪資來補貼家庭生活的開支。17 歲那年，疼她愛他的母親離他而去，母親是得肺病死的，因為這個貝多芬對肺病產生了強烈的恐懼，貝多芬自以為也染上同樣的病症，他常常感到痛楚，在他心裡也因此留下了比病魔更殘酷的憂鬱。這一年，貝多芬成了一家之主。經常酗酒的父親喪失了主持門戶的能力，同時，也揮霍盡了家裡的積蓄，人們只好把父親的養老金交給貝多芬管理。這些可悲的事實給貝多芬的心靈留下了深深的創傷。

童年的貝多芬是如此的悲慘，青年的貝多芬更是痛苦萬分。25 歲以後，疾病就向這個不幸的青年伸開了魔爪，像鬼魂一樣糾纏著他從不離去。1796 年至 1800 年間，耳病開始顯現出來。貝多芬感到耳朵日夜作響，他的內臟也受到

劇烈痛楚的折磨，聽覺越來越衰退，最後他的雙耳完全失聰。這給貝多芬的生活、愛情以及音樂創作帶來了毀滅性的打擊。好幾年，他躲避與人見面，獨自守著耳朵失聰這個可怕的祕密，隱忍著巨大的來自精神與肉體的雙重痛苦折磨。

晚年生活時，他仍然是孤苦伶仃一人。這期間，他沒有經濟來源，被逼得四處向好友求援，以解決生計問題。按他自己的話說，他已「差不多到了行乞的地步」。

一次，貝多芬走進一家餐館就餐，剛坐下來就聚精會神的構思他的樂章。他構思完畢以後，高興的把服務員喊來說：

「算帳，多少錢？」

服務員先是一愣，接著噗哧一笑，說：「先生，您還沒有吃東西呢，怎麼就要付錢呢！」

貝多芬就是這樣。往往一進入他的創作中，就什麼都忘了。

1812 年，德國文藝界的兩位巨人貝多芬和歌德在波希米亞人的浴場邂逅相遇。貝多芬特別激動，他是歌德的崇拜者，他曾說：「歌德的詩使我幸福。」現在第一次見面，他多麼希望能從這位大詩人的智慧和詩才中進一步探索他的靈魂，從中吸取人格力量。正當他們熱烈敘談時，皇后、太子和一群侍臣從他們身邊走過。貝多芬從來就對這類人深惡痛絕，因此，當皇太子向他脫帽致敬，皇后也向他點頭招呼時，貝多芬卻把頭轉向別處，假裝沒看見。然而歌德就不同了，他趕緊抖抖身上的灰塵，整整衣領，把帽子脫下拿在手中，趕緊迎上前去，向皇后、太子彎腰致敬。

這時，貝多芬只覺得先前心目中這位詩人的高大形象頓時土崩瓦解。當那群皇族浩浩蕩蕩的走過去了以後，貝多芬幾乎用吵架的聲調對歌德說：「你不是我想像中的《葛茲》、《浮士德》的作者，你不是我崇拜的人而是一個庸俗的人。」從這裡開始，他們再也沒有見過一面。

法國現代主義文學奠基人 —— 司湯達

　　1830 年代，當以雨果為首的積極浪漫主義取得決定性勝利的時候，一部標誌著現實主義文學誕生的長篇巨著《紅與黑》也悄然問世。該書作者司湯達，一個生前幾乎默默無聞的海濱小城領事，也因為這部作品贏得了他身後不遜於巴爾札克、福樓拜、左拉等一流作家的聲名。

　　《紅與黑》（副題為《1930 年的編年史》）的創作起源於一篇報導。報導中的青年家庭教師因為同女主人的情事敗露，這個青年家庭教師在絕望中槍殺女主人而被判死刑。這個轟動一時的小城新聞激發了司湯達的創作靈感，他便以此故事為素材，結合自己四十多年來豐富的生活累積和對人生社會的獨特體驗，寫出了這部反映法國社會現實的長篇力作。

　　平民青年於連‧索黑爾一心嚮往拿破崙時代憑個人奮鬥取得成功的理想社會，但這對於生在復辟時代的他來說，只能是夢想。為了適應現實，他只能收起自己的雄心壯志，極不情願的背誦《聖經》。透過努力和他的聰明才智，於連被聘為維利葉爾市市長德‧瑞那府中的家庭教師。卑賤的處境激起了他反抗的欲望，他心懷報復的向市長夫人發起愛情攻勢，很快就俘虜了她。沒過多長時間，他們的醜事就暴露了，他在市長夫人的保護下逃離了維利葉爾，被送進貝尚松神學院。在神學院險惡的環境中，他時時謹小慎微，博得了彼拉神父的賞識，畢業後不久就被推薦給巴黎侯爵德‧拉‧木爾做祕書。勤勉忠實、深藏不露的於連深受侯爵器重，地位不斷提高，他又故伎重施，施展手段把侯爵的女兒瑪特爾俘虜了，侯爵雖萬分不滿，但也不得不接納他，從此他成了夢寐的貴族。藏匿已久的野心實現了。正值於連志得意滿之時，受教會唆使的德‧瑞那夫人一封告發信粉碎了他的美夢。一怒之下，他開槍打傷市長夫人，自己心甘情願的走上了斷頭臺。

　　於連的人生歷程，是一個大資產階級大貴族統治下備受壓迫的小資產階級有志青年反抗和奮鬥的歷史。平民出身的於連高傲、自尊、極具才幹，這使他不滿現實處境，有一展宏圖的抱負。但是低賤的出身，等級森嚴的社會秩序使

他不可透過個人的正當努力順利的躋身上流社會，因此，他只好巧加掩飾，曲意逢迎，不惜一切手段向上爬。在這個過程中他逐漸形成了複雜而矛盾的個性。他蔑視貴族階級的庸俗、怯懦，他憎惡大資產階級的唯利是圖和虛偽，但又羨慕貴族的地位和財富，又不得不憑藉虛偽、卑鄙的手段征服他們或跟他們妥協。他不信仰宗教，為實現野心卻又不得不穿上教會的黑袍。於連看似矛盾的個性正是特殊社會環境的產物。就這樣，司湯達借助環境與人物的關係，透過於連這一形象揭露了從外省小城維利葉爾到教會勢力中心貝尚松神學院，再到巴黎貴族社會中心木爾侯爵這一大資產階級、黑暗教會和沒落貴族統治的黑幕，批判其腐朽、反動本質，並預言了其最終滅亡的結局。於連選擇了個人奮鬥來作為自己實現個人主義理想的途徑，但是，他的最終毀滅表明在強大而黑暗的社會面前，獨自作戰是無法動搖這個黑暗的社會。

作品在刻畫於連這一個人英雄主義形象時，集中展現了恩格斯所謂「典型環境中的典型人物」這一創作方法，指出於連個人悲劇產生的深刻的社會根源，使作品具有很強的批判性。同時作品的心理描寫也很出色，不少地方還融入了浪漫主義的傳奇色彩，展現出作者的創作個性。

《紅與黑》是歐洲文學史上第一部批判現實主義小說。於連作為歐洲長篇小說中第一個敢於同整個社會對抗的人物形象也有值得大書特書的地方。在那個時代，司湯達看清了社會的本質，借於連來與其對抗的方式，我們不能不說他是一個高人。

司湯達生活在法國動盪不安的時代，一生經歷坎坷，卻取得了卓越的成就。他出生於法國山城格勒諾布爾一個資產階級家庭。父親是一個律師，生性冷酷，孤傲，保守不開化，對司湯達的教育非常苛刻，司湯達從小就很怕他。母親是個聰慧開朗的義大利人，有很好的文學素養，對司湯達的影響很大。但是，還在司湯達七歲時，母親就去世了。在陰暗的家庭裡，司湯達倍感寂寞和壓抑，只能從外祖父那裡得到一絲溫暖。但是，不幸的童年並沒有湮滅司湯達崇尚自由、渴望行動的天性。17歲的司湯達懷著對拿破崙的崇敬到巴黎尋找出路。他最初是在表兄達烏的辦公室裡當祕書，隨後追隨拿破崙大軍遠征

義大利，做過軍需工作，當過副官，參加過義大利馬倫哥戰役。18 歲返回巴黎，試圖做一個劇作家，在沒錢花、沒書讀、連續遭受三次失戀的情況下，他都沒有被打倒，頑強的司湯達利用一切機會學習、研讀莎士比亞。1807 年，24 歲的司湯達隨拿破崙遠征莫斯科。在大軍的敗退途中，身無分文的司湯達對戰爭的殘酷無情深感痛苦。拿破崙下臺後，司湯達定居義大利米蘭，開始潛心鑽研藝術和學術，寫出了早期的一系列著作，同時懷著對自由、獨立的憧憬開始與義大利燒炭黨人來往。1812 年，因被疑為參與燒炭黨密謀被驅逐出義大利。無路可去的司湯達只好回到舉目無親的巴黎，過著食不果腹的生活。貧困和飢餓並沒有消磨掉司湯達的奮鬥意志。他在巴黎待了十年，創作了長篇小說《阿爾芒斯》，短篇小說《法尼娜·法尼尼》和代表作《紅與黑》以及理論名著《拉辛與莎士比亞》等等，成就了一生中最豐碩的成果。七月革命以後，司湯達長期任一個邊遠小城的領事。晚年多病，最後中風而死。

　　一生都在腳踏實地的奮鬥，並沒有因為沒有虛名而放棄奮鬥。他雖然官居微職，在文學創作上卻精益求精，留下了不少傳世名篇，這一點連巴爾札克都為之驚嘆。司湯達去世後，他的墓碑上只刻著普普通通的幾行字：「亨利·貝爾，米蘭人，寫作過戀愛過生活過。」他用這幾行簡單的文字來概括自己的一生，正顯示了他淡泊名利、甘於寂寞的高尚情操。

　　司湯達在他的自傳中回憶了他同外祖父的真摯情感。母親去世後，外祖父就成了司湯達最可依靠的親人了，同時也為他們的成長指明了方向。外祖父在失去愛女後，把對女兒所有的愛都轉移到司湯達身上，即使他非常討厭這個沒有給過女兒幸福生活的女婿，也因是司湯達的父親而接待他。外祖父受啟蒙思想影響很深，跟伏爾泰見過面。他家裡有伏爾泰的半身像，小司湯達最渴望的事情就是去觀瞻和撫摸這座雕像。外祖父還喜歡讀古希臘和羅馬的文學作品，這一點直接影響了司湯達。外祖父對宗教的開明態度使司湯達從小就不迷信宗教，而相信科學，信仰唯物主義，喜歡盧梭，崇尚自由和革命。

　　司湯達自己也承認外祖父對他鍾愛有加。有一次，小司湯達站在他和母親之間，忽然暈了過去。從此，外祖父只要一想到命運居然會這樣突如其來的從

他身邊奪走心愛的小外孫便心有餘悸。似乎在很早，外祖父就看出了這位外孫的非凡之處。1807 年左右，司湯達曾把自己的一幅肖像畫寄給妹妹，這幅畫像恰好被年近八十的外祖父看到，本已頭腦不清的外祖父這時卻異常清醒的對著畫像說：「此人是個真正的人。」外祖父慧眼識英雄，司湯達果然成了一個真正的人、偉大的人。但是，如果沒有外祖父的影響和關愛，這個真正的人或許很早就被陰冷、愚昧的家庭扼殺了。

司湯達在情感上過於早熟，剛 17 歲，他就瘋狂的愛上了一個女演員，這個女演員叫居布里，生得憂鬱多情，自有一番風流態度。初解風情的司湯達對她簡直入了迷，經常溜去看她演戲。只要一聽到她的名字，司湯達都會激動得要暈過去，要是有人膽敢對她出言不敬，司湯達保證對他恨之入骨。這位小姐演出的一切歌劇在司湯達的眼裡都是最經典的藝術。至於她那甜美的嗓音、苗條的身姿，一直過了 40 年，他還念念不忘。從這裡他開始喜歡上音樂。

司湯達是如此的迷戀居布里小姐，以至於天天四處去打聽她的情況，並一連許多天站在她住的那條街上等她出現，一面等，一面卻擔心萬一遇上她，自己當即暈過去怎麼辦。有一天，司湯達在城市花園溜達，正想著她，遠遠的看見了居布里小姐的身影，他立即感到一陣眩暈，連忙拔腿就跑，直到再也看不見她，才如釋重負。其實呢，說到底，居布里小姐壓根兒就不認識他，他只是一廂情願的單相思罷了。

英國偉大的詩人 —— 雪萊

雪萊被人們認為是英國卓越的政治詩人、抒情詩人、哲學詩人。他以詩歌為武器，對現實進行無情揭露，謳歌美好的未來，他深信，愛與美終將成為世界的主流，人類最終會走向光明。他的抒情詩《西風頌》，以高昂的革命熱情、鏗鏘有力的音調，鼓舞了一代又一代人，特別是「要是冬天已經來了，西風呵，春日怎能遙遠？」更是成了人們戰勝困難，迎接美好明天的力量源泉。恩格斯稱他是「天才的預言家」。馬克思也認為，「他是一個真正的革

命家」，如果不是過早去世，他會成為一個「社會主義的急先鋒」。

　　雪萊不但是英國的著名抒情詩人，還是一個哲理詩人和政治詩人。他詩歌的主要特點是情感浪漫，想像優美，韻律和形象完美。《雲》、《給雲雀》、《西風頌》贏得了全世界詩歌愛好者的讚響。特別是《西風頌》，以高昂、充沛的革命精神，鏗鏘、雄渾的音調，鼓舞了一代又一代的人們，勇敢的戰勝困難，去迎接美好的未來。

　　1819 年發表的《西風頌》，是雪萊的不朽傑作，詩人受國內革命的影響，把時代的革命情緒融入對大自然的理解和描寫中。在雪萊的筆下，自然不僅僅是個摧毀者，還是個創新者，它具有偉大的創造力。詩人讚美自然的目的在於喚起人們的覺醒，用革命風暴去摧毀反動邪惡勢力，播下新世界的種子。詩歌開篇就表現出宏偉的氣魄、非凡的氣勢，具有摧枯拉朽的強大力量。

　　哦，狂暴的西風，秋之生命的呼吸！

　　你無形，但枯死的落葉被你橫掃，

　　有如鬼魅碰上了巫師，紛紛逃避。

　　雪萊對西風的理解，具有一種辯證的精神，它既是腐朽事物的埋葬者，又「把有翼的種子催送到黑暗的冬床上」，等到春回大地，「碧空的姊妹」西風，「吹起她的喇叭，在沉睡的大地上響遍，將色和香充滿了山峰和平原」，一切都會新生。作者認為西風是「破壞者兼保護者」。《西風頌》共五節，第一、二、三節描寫西風橫掃落葉、播散種子、驅散烏雲、降下雷雨，把地中海從夏天的昏睡中喚醒，讓大西洋染上秋天的景色。第四節詩人希望像西風一樣自由自在，不受羈絆，渴望自己成為枯葉、波浪、雲霧，和西風的威力同喘息。面對西風，詩人感嘆自己不像少年時，凌風而舞，優遊於太空，雖然經歷了一些磨難，但並沒有因為這些磨難而屈服，在西風的召喚下，更好的發揚以前的反抗精神。第五節詩同西風融為一體，吹落一切腐朽的事物，點燃新的希望和生命。

　　讓預言的喇叭通過我的嘴唇

　　把昏睡的大地喚醒吧！要是冬天

　　已經來了，西風呵，春日怎能遙遠？

作者預言，黑暗即將退去，革命就要來臨，並且終將取得勝利。

雪萊的詩歌主要組成部分中還有他的愛情詩，這些詩歌以情感奔放、熱烈、構思精巧而廣為流傳，經久不衰。

雪萊的詩歌題材豐富、思想深刻、藝術精湛，深受世界各國人民的喜愛，是世界詩歌寶庫中一顆璀璨的明珠，具有無限的魅力。

雪萊的中學生活在伊頓中學度過，伊頓中學的學風很不好，高年級欺負低年級的學生，低年級的學生常常被逼著給高年級學生提水，鋪床和擦皮鞋等等。如果有所反抗，就會遭到更多的懲罰。這是不成文的規定，沒有人對它提出異議，但雪萊從未屈服過。

有一天，雪萊正在草地上讀書，一群惡少便圍了過來，把他逼到牆根，用骯髒的泥球從四面八方投向他，用各種刺耳的聲音高喊：「雪萊！雪萊！」這時，有人去撕他的衣服、掐他，把他的書踩在汙泥裡。直到雪萊兩眼射出憤怒的目光，這些惡少才四處逃散。面對不斷的侵擾，雪萊表現出頑強的反抗精神，並與之進行鬥爭，表現了他絕不向惡勢力妥協的精神。

雪萊在牛津大學學習期間，寫了一本小冊子《無神論的必然性》，在校內散發，被校方開除，父親為此非常憤怒，斷了他的經濟來源。這時，妹妹的好朋友哈麗特，因父親是退隱酒館的老闆，這不體面的出身使她在女子學校讀書時備受欺辱，同學們罵她是「墮落的賤婦」。父親要她回校讀書，她寧可自殺，也不願回去再受凌辱。雪萊跟她一見鍾情，私奔到愛丁堡，舉行了婚禮。當他們的女兒出生後，哈麗特希望雪萊同他父親和好，以便獲得經濟上的支持，免得大人小孩挨飢受凍，但雪萊毫不妥協，寧肯過清苦的生活。於是夫妻間矛盾日漸增多，感情越來越疏遠。1814 年 6 月，雪萊拜訪葛德文，葛德文17 歲的女兒瑪麗十分傾慕雪萊，兩人在思想、氣質上都很接近，大有相見恨晚之感。天真的雪萊向葛德文提出要與瑪麗結婚，遭到拒絕，就與瑪麗私奔到瑞士。哈麗特在生活中很不如意，非常孤獨，在倫敦海德公園投水自盡，雪萊得知這一消息，大為震驚，心情久久不能平靜。瑪麗的妹妹范妮，暗地暗暗的愛上了雪萊，只是羞於說明，這種痛苦在各種打擊、挫折中備感折磨，最後也自

殺而死,雪萊寫了一首詩悼念她。雪萊與瑪麗結婚後,於 1818 年 3 月 12 日奔赴義大利,一直居住到逝世。由於夫妻恩愛、經濟寬裕,加上優美的自然風光和古羅馬的文化藝術,激發了雪萊旺盛的創作熱情,1819 年,雪萊創作了很多重要作品,被文學史家稱為不可思議的一年。

一天,屈勞尼同瑪麗閒談了很久,突然發現雪萊不在身邊,他們就到松樹林去尋找,因為雪萊經常在那裡漫步或寫作。到那裡去要走一段很長的砂石路,瑪麗無法走過去,屈勞尼獨自走進松林,發現微風已經把雪萊的詩稿吹落一地,他自己卻毫無察覺。屈勞尼不想驚動他,沒有叫他,只是輕輕的搖動樹枝,他還是毫無反應。屈勞尼只好把散落的詩稿撿起來,雪萊這時發現了他,屈勞尼勸他回書房去寫作,他吃驚的說:「我這不是在書房裡嗎?」

雪萊在牛津大學讀書期間,對自然科學有著廣泛的興趣,喜歡做化學和電學實驗,他住的房間成了實驗室,擺滿了抽氣筒、電池、炸藥和各種玻璃瓶、發電機、蒸餾器等。有一次,他的好朋友霍格去拜訪他,雪萊非常高興,一邊招呼他,一邊給他倒水,結果喝到了最後,霍格發現杯子裡有一個被硫酸溶去了一半的銀幣。後來,霍格在《雪萊傳》中,幽默的寫道:「無論什麼情況下,我都不會用雪萊的杯子喝水,怕的是喝到杯底後,發現裡面有一個被硫酸半溶解的銀幣。」雪萊透過科學實驗,不斷的探索自然界的奧祕。

俄羅斯文學之父 —— 普希金

普希金被稱為「俄羅斯民族文學之父」。俄國的文學,在普希金之前雖然也有過像著名浪漫主義詩人茹科夫斯基這樣的人,但是真正使用俄羅斯本民族語言,從俄羅斯民間文學中吸取寶貴養分並集前人之大成,使其創作具有世界影響的第一人,還是普希金。他的詩體小說《葉甫蓋尼·奧涅金》是俄國現實主義文學的奠基作,作品塑造了俄國文學中第一個「多餘人」的形象,廣泛的反映了從彼得堡到鄉村的社會生活,別林斯基認為它是「俄羅斯生活的百科全書」。

　　1830 年完成的詩體小說《葉甫蓋尼・奧涅金》是普希金的代表作。詩中主人公葉甫蓋尼・奧涅金，是一個貴族階級的浪蕩子弟。他深受西方文化影響，離譜的脫離了俄國現實社會，成天廝混在沙龍，舞場和劇院，過著顛倒黑白的日子。常常是這樣：「他還在夢中，床前就送來一些信件」，邀請他參加各種聚會和儀式。他不學無術，只精通一門學問，那就是「柔情」。他這位情場老手、交際明星終於感到疲倦了這種空虛的生活，這個時候，他收到了伯父臨終的信，就離開了彼得堡去鄉下繼承伯父的遺產了。

　　可是，俄羅斯鄉間的美景，寧靜的田園生活也不能療治他的「厭世病」。他和連斯基去拜訪地主拉林娜，同時結識了拉林娜的女兒塔吉亞娜和奧麗加。塔吉亞娜第一次見到奧涅金，便熱烈的愛上了他。當她把一封熾熱的情書交給他時，卻招來一頓道貌岸然的訓誡。自私的奧涅金自由慣了，他以不願被家庭束縛為由拒絕了塔吉亞娜，因為他對愛情早已厭倦，只是不願再欺騙這樣一個純真的女孩。事情本該就此結束，豈料，在命名日聚會上，奧涅金出於莫名其妙的報復心理，鬼使神差的調戲了賣俏的奧麗加。愛著奧麗加的連斯基妒火中燒，在憤怒之下同他決鬥，不幸被他一槍打死，奧涅金受到了良心的譴責，離開莊園，漫遊去了。

　　當他再次回到彼得堡時，外地意外的發現，昔日羞怯的鄉村少女塔吉亞娜已經成了一位顯赫的公爵夫人，在舞會上大家都能與她共舞而備感榮幸，她儼然已是一個社交皇后。這時候奧涅金發現自己深深的愛上了她，可是塔吉亞娜表情淡漠，無動於衷，好像根本不知道他這個人一樣。她不得不拒絕他，因為她已經是別人的妻子，她得忠實於她的丈夫。

　　《葉甫蓋尼・奧涅金》塑造了俄國文學中第一個「多餘人」的形象，反映了 19 世紀前期俄國貴族知識分子厭倦貴族階級的腐朽生活卻又找不到出路，看不到人民大眾的力量，憂鬱、苦悶的現實處境；同時也深刻批判了他們意志的薄弱，靈魂的空虛和根深蒂固的個人利己主義思想。奧涅金之所以回絕塔吉亞娜、殺死連斯基完全是出於個人的虛榮和貴族階級虛偽的自尊，是他無聊之中的消遣。作品中和奧涅金形象相反的人是塔吉亞娜，也是作者鍾愛並著

力渲染的女性形象。她在俄羅斯美麗的大自然和神奇的民間童話中長大，淳樸、天真、坦率、真誠，有一種清水芙蓉般的天然美。當她出現在上流社會貴族小姐中時，彷彿「皎潔的明月一輪」，又像是「飄臨大地的天仙」，顯得那麼超凡脫俗，光彩奪目。她是俄羅斯民族理想的化身，寄託了詩人對未來俄羅斯的期待和情感。同時，這部作品還借助人物刻畫，展現了整個俄羅斯上流社會和鄉村生活的全貌，因此，別林斯基稱它為「俄羅斯生活的百科全書」。從這種意義上說，《葉甫蓋尼‧奧涅金》當之無愧的稱得上是俄羅斯現實主義文學的奠基之作。

　　普希金一生很短暫，卻在文學上取得了輝煌的成就。除《葉甫蓋尼‧奧涅金》外，他還寫下了近 900 首抒情詩，還有不少小說、劇本，如：短篇小說集《別爾金小說集》，長篇小說《上尉的女兒》，歷史悲劇《伯里斯‧戈東諾夫》。別林斯基曾經對普希金的詩歌作了崇高的評價，形容它「像波浪」、「像松脂」、「像水晶」、「像閃電」、「像春天的芬芳」、「像勇士的劍」，說它是「抒情的、藝術的、精美的詩作」。

　　普希金逝世以後，莫斯科一家報紙曾沉痛的寫道：「俄羅斯詩歌的太陽隕落了」。是的，普希金的詩歌就像太陽一樣，不僅僅照耀著俄羅斯的千秋萬代，也照耀著世界的詩壇。

　　普希金一生歷盡坎坷。由於他寫了大量歌頌自由進步的詩篇，因此遭到統治階級的迫害。普希金始終不肯低下高貴的頭顱。統治者屢次流放和幽禁他，妄圖使他放棄進步理想，變為沙皇的弄臣和僕役。

　　他說：「我的豎琴樸實而高尚／從不將世間的神頌揚／從不肯對權貴巴結迎奉。」他還把鋒利的矛頭直指沙皇：「我憎恨你和你的皇位／你這專橫暴戾的魔王／我懷著殘忍的快樂看著／你的覆滅，你子孫的死亡。」統治者不能以暴力征服他，氣急敗壞的使出最卑鄙的伎倆，支使法國流氓丹特士調戲詩人的妻子，以此來敗壞詩人的名聲。普希金毫不妥協，毅然決定同丹特士決鬥，不惜以死來捍衛自己高貴的尊嚴，使統治者留下千古罵名。

　　普希金對他的奶娘阿琳娜‧羅季奧諾夫娜感情很深。阿琳娜是一位溫和慈

祥的農家婦女，是一位講故事的能手。她知道許許多多的民間故事，會唱很多的民歌。在普希金家的避暑地紫哈洛沃村寧靜的夏夜裡，小普希金就這樣如痴如醉的聽阿琳娜講那些神奇的故事，聽她唱起動人的謠曲。這些故事和民歌激起他無盡的遐想，成為他日後詩歌創作不竭的源泉。1826 年普希金專門寫過一首詩《給奶娘》，詩中深情的稱她：「我嚴酷歲月的伴侶／我年邁的親人。」

1823 年，普希金在流放期間被調往奧德薩，受制於總督沃龍佐夫。沃龍佐夫十分狂妄傲慢。普希金常在詩中嘲罵他，有一首詩是這樣寫他的：「一半像豪紳，一半像商販／一半像學者，一半像文盲／一半像惡棍，但大有希望／最後，具有各色人等的特點。」沃龍佐夫對普希金懷恨在心，他尤其不能容忍的是，多情的普希金同他的太太、風流輕佻的沃龍佐娃整天打得火熱。沃龍佐娃甚至送給了普希金一枚金戒指作定情之物。沃龍佐夫懷恨在心，他恨不能把普希金置於死地而後快。正在這時候，南俄發生了蝗災，他便藉機派普希金去了重災區。回來後擬一份詳細報告，實際上他是想折磨、報復普希金。普希金對沃龍佐夫的專制和狂暴十分不滿，但他強壓著心中的怒火去了蝗災區，回來後果然擬了一份報告。這份報告裡只有四行詩句：「蝗蟲飛呀飛／飛來就落地／一切都吃光／然後飛無跡。」就這樣，普希金把沃龍佐夫狠狠的戲弄了一回。

普希金 1811 年進皇村學校讀書，他那超凡出眾的詩才博得師生們的一致讚揚。1815 年 1 月他參加了學校的升等考試。考試這天，來了很多重要的人物，著名詩人傑爾查文親臨考場。繁重的考核工作使傑爾查文疲憊不堪，昏昏欲睡。但是，當普希金一出場作俄國文學答辯時，傑爾查文立刻精神為之一振。普希金落落大方的當眾朗誦起他那首文采四射的《皇村回憶》「—— 在俄羅斯的廣闊的原野／像急流，馳過了敵人的鐵騎 —— 」他那激昂的聲音，充沛的熱情，宛若電光火焰般的目光，以及有如珍珠玉石般的詩句令全場為之震驚和沉醉。當他朗誦完畢時，老詩人傑爾查文已被他感染的全身發抖，激動不已，難以自持的淚流滿面，他離開座位，激動的叫著普希金的名字，想去擁抱他，誰知普希金早已離開了。

法國最傑出的現實主義作家 —— 巴爾札克

　　巴爾札克是 19 世紀法國最傑出的現實主義作家。從 1830 年代起，他就立志要以文學形象寫一部系統、完整的法國社會歷史，為此他擬定了一個宏偉的寫作計畫，要以他一生的時間寫成一部包括一百四十多部小說的作品系列，並為之命名為「19 世紀風俗研究」。這就是我們後來所看到的《人間喜劇》。可惜作家早逝，《人間喜劇》只包括了九十多部小說。但是，這已經是人類精神史上罕見的佳構巨制。

　　巴爾札克的《人間喜劇》以《高老頭》為序幕，用九十多部藝術傑作編年史般準確、詳盡的展現了從波旁王朝至七月王朝這一漫長歷史時期法國社會的全貌，揭示了煊赫一時的法國貴族階級逐日趨向沒落、奮起進攻的資產階級取而代之登上歷史舞臺這一不可逆轉的歷史趨勢，在為腐朽沒落的貴族階級譜寫輓歌的同時，也道盡了資產階級的罪惡發跡史。

　　《高老頭》是《人間喜劇》的序幕和引子，也是其中最有代表性的長篇小說之一。作品展現了一幕觸目驚心的巴黎上流社會的風俗劇。拉斯蒂涅是外省的一個沒落青年，以他個人的奮鬥史和資產階級暴發戶高老頭被女兒無情壓榨、拋棄致死的悲慘經歷為線索，刻畫了伏蓋公寓和鮑賽昂夫人的沙龍這樣兩個有著天壤之別，卻又不無聯繫的典型環境，以及活躍在這兩個環境中的典型人物。

　　拉斯蒂涅寄居的伏蓋公寓窮酸破落，住著高里奧老頭等一群人。高里奧老頭是一個靠麵粉起家的資本家，他是一個「父愛」的典型。為了實現兩個女兒的夢想，他不惜血本，為她們揮金如土，終於女兒女婿一開始把他當財神供養、畢恭畢敬，隨著他財富的逐年減少，高里奧越來越被冷落，最終被趕出女兒家門，住進了伏蓋公寓。兩個女兒為了在貴族社會的舞臺上不被冷落大出風頭，千方百計的壓榨父親最後的一點血汗錢，供她們揮霍，最後導致高里奧慘死在伏蓋公寓。所謂的人間父女情，不過是冷酷的金錢交易，金錢和財富戰勝了良知和人性，成了支配一切的主角。

　　拉斯蒂涅出入的鮑賽昂府是貴族社會的一個縮影。在這裡，金碧輝煌的府

邸，才貌卓絕的貴婦，風雅無比的沙龍，掩蓋不了頹廢、衰朽的實質。上流社會的「女皇」鮑賽昂夫人在情人阿瞿達侯爵被暴發戶洛希斐特小姐「二十萬法郎利息的陪嫁」所吸引並決定娶其為妻後，強作歡顏的舉行了最後一次盛大舞會，退隱到鄉間，準備在孤獨中打發餘生。這一個悲涼哀婉的結局顯示出名門貴婦在資產階級婦女的逼攻下一敗塗地、最終以金錢戰勝門第的殘酷事實，也是名門貴族們要面對的現實，無法挽回的現實。

所謂門第、親情、名譽、道德全是虛偽和不堪一擊的，只有錢才是萬能的。在這裡，金錢彷彿是戰無不勝的冥界之王，主宰著地獄世界中的每一事、每一物。

巴爾札克對金錢世界的譴責，對人性沒落的感慨，是形象、深刻而又沉痛的。他以敏銳的目光洞察資本主義世界的每一個角落，然後以卓越的技巧、深刻的批判對其作了廣泛、深入的描繪，重塑了一個融藝術、歷史、哲學於一爐的不朽世界，為人類提供了一部法國 19 世紀社會的百科全書，同時也為文學史貢獻了一個取之不盡的藝術寶庫。

雨果對巴爾札克有過崇高的評價：「他的一生是短促的，然而也是飽滿的；作品比歲月還多。」

巴爾札克出生在法國大革命後，他祖上務農，父親是一個好不容易成為資產階級暴發戶，這暴發戶唯利是圖，善於投機。巴爾札克就是在這個毫無親情的家庭中長大的。上學進的也是監獄式的學校。教師的辱罵和鞭打沒有把巴爾札克造就成父母眼中的理想兒子，卻迫使他遨遊於文學海洋中去尋找慰藉，為自己贏得了一個「詩人」的雅號。

正如許多大作家一樣，中學畢業的巴爾札克被父母送進了巴黎的一所大學學習法律，並讓他早早的到律師事務所實習，以便將來撈到一份賺錢的美差。事與願違的是，巴爾札克並沒有成為一個好律師，他只是在眾多的訴訟中瀏覽了巴黎的整個現實社會，為一個好作家打下了堅實的基礎。父母拗不過他，只好跟他訂了份苛刻的協議，限他兩年成名，否則只有聽從父命，一面卻又剋扣生活費用，想以此勒索兒子，迫使他浪子回頭。結果弄得這位雄心勃勃的年

輕人只得蜷縮到貧民窟的小閣樓上，在半飢半飽中沒日沒夜的奮筆疾書。半年後，他那篇飽含心血的處女作詩體悲劇《克倫威爾》脫稿了，沒想到卻遭到家庭聽眾的全盤否定。

初戰以失敗告終，巴爾札克不想放棄，但為了糊口，他不得不放棄尊嚴，充當末流寫手，整天製造一些垃圾文學。不久他又想從印刷出版業中大發一筆橫財，到頭來卻虧得一塌糊塗。身負巨債的巴爾札克垂頭喪氣的從爭錢奪利的舞臺上敗下陣來，毅然決然的在拿破崙像前寫下了自己的座右銘：「我要用筆完成他用劍所未能完成的事業。」

這樣，巴爾札克懷著對拿破崙的崇敬和百折不撓的鬥志開始了嚴肅的、真正的文學長征。從 1830 年代至 1850 年代的整整 20 年，巴爾札克以每天工作 18 個小時的高強度勞動全力以赴的投入寫作，貧窮、債務、孤獨、挫折，這一切幾乎終生伴隨著他，但他始終沒有被打倒。這個把靈魂交給了詩魔的人在短促的一生中創作了《人間喜劇》這樣的輝煌巨著，寫盡了資本主義社會的罪惡萬象。1850 年 8 月 18 日，文壇巨匠巴爾札克在彌留之際的譫妄中呼喚著他筆下人物的名字，就這樣戀戀不捨的離開了他熱愛的文學，離開了人世。

巴爾札克雖然才華橫溢，又具有堅忍不拔之志，註定要成為一位文壇奇才，但是美中不足的是，他不但貧窮潦倒、債務纏身，而且其貌不揚，使巴爾札克非常沮喪的是他很難得到名門佳麗的垂青。迫於貧困和出身低微，三十而立的巴爾札克在擇偶方面給自己約法三章：一、非名門貴婦不娶；二、非家財萬貫不娶；三、非溫柔嫻良者不娶。

年輕時的情人、貴族婦女德·柏爾尼夫人太老了，新歡卡羅·珠爾瑪雖然對巴爾札克關懷備至，可惜沒有貴族頭銜。正當一心想攀個豪門貴婦的巴爾札克萬分沮喪之時，一位遠居俄國的波蘭貴婦德·韓斯迦夫人從遙遠的異國他鄉寄來了一封情意綿綿的書信。韓斯迦夫人在信上沒有透露自己的真實姓名，只要求巴爾札克收到信後在《每日新聞》上登一則啟事，表示收到了去信。她信中的溢美之辭使巴爾札克欣喜不已，從她「德·巴·奧」這一落款上暗示出來的貴族身分又使他浮想聯翩、心潮起伏。他按照韓斯迦夫人說的去做了，

韓斯迦夫人不久又去了信，告訴了她的真真實地址。從此，巴爾札克就這樣懷著熱切的期待之情接二連三的寄去自己精心製造的那些情書。很快，韓斯迦夫人就被打動了，她來法國旅遊的時候，他們第一次在鄉村旅館幽會了。又在不久之後的第二次幽會中結下了永久的誓言。

突如其來的豔遇使巴爾札克靈感大發，一口氣寫下《鄉村醫生》《歐也妮‧葛朗臺》等不朽名著。為了徹底贏得韓斯迦夫人的芳心，以便同她結婚，巴爾札克對她百依百順、曲意逢迎。但是，韓斯迦夫人一直讓他等到 17 年後的 1850 年，丈夫逝世，女兒出嫁，巴爾札克也疾病纏身時才同他祕密結婚。巴爾札克娶一個豪門寡婦的夙願終於實現了，只可惜這一切來得太晚。5 個月後，巴爾札克與世長辭，結束了他那孤獨、艱辛的一生。

巴爾札克從小就是一個「讀書迷」。1807 年，他被送進圖爾市的旺多姆學校讀書，該校的勒費弗爾神父既是巴爾札克的數學輔導老師，又是學校圖書管理員。勒費弗爾神父是位思想開明，富於幻想，崇尚自由的神父。他格外偏愛巴爾札克。他把圖書館很多書都借給了巴爾札克，巴爾札克就在這位神父的引導下讀完了一本又一本的書，他對神父充滿了感激和崇敬。這些書啟發他去思考、學習，使他變得博學起來。據說他十二歲時就寫了一本哲學著作，他還寫詩，被同學們稱為「詩人」。

為了擺脫學校呆板乏味的課程，全身心閱讀自己借來的書，巴爾札克常常故意犯錯誤，以便獲得「關禁閉」的機會。一次，拉丁文老師在課堂上出了一道翻譯題目，結果有一個同學把「出身貴族」誤譯成了「心靈高貴」。苛刻的老師不僅大發其火，還尖刻的諷刺這個同學：「難道你以為出身貴族就一定心靈高貴嗎？要是尊敬的斯達爾夫人聽了你這樣的翻譯會有何反應呢？」原來這個學生是女作家斯達爾夫人的教子。老師話音未落，一向多嘴的巴爾札克脫口而出道：「她會說你是頭驢。」老師一聽，怒不可遏，立即讓教工把巴爾札克關進凹室蹲八天禁閉。

又一次，學校舉行領聖體活動，主持神父一本正經的宣揚上帝與道同在，萬物來源於上帝，巴爾札克在下面聽得很認真，他迷惑的問神父，「尊敬的神

父，如果一切都來自於上帝，為什麼世間還有那麼多罪惡呢？」神父一時語塞，以為他故意搗蛋，一怒之下，又罰他蹲了兩天禁閉。

法國浪漫主義文學領袖 —— 雨果

雨果是法國文學史上最具才華的作家之一，文學生涯達 60 年，筆觸涉及詩歌、小說、戲劇、文藝理論等多個領域，反映了 19 世紀法國的重大歷史進程和文學的發展情況，其作品《巴黎聖母院》表現了反封建、反教會的主題，書中美與醜、善與惡的鮮明對照，是浪漫主義對照原則的藝術範本。《悲慘世界》描寫了底層人民的悲慘遭遇，展現作者崇高的人道主義理想。

1831 年，雨果發表了長篇小說《巴黎聖母院》，小說具有濃厚的浪漫主義色彩，情節緊張，戲劇性強，雖然描寫的是 15 世紀巴黎的事情，但充滿了時代氣息，展現反封建反教會的主題，小說蘊藏著深刻的思想內涵和精湛的藝術技巧。

1482 年 1 月 6 日，巴黎市民沉浸在愚人節的狂歡中，在巴黎聖母院的廣場上，有個叫愛斯梅哈爾達的吉普賽女郎，她靠一頭小羊的雜耍賣藝為生，她輕盈美麗、舞姿飄逸吸引了成百上千的觀眾。圍觀的人群目不轉睛的看她表演，副主教克羅德對她心生邪念，不時發出詛咒聲，女修士居第爾的女兒 15 年前被吉普賽人搶走，此時正用一種憎惡的聲音趕她快走。

傍晚，愛斯梅哈爾達帶著小山羊離開了節日的廣場，克羅德命令敲鐘人 —— 外貌奇醜的加西莫多趁著夜色去劫持她。正在危急關頭，皇家衛隊路過這裡，侍衛長法比救了愛斯梅哈爾達，加西莫多被衛隊擒獲，愛斯梅哈爾達愛上這個儀表堂堂的年輕軍官。第二天，加西莫多在廣場上受鞭刑，愛斯梅哈爾達見加西莫多口渴難忍，就把葫蘆裡的甘泉餵進了他的嘴裡，加西莫多萬分感動，也由此喚醒了他的良知。愛斯梅哈爾達和法比幽會時，克羅德氣急敗壞，眼看自己得不到她，便喬裝著來到了小旅館，從後面刺傷了法比，就逃走了。愛斯梅哈爾達刺殺衛隊長的消息傳遍整個城，她被判處死刑。執行死刑的當

天，加西莫多從教堂衝出來，一拳打倒行刑的劊子手，搶過愛斯梅哈爾達扛上肩頭，跑進了教堂，把她藏在鐘樓上。當時的宗教狂熱者把她說成是女巫，教堂避難權也不能再保護她。乞丐部落竭力衝擊教堂，深夜攻打聖母院，營救愛斯梅哈爾達。克羅德卻乘人之危，想奪取愛斯梅哈爾達的貞操，遭到拒絕之後，克羅德把她交給前來追捕的官兵，女修士看見愛斯梅哈爾達，想起自己遺失的女兒。當她們拿出各自保管的繡鞋時，女修士發現愛斯梅哈爾達就是自己15年前遺失的女兒。母女相認，悲喜交加，這時候劊子手竟毫不留情的從女修士手裡搶走了愛斯梅哈爾達，結果女修士被推倒在絞刑臺下。不幸的是她頭部著地死了，而愛斯梅哈爾達被活活絞死。加西莫多從教堂的頂樓上推下了克羅德，把他摔得粉身碎骨，自己來到愛斯梅哈爾達的屍體旁，死在她的身邊。

小說表現了鮮明的反封建傾向和對人民群眾悲慘命運的極大同情，深刻的揭露了中世紀教會和貴族統治階級的罪惡，在這裡並不是指個別的貴族和教士，而是指代表中世紀宗教的巴黎聖母院和代表反動勢力的國王路易十一。作者借古喻今，透過《巴黎聖母院》反映了1820年代人民群眾反封建專制的鬥爭，書中流浪漢和乞丐攻打聖母院，象徵著人民群眾對教會和國王權力的反抗。

除《巴黎聖母院》外，《悲慘世界》也是雨果最著名的小說，這部小說提出了三個迫切的問題：「貧窮使男子潦倒，飢餓使婦女墮落，黑暗使兒童羸弱。」小說圍繞這些問題，描繪了廣闊的社會生活，反映了被壓迫階級所遭受的痛苦和凌辱、資產階級的日常生活、拿破崙的戰爭和人民群眾的起義，構成了一幅五光十色的社會生活畫面，社會成為不幸者的「悲慘世界」。

1851年12月，拿破崙第三發動了軍事政變，實行獨裁統治，雨果與共和派一起，反對軍事政變，他參加祕密集會，發表宣言和演說，怒斥拿破崙第三，為發動人民群眾起來鬥爭四處奔走。拿破崙第三無比仇恨雨果，懸賞緝拿他，為了躲避暗探的追捕，雨果成天東躲西藏，每天換一個住所，寢食難安。就在這個時候杜魯埃夫人幫助了雨果，幫他在一個親戚家裡藏了幾天，又為他弄到了一張通行證，趕緊化裝逃了出去，開始了他的流亡生活。流亡生涯長達19年，先後住在布魯塞爾、英吉利海峽中的英屬澤西島和格恩濟島。在流

亡期間，雨果對拿破崙第三無比憎恨，對祖國無比熱愛，正是在這種思想的支配下，雨果對拿破崙第三一次又一次的收買嚴詞拒絕，與獨裁政權進行堅決鬥爭。他把巴黎故宅中心愛的家當全部拍賣，用來作為流亡期間的生活費用。在流亡中，雨果的生活和工作條件都非常艱苦，妻子長期生病，在 1868 年逝世，就在雨果沉浸在無比的苦痛中時，杜魯埃夫人毅然承擔了雨果的家庭重任。這樣雨果才得以解脫，繼續和拿破崙第三進行不懈的鬥爭。1870 年 7 月，普法戰爭爆發，法軍潰敗，並於 1871 年 1 月 28 日同普魯士簽訂了停戰和投降協定。在國難當頭之時，雨果結束了流亡生活，參加國民自衛軍，不遺餘力的為捍衛祖國的尊嚴和主權而鬥爭。

1822 年，雨果與從小一起長大的阿黛爾・傅先結了婚，傅先能文善畫，是一位非常賢淑的婦女。後來，雨果和杜魯埃夫人來往密切，傅先也曾感到很痛苦，可是她還是默默的忍受下來，沒有引起家庭糾紛。在幾十年的共同生活中，他們共生育了四個子女，全家人一直生活在和睦、溫馨的家庭氛圍中。1868 年，傅先由於長期的流亡生活，長期生病，不治而去世，雨果陷入極度的悲痛之中。

1818 年的一天中午，雨果路過法院門前的廣場，只見一大群人圍著一根木柱看熱鬧，柱子上拴著一位年輕的婦女，還張貼了一張告示，說這個婦女犯了「僕役盜竊罪」。正午的鐘聲一停，一個男人把她的襯衫脫到後背處，用剛從炭爐中拿出的烙鐵，用力按在她赤裸的肩上，隨即發出了嘶嘶聲和慘叫聲，一團白色的煙霧淹沒了烙鐵和劊子手的手，年輕婦女被痛得昏死過去。這件事情過去多年後，那個被折磨女人悲慘的呼喊聲一直響徹在雨果的耳旁，更在他心靈上激起了強烈的人道主義反響，從此以後，他一直反對死刑，在許多作品中揭露法律制度的殘酷和虛偽。

1830 年 2 月 25 日，雨果的戲劇《歐那尼》在法蘭西劇院上演，把浪漫主義同古典主義在戲劇舞臺上的鬥爭推向了高潮。在此之前，劇院建議雨果僱傭鼓掌班，以保證演出的順利進行，雨果堅信《歐那尼》的藝術魅力，對劇院的好意婉言謝絕。古典主義者採用了一切辦法都不能阻止《歐那尼》的如期演出，就買下了第一天晚上的所有戲票。雨果買來紅紙，製成「門票」，在上面

寫著西班牙字「鐵」，意思手持「門票」的青年是「鐵軍」有的人還寫下了遺囑。正式演出的下午兩點鐘，鐵軍們排著整齊的隊伍站在劇院門口，全都留著長髮和絡腮鬍子，穿著奇裝異服。古典主義者也不甘示弱，他們把劇場的天花板戳了幾個洞，準備了大量的垃圾，下午三點鐘，「鐵軍」，從左右邊門進入劇場，古典主義者就從天花板的洞口，把垃圾倒在「鐵軍」們的頭上。晚上七點鐘，帷幕緩緩上升，臺下亂成一團，爭吵聲、斥責聲、喝彩聲、掌聲、噓聲、鞋後跟跺地板的「咚咚」聲交織成一片，簡直鬧得不可開交。叫好聲和喝倒彩聲是一浪高過一浪，第一幕結束時，除少數的古典主義頑固者還在繼續搗亂外，大部分觀眾都被劇情感動了。《歐那尼》在法蘭西劇院連續上演了 45天，觀眾一批接一批的來到劇場，被主人公的反抗精神所鼓舞。劇本採用傳奇劇的手法，打破「三一律」的束縛，悲喜交融，美醜對照，使觀眾耳目一新。《歐那尼》的成功演出，標誌著浪漫主義文學運動的全面勝利和古典主義的徹底失敗，也奠定了雨果在浪漫主義文學運動中的領袖地位。

世界童話大王 —— 安徒生

　　世界「童話之王」安徒生，是有史以來最偉大的童話作家。在當今世界，安徒生的名字已經家喻戶曉，婦孺皆知，因為成千上萬的兒童都是沐浴著安徒生童話的陽光長大的，安徒生的名字代表著一個五彩繽紛、撲朔迷離的童話世界。《海的女兒》是安徒生極富詩意的童話之一，作品表現了對生活的熱愛、對理想的追求，特別是小人魚的形象感染了不同時代的廣大讀者。

　　1837 年發表的《海的女兒》是安徒生創作中最優美動人的童話之一。該童話講述了一個淒惻哀婉的人魚的故事。海王的六個女兒中，數最小的女兒小人魚最美，她喜歡沉思和遐想，她熱切的盼望著早點長大了游到海面上去看看人類是怎樣生活的。就這樣到了 15 歲，她懷著好奇的心情來到了海面。看到一位英俊的王子正在燈火輝煌的輪船上慶祝生日。突然，海上刮起了風暴，船翻了，善良的小人魚把王子托到海邊，看到一位年輕的女孩把他帶走了。小人

魚回到海裡，終日思念著那位王子，為了變成人形，好跟王子在一起，她把自己的舌頭割下來交給巫婆，變成了啞巴。小人魚來到王宮，她忍著鑽心的疼痛給小王子跳舞，小王子非常喜歡小人魚女孩，但他以為是那位公主救了她，不得不跟那位公主結了婚。在結婚的前夜，小人魚拒絕了姐姐們的最後勸告，沒有殺掉王子以換取自己的性命而寧願化成肥皂泡去獲取一個不朽的靈魂。

這個故事情節曲折動人，有著詩一般的意境，作家用生動而富於想像的筆觸描繪了夢幻般的海底世界，將那深情溫柔的小人魚的奇特戀情款款道來，活畫出一位對理想執著追求、對愛情堅貞不渝，美麗純潔而又極富犧牲精神的少女形象。小人魚精靈般輕盈，天使般聖潔，卻又不乏人間少女的生氣和熱情，這一形象深深的感染了一代又一代的讀者。

安徒生的童話中，除《海的女兒》外，還有《豌豆公主》《拇指女孩》《國王的新衣》等膾炙人口的名作。

安徒生的童話《夜鶯》、《醜小鴨》、《賣火柴的小女孩》、《她是一個廢物》等都是貼近現實，具有深刻諷喻和揭露性的佳作。《夜鶯》諷刺的是那些四體不勤、五穀不分的統治者，他們對皇宮以外的事一無所知，把青蛙和母牛的叫聲誤認為是夜鶯的歌聲。他們愚蠢、庸俗，寧願聽人造夜鶯單調乏味的機械聲音，卻對自然界裡活生生的音樂不屑一顧。《醜小鴨》以醜小鴨歷盡艱辛終於變成白天鵝的故事，這個故事說明天才人物要被發現，所以必須受苦難。《賣火柴的小女孩》、《她是一個廢物》揭露的則是資本主義社會貧苦人民生活的慘狀，表示出作者對廣大的底層平民生活的關心和同情。

安徒生的童話大多取材於民間生活，十分貼近現實，顯得清新、生動、質樸，平易近人。這些童話故事情節曲折、新奇，描物敘事細膩、委婉，想像尤其豐富、奇特，諷喻相當巧妙、深刻、具有很高的藝術成就。

除童話外，安徒生還寫了不少小說、詩歌和戲劇。他是丹麥第一位具有國際聲譽的作家。

安徒生是從丹麥社會最底層走出來的作家。他的父親是個鞋匠，母親曾經討過飯，兩人結婚時用的床是用棺材木板拼搭起來的。安徒生的父親從小就嚮

往讀書，由於家庭環境不好一直未能如願，只有把他所有的希望都寄託在兒子安徒生的身上，希望他能成為自己理想中的人。

　　他將安徒生送進啟蒙學校學習，後來又把他轉到加爾斯坦男校。安徒生聰明好學，成績很好，富於同情心和想像力，但不久學校停辦，他就輟學了。安徒生很孤獨，每天在家裡獨自編演木偶戲。不久，安徒生的父親從軍歸來，染病去世。剩下母子兩人相依為命，靠母親給人家洗衣賺錢糊口。安徒生到工廠做了一段時間的工後，被母親送進慈善學校學習。

　　安徒生從小迷戀戲劇，幻想有朝一日成名成家。14歲那年，他不顧母親的反對，獨自一人來到了丹麥首都哥本哈根。他千方百計找到舞蹈家沙爾夫人，請求推薦他到歌舞劇團去，沙爾夫人冰冷的拒絕了他，這並沒有使他灰心，接著又去找音樂家西博尼幫忙，西博尼很欣賞這個有膽識的少年，讓他進自己主持的歌唱學校學習，還給他募集了生活費。不幸的是安徒生才上了六個月學，嗓子就壞了，只好退學另謀出路。無依無靠的安徒生住在租來的破房子裡，每天啃冷麵包。有一位叫古爾登堡的詩人救濟他，願意免費教他學拉丁文，但是安徒生一心想學戲劇，不願學拉丁文這使詩人很生氣。安徒生還拿著自己寫的劇本到處去朗誦，遭到的全是恥笑和嘲弄。受盡屈辱和打擊的安徒生沒有氣餒，仍然堅持寫作，他把自己寫的劇本《阿莫索爾》拿到劇院，得到了拉貝克教授的賞識，拉貝克決定把他送進教會學校學習。隨後的四年時間，安徒生就一直住在斯拉格爾塞鎮的教會學校，在校長梅斯林的監管下學習。梅斯林是個性格極端粗暴，又鄙視底層人的人，安徒生在那生活了四年，也受盡了他人的虐待，不但瘦成了皮包骨，心靈也受到了極大的創傷。

　　1828年，安徒生考入哥本哈根大學，從此以後，他才開始了自由自在的創作生涯。在戲劇家海堡的提攜下，安徒生的喜劇得以演出，演出獲得很大成功，這給安徒生巨大的鼓舞。他努力創作，終於在1835年出版了第一部長篇小說和第一部童話集。其實安徒生的童話剛出版時並未獲得讚譽，反而受到了攻擊，但這並未影響安徒生的創作熱情和信心，他繼續寫下去，寫出了一部又一部舉世聞名的童話作品。

貧窮、卑賤的出身使安徒生在婚戀方面一再受挫，終身未婚。感情豐富的安徒生早在上啟蒙學校時就對同班女孩薩拉・漢曼有了好感，年僅六歲的安徒生把這位小女孩想像成公主，把自己想像成高大的騎士，幻想長大後駕著馬車去娶她。

1830 年夏天，在文壇上初戰告捷的安徒生借回鄉旅遊的機會，結識了少女莉葆。莉葆是他朋友的妹妹，活潑美麗，安徒生頻頻去信，表達自己的愛慕之情。莉葆對安徒生雖有好感，但是因為他的身分低賤，不想嫁給他，為了拒絕安徒生，就藉口已經有了未婚夫。為此安徒生萬念俱灰，很長時間悶悶不樂。後來安徒生又先後愛上過作家柯林的女兒露易莎和瑞典歌唱家燕妮・林德，但都因為出身的原因遭到拒絕。失戀的痛苦經歷被安徒生寫進了童話作品。如《柳樹下的夢》中那個失戀的男主人公克努得，其實就是安徒生本人的寫照。

安徒生熱愛童話，也熱愛兒童，他的很多童話集都是作為耶誕節禮物送給孩子們的。他經常給身邊的孩子講童話故事，一邊講還一邊用剪紙剪出故事中的人物和動物來，他還常常跟國內外的兒童通訊。一位叫瑪麗的非洲女孩就是利用書信和安徒生成了朋友，生活中遇到什麼傷心事都要告訴安徒生，安徒生總會給她安慰和鼓勵。

和孩子們的交往不僅使安徒生更好的了解兒童的心理，也激發了他不少的創作靈感。有一次，安徒生在旅途中遇到一個孩子，這個孩子同情他旅途孤獨，送給他一個玩具錫兵，結果安徒生很感動，就把這件事作為一個故事的想像，寫出了著名童話《小錫兵》。

英國著名的作家 —— 夏洛蒂

夏洛蒂是英國 19 世紀著名三姊妹作家之一，她創作的長篇小說《簡・愛》是採用自敘形式寫成的，帶有自傳色彩的長篇小說，1847 年一問世就引起轟動。

簡・愛追求個性獨立，強調愛情與婚姻的平等，在個人意願與世俗觀念的

衝突中尋求統一，她的精神和道德力量吸引著千千萬萬的婦女。《簡・愛》也因此成為文學史上不可多得的佳作。

《簡・愛》中簡愛是個相貌平平，沒有地位也沒有金錢的女孩。她有著平凡的氣質和豐富的情感世界。她始終堅持個人的獨立性，在愛情上也是如此，她追求平等基礎上的愛情和婚姻，但她的追求並不偏離傳統道德，不斷的尋求兩者的融合和統一。簡・愛以其獨有的精神美和道德美，吸引了成千上萬的婦女，她成為世界各國婦女學習的榜樣，因而《簡・愛》成了最受歡迎的世界名著之一。

簡・愛在很小的時候，父母就死了，作為孤兒被寄養在舅媽里德太太家，簡・愛受盡了虐待，寄人籬下的生活充滿了辛酸和痛苦。後來，舅母決心把她趕出家門甩掉這個包袱，派人將她送到 50 英里以外的洛烏德慈善學校讀書。這所學校坐落在荒涼的山谷裡，生活條件十分惡劣，居住擁擠，伙食很差，要求苛刻。簡・愛以其頑強的毅力，刻苦學習，成了這所學校的一名教師，單純乏味的生活使她想離開學校，她採用登廣告的辦法為自己謀求了一個家庭教師的職位。

簡・愛應聘到桑菲爾德莊園去做貴族羅徹斯特養女的家庭教師，她的質樸善良和聰慧得體的談吐，贏得了羅切斯特的心，生活上的相互理解和精神上的共鳴使他們產生了愛情。為了檢驗簡・愛對自己的感情，羅切斯特假意向美麗但卻非常勢利的貴族小姐英格拉姆求婚。與此同時，里德太太出於良心的譴責，讓簡・愛回到蓋茲赫德莊園，把多年的隱祕告訴她，簡的一位叔叔曾經來找過她，出於嫉恨，她說簡已經死於傷寒。善良的簡原諒了她。簡回到桑菲爾德莊園後，向羅切斯特傾訴了深情，並接受了他的求婚。在婚禮上，梅森帶來一個可怕的消息，羅切斯特的原配夫人 —— 梅森的姐姐還活在人間，並且住在莊園的三樓上。根據當時的法律規定，沒有解除婚約之前，不能與另外的人結婚。羅切斯特向簡講述了自己的婚姻經歷：在他年少無知的時候，愛財如命的父親給他娶了一位西印度群島種植園主的女兒，婚後，他才知道梅森小姐是一個精神病患者，她的性格不但乖戾而且粗野，她的病屬於遺傳性的，不久，她就像母樣一樣完全瘋了，失去了行為能力。羅切斯特非常痛苦，他選擇的四

處遊蕩的生活，想用忘掉眼前的噩夢，但放蕩的生活只會加重他精神的苦惱和創傷。直到簡走進他的生活，才重新點燃他對生活的希望。簡重新娘的夢幻中醒來，在道德和自尊的驅使下，她做出了痛苦的選擇，離開了羅切斯特。

簡在極度的痛苦中隻身離去，在茫茫的荒原上走了三天三夜。寒冷和飢餓使她折磨的筋疲力盡，她昏倒在地上，鄉村牧師聖約翰一家收留了她。在他們的照料下，簡恢復了健康，經聖約翰介紹，簡到教堂小學做了一名鄉村教師，過著安定平靜的生活。一天晚上，簡得到一個意外的消息，她的叔父已經去世，臨終前留給她兩萬英鎊的遺產。聖約翰希望簡與自己一道去印度傳教，正當簡準備答應聖約翰的求婚時，她發現自己還愛著羅切斯特，彷彿聽到他深情的呼喚聲：「簡！簡！簡！」簡再次回到桑菲爾德，莊園已經化為灰燼，從別人口中得知，這是瘋女人放火釀成的災難，羅切斯特為了把妻子從火海中救出來，身受重傷，雙目已經失明，他的妻子墜樓身亡。即使這樣，簡還是同已失明的羅切斯特在多方的努力下結了婚，羅切斯特的眼睛經過治療，恢復了視力，重新看到了光明。

《簡·愛》是以愛情為題材，多方面反映社會生活的小說。它描寫了一對年齡不同、門第不同、社會地位不同的情侶衝破世俗的樊籠，在相互了解、彼此吸引的基礎上建立真摯愛情和幸福家庭的故事。簡·愛沒有美麗動人的外表、顯赫的地位和豐厚的家產，她追求獨立自主、自強不息的精神特質，反對社會對婦女的壓迫和偏見，爭取個性解放和人格尊嚴的願望和要求，具有深刻的社會意義。作家還在廣闊的社會背景下，揭露了虛偽的道德觀、商品化的愛情交易和吞噬兒童生命的「慈善事業」，給讀者展現了一幅幅令人觸目驚心的生活畫面。

夏洛蒂在 6 歲的時候，母親就死了，由父親一人支撐家庭生活，由於辛苦積勞成疾，常常臥床不起。夏洛蒂、艾米莉和她們的兩個姐姐被送到柯文橋一所專門收窮牧師子女的慈善學校去讀書，那裡生活條件極為艱苦，教規森嚴苛刻，不但學生長年吃不飽，而且還經常挨打受罰，精神上受到折磨和摧殘。在學校流行斑疹傷寒期間，夏洛蒂的兩個姐姐不幸染上重病，因無錢醫治而被送回家中，臨終前流著眼淚請求父親把夏洛蒂和艾米莉從學校接回來，別讓她們

在那受罪了。後來，為了補貼家用，夏洛蒂只好去做家庭教師，當時這個職業是受人歧視的，跟傭人差不多，和傭人一起吃飯，住房也非常簡陋，夏洛蒂是個崇尚自由的人，她忍受不了這種屈辱的生活，做了幾個月後就離開了。1848年，在不到一年的時間裡，夏洛蒂失去了三位親人，當時，她仍未結婚，弟妹相繼去世，只剩下她和年逾七旬的老父。夏洛蒂36歲時接受了父親的副牧師尼古拉斯的求婚，於1854年6月結婚，幸福生活開始還不到半年時間，夏洛蒂就病臥在床，苦苦掙扎三個月後就離開了人間，時年39歲。

夏洛蒂在國外求學時，對她的老師埃熱產生了戀情。埃熱待人熱情，為人正直，具有非凡的才華，不受傳統道德約束，對女性真誠相待，沒有偏見。夏洛蒂和他一起討論文學藝術，交流創作體會，隨著友誼的加深，夏洛蒂第一次萌發了對愛情的渴望。但她清醒的意識到，埃熱是個有婦之夫，這種美好的感情最終只能是徒勞的，單相思不能帶來歡樂和幸福，只能帶來無盡的痛苦。夏洛蒂回國後，就一直把這份感情珍藏在心底，埃熱成了她一生所追尋的理想男性的化身。

夏洛蒂10歲那年，父親給孩子們買回一些玩具，有一個盒子裡裝了12個木頭小士兵，它們的滑稽相深深的吸引著夏洛蒂和兩個妹妹。她們根據這些玩具編故事，再把這些故事改編成劇本，自排自演，充滿無限的童趣。

夏洛蒂20歲的時候，把自己寫的一些詩寄給當時大名鼎鼎的騷塞，請他指教。他在回信中說：「文學，不是婦女的事業，而且也不應該是婦女的事業。」但夏洛蒂並沒有因此而放棄寫作的追求，只是更加刻苦努力，經過十年的艱苦努力，為了避免因為女性遭受歧視，她以男性的假名柯勒·貝爾發表了《簡·愛》。由於《簡·愛》深受讀者喜愛，柯勒·貝爾是男是女，一時間人們眾說紛紜，一直到第二年作者到了倫敦，這個謎底才揭開，人們發現柯勒·貝爾原來是個矮小，貌不出眾的鄉下女孩。這時，她作品中的主人公簡·愛比她的名氣要大得多，以致薩克雷在文藝界和社交界見到夏洛蒂時，總是親切的稱她為簡·愛小姐，而不是她的本名。

法國文學長青樹 —— 福樓拜

　　19 世紀的法國文壇可謂人才輩出、群星輝映，蔚為大觀。繆塞、喬治桑、巴爾札克、福樓拜 —— 在眾多的天才作家中，福樓拜被後世公認為是繼巴爾札克後成就最大的作家。他對資本主義現實的深刻批判，對典型環境中典型人物的出色描繪，對生活細節的重視，對文學語言明晰性、準確性的刻意追求，以及客觀冷靜的藝術風格都使他的小說藝術別具一格、引人注目。

　　《包法利夫人》是他的成名作和代表作，小說透過包法利夫人不幸的婚姻、戀愛遭遇，深刻的表現了社會生活和市民階層的精神面貌。《包法利夫人》問世於 1856 年，講的是一個發生在外省鄉村的故事。女主人公愛瑪，是盧昂附近拜爾鬥田莊農民盧歐老爹的獨生女兒。愛瑪 13 歲時被送進修道院寄宿學校學習。在修道院沉悶、單調的生活中，表面虔誠的愛瑪從道士們神祕而引人遐思的布道中；從彌漫著浪漫主義情調的宗教作品中；從修女們私下傳閱的傳奇小說中窺見了上流社會婦女們的風流韻事和奢靡生活的全貌。熱愛幻想的愛瑪一心嚮往這種浪漫的生活，沉湎在裡面不能自拔，只好退學回家。在田莊冷清的日子裡，愛瑪遇上了來治病的包法利醫生，愛瑪把包法利想像成夢中情人，兩人產生了好感。於是，等包法利的病妻一死，他們便結了婚。包法利是個平庸而呆板的人，滿腦子浪漫奇遇的愛瑪很快就對他失去了興趣。不久，應邀到侯爵家赴宴的愛瑪被豪華放縱的上流社會生活大大刺激了一回。很快愛瑪遇到了年輕的練習生賴昂。賴昂的出現啟動了愛瑪壓抑已久的情感。賴昂走後，風月老手羅道爾夫又瞄上了美麗出眾的愛瑪。在羅道爾夫精心設計的情網裡，愛瑪越陷越深。鎮上的投機商人勒樂趁機找到愛瑪，攛掇她賒購各種奢侈品以供揮霍，使愛瑪的債臺越築越高。對包法利完全失望的愛瑪希望和羅道爾夫私奔，去過她所嚮往的自由而浪漫的幸福生活。豈料卑鄙的羅道爾夫根本不願為了愛瑪而犧牲個人的自由，竟然事到臨頭無情的拋棄了她。絕望的愛瑪大病一場後，到盧昂散心，在盧昂居然意外重逢正在做練習生的賴昂。又點燃了愛瑪生活的希望，兩人很快重溫舊夢，在盧昂頻頻幽會。為支付兩人尋歡作樂

的巨額開銷，愛瑪不惜一切手段弄錢，在她尋歡作樂時，心狠手辣的債主找上門來，為了討債他把愛瑪訴諸法律。被迫無奈，愛瑪為錢四處奔波，分別向賴昂、向銀行家、向公證人、向昔日情人羅道爾夫借錢，均遭拒絕。走投無路的愛瑪只好服毒自殺，一死了之。

在這篇小說裡，沒有驚天動地的歷史事件，沒有顯赫一時的貴冑王公，講的不過是一個外省女子平凡而悲劇的一生。那麼，愛瑪的悲劇是由誰一手導致的呢？不難看出，是那個罪惡的社會殺死了愛瑪。引誘愛瑪陷入不切實際的幻想、墮入罪惡情欲深淵的是資產階級社會的腐朽生活方式和道德觀念，也是平庸、卑俗的社會環境，更是勒樂、羅道爾夫、賴昂等一批虛偽自私的無恥之徒。所有這一切構成了一張魔網，使一個美麗、純潔、對幸福生活抱著天真幻想的農家少女不知不覺的陷入其中，一步步走向死亡的深淵。

福樓拜成功的塑造了愛瑪這一典型形象，不動聲色卻又一針見血的指出了19世紀中期的法國利己主義根深蒂固，社會風氣腐敗透頂的現實，寄寓了作者對女主人公的深切同情。

福樓拜對文學創作有自己的獨特看法和主張。他認為作家對待自己的作品，就像上帝同它創造的這個世界一樣，應該保持一種超然的態度、一種客觀的立場。他反對作者介入作品之中指手畫腳，破壞作品的和諧。同時，福樓拜非常重視作品藝術形式的探索，認為形式重於一切，主張「為藝術而藝術」。他的這些觀點在《包法利夫人》中得了很好的展現。

除《包法利夫人》以外，福樓拜的重要作品還有《情感教育》、《聖安東的誘惑》、《薩朗波》等。這些作品同《包法利夫人》一樣，都是反映一個時代的社會面貌，表達了福樓拜對社會、歷史、人生和藝術的獨特領悟和深刻見解，為人類提供了一筆豐富的精神財富。福樓拜的藝術主張和創作實踐對現代主義文學有深遠影響。

福樓拜的母親是一位孤兒，所以母親的性格孤僻，古怪、深思，福樓拜很小就受母親性格的影響，由於父親是一位醫生，從小生活在醫院陰鬱、灰暗的環境中，福樓拜從幼年開始，就經常趴在自家窗前，呆呆的望著醫院裡那些蒼白瘦弱

的病人。毫無疑問，人生的痛苦就在這呆望中給他幼小的心靈投下了陰影，成年後的他體弱多病、生活頹廢、放浪，以及對社會現實的極度失望，以至於福樓拜很年輕就變得異常悲觀和沉淪，往往只有靠抽菸和寫作來排遣心中的煩悶。

1841 年，福樓拜按父親的意願進巴黎法學院學習。但是他對法律卻毫無興趣，因為他愛好的是文學。枯燥無味的法律學習使福樓拜厭倦不堪，身體也更差了。有一天黃昏，福樓拜外出時竟然暈倒在地。從此以後，這種類似癲癇的怪病就纏上了他，這種病說犯就犯，連醫術高明的父親也無可奈何，以為他必死無疑，絕望的父親甚至為他準備了後事。然而，福樓拜奇蹟般的活了下來，一直活到了 58 歲。並且正是因為患了這種不可思議的怪病，他不必再學習法律，可以從事自己深愛的文學創作了。真可謂失之東隅，收之桑榆。

福樓拜一生不僅病魔纏身，而且十分孤單，沒有妻子，也沒有兒女，晚年生活尤為淒涼。先是好友布耶的去世，接著是普魯士侵略軍士兵的騷擾，再是母親去世，最後是外甥女的破產。弄得福樓拜差點賣掉住宅，淪落街頭。這個可憐的人說：「我孤獨，永久孤獨，我覺得我走過了無盡的寂寞，走向我所不知道的地方。同時，我自己就是沙漠、旅客和駱駝。」1880 年 5 月的一天，福樓拜在全身痙攣中昏厥而亡。

但是，這個孤獨不幸的人終生不曾放棄他鍾愛的寫作。他從小就迷戀文學，愛聽《唐吉訶德》的故事，10 歲開始寫劇本，16 歲發表處女作。他說：「人的靈魂離不開詩。」他在自己的作品中展現自己的理想，寄託自己的情感以及那無法克服的憂鬱和深入骨髓的悲觀。他的寫作態度完全不像生活態度，非常嚴謹，常常為一個詞、一句話斟酌的很長時間，這一點對他的學生莫泊桑影響很大。正是這種「十年磨一劍」的執著和耐心使他的作品擁有經久不衰的魅力。

福樓拜終身未婚，但是他卻有過熾熱的戀愛。福樓拜同女詩人高萊夫人之間長達八年的戀愛說起來饒有趣味。高萊夫人初識福樓拜時，並沒有對這個 25 歲，初涉文壇的青年有什麼深刻的印象，但是，沒有多久，她就被福樓拜的才華深深的吸引了。她不顧一切的愛上了他，心甘情願的做了他的情人。但是，福樓拜是一個感情深沉性格古怪的人，他一心愛著高萊夫人，卻斬釘截鐵

的拒絕了她的求婚，因為他害怕結婚會降低他的熱情，葬送他們的愛情。高萊夫人感到受了冷落，心中大為不平，並不甘心，她大肆的打擊福樓拜，甚至把舊日情人的書信寄給了他。不料，福樓拜毫不動情，無動於衷，反而感謝她的信任和忠誠。他的冷漠更加激發了高萊夫人的嫉妒，最後連福樓拜的那把座椅也會使她醋意大發。這真是人類愛情史上少有的事。

挪威現代戲劇之父 —— 易卜生

易卜生創作的最大成就是他的「社會問題劇」，其代表篇目是《玩偶之家》、《群鬼》、《青年同盟》、《社會支柱》和《人民公敵》。其中影響最大的當數《玩偶之家》。劇本描寫了普通人在平常的環境裡，做著平常的事情，然而，在這平常的背後，有著不平凡的思想意義和藝術境界，許多婦女把《玩偶之家》看成是自己的「獨立宣言」。

《玩偶之家》反映的是資本主義社會家庭婚姻關係的虛偽。主人公娜拉是一位單純快活也不乏獨立思想的年輕婦女。她在婚前，被父親當作掌上明珠，婚後又受到丈夫海爾茂的格外寵愛，被他親昵的稱做「小鳥兒」。娜拉也很熱愛她的丈夫和他們的家。當她的丈夫海爾茂因勞累過度身患重病時，娜拉瞞著他偽造簽字向銀行職員柯洛克斯泰借了一筆錢，治好了他的病。為了不讓丈夫著急，娜拉沒將此事告訴他，獨自一個人省吃儉用，設法賺錢還債，還為自己的英雄行為暗自得意。

不久，海爾茂當上了銀行經理，無故解僱了柯洛克斯泰。柯洛克斯泰氣急敗壞，就向海爾茂告發了娜拉偽造簽字借錢一事，想以此相威脅海爾茂。不想，海爾茂為此大發雷霆，娜拉被海爾茂百般指責，他痛恨娜拉觸犯了法律，而影響了他的前程，根本不管娜拉是為了給他治病才借錢。如夢初醒的娜拉這才看清了海爾茂自私自利的嘴臉和他一向甜言蜜語的虛偽，意識到自己在家庭中不過是海爾茂的一個玩偶而已。為了擺脫附庸的地位，求得平等獨立，經過深思熟慮的娜拉決定離家出走，和海爾茂決裂。

　　娜拉的出走是在對資本主義家庭虛偽本質清醒認識後，做出的驚世駭俗的壯舉；娜拉的這一行動表現出覺醒的婦女，對男權社會的英勇反抗和對平等權利的追求。易卜生透過娜拉的覺醒和出走，揭露了資本主義社會中男女不平等的現實和社會道德、法律、宗教的虛偽，揭露了海爾茂這一類男權代表的道貌岸然和自私卑鄙，高度讚揚了敢於同整個社會對抗，勇於追求個人獨立、自由的新女性。劇本上演後，在各國引起轟動，成為易卜生最受歡迎的劇作。作品提出了一個備受關心和亟待解決的社會現實問題就是資產階級婚姻家庭中的問題。娜拉這一富於民主色彩的光輝形象引發了無數青年男女的覺醒和反抗。尤其是在中國，《玩偶之家》早在五四前就被譯介過來，曾於 1935 年在全國各地競相上演，以至於 1935 年被稱為「娜拉年」。「娜拉」這一形象深受廣大青年喜愛，成為他們效仿的楷模。

　　出生於 19 世紀挪威的易卜生，生活在歐洲民族解放運動高漲的時代。他長達五十多年的戲劇創作為振興挪威民族文化做出了傑出的貢獻。他的創作一改挪威劇壇上一味模仿丹麥傳奇浪漫劇矯揉造作的積習，把敏銳的目光投向現實，把批判的矛頭直指資本主義社會的種種惡習弊端，創作了一系列發人深省的「社會問題劇」，塑造了一個個倔強、孤傲、勇於反抗現實、探索社會出路的易卜生式的藝術形象。而且，他的劇作結構嚴謹巧妙，語言簡練，擅長以人物對話展開劇情、揭示人物心理。他的劇作被認為是堪與莎劇匹敵的「劇壇奇葩」。

　　易卜生的創作為挪威民族文學的振興立下了不可磨滅的功勳，也為他本人贏得了無上榮譽，他被稱為「現代戲劇之父」。他死後挪威國王為他舉行了隆重的國葬。

　　易卜生的成功全靠自學。他出生在臺里馬克州，這是一個閉塞落後的地方，家庭條件很好，但好景不常，在易卜生剛剛八歲時，家道就中落了。從貴族少爺變為貧窮苦兒的易卜生，看多了世態炎涼，16 歲出外謀生又使他飽嘗人間辛酸。

　　易卜生並沒有因為逆境而自暴自棄，他為自己立誓要為振興整個挪威民族而奮鬥終生。為實現他的宏偉志向，從還在格利姆斯達城當藥局小夥計時，易卜生就開始了通宵達旦的攻讀。他找了一位拉丁文老師，冒著嚴寒去求教。工

作之餘，他首先學習寫詩。他的詩語句鏗鏘、熱情洋溢。不久，他寫的劇本《凱替萊恩》出版了，受到權威人士保羅・勃頓漢生的好評。尤其當他聽說作者是一個自學成才的青年時更是讚嘆不已。

1850 年，22 歲的易卜生來到挪威首都奧斯陸報考大學，不幸落榜。失意的易卜生先是協同一位工人朋友辦報。不久報紙被查封，易卜生差點被捕。嚴酷的社會現實促使他拿起筆來。他決心以筆為武器振興挪威民族文化以喚醒沉睡中的人民。此後幾年，他一邊在貝根劇院承擔艱巨的工作任務，一邊利用業餘時間，以挪威語言從事戲劇創作。在貝根劇院工作的 6 年時間裡，他寫出了《英格夫人》等五部早期佳作，這些劇作在劇院演出後受到歡迎。1851 年，小有名氣的易卜生被聘到「挪威劇院」擔任主任，他雄心勃勃意欲做一番大事。沒有辦法的是劇院資金短缺，設備簡陋，加上易卜生經驗不足導致因經營不善而破產。繁瑣的雜務整天糾纏著他，讓他根本無法創作，他感到自己的才化就要喪失了。苦悶不堪的易卜生幾欲自殺，直到 1863 年，他才得以重整旗鼓，創作了大型歷史劇《覬覦王位的人》。此時恰逢普奧聯軍入侵丹麥，易卜生不滿挪威政府的袖手旁觀，於 1864 年憤而出國，開始了長達 27 年的國外僑居生涯。雖然僑居國外，易卜生從未忘記振興挪威民族戲劇。他一生最重要的「社會問題劇」都是在僑居國外期間寫成的。他從未想過永居異國他鄉，因此，他在國外一直沒有固定住所。1891 年，易卜生攜妻榮歸故里，在他一直熱愛著並為此奉獻了一生的祖國度過了最後的十幾年。

易卜生因為生性嚴肅、沉鬱，早在格利姆斯達城當藥局學徒時，人家就給他起了個綽號叫「猜不透的謎」。可是有個叫艾爾絲的女僕卻把他給騙了。這個女人老奸巨猾，當她看到 17 歲的藥局學徒易卜生形單影隻的徹夜苦讀，便尋機來勾引他，向他勒索錢財。涉世未深的易卜生果然很快就上了鉤，跟艾爾絲混在了一起。直到他們有了一個私生子後，他才忽然清醒了過來。悔恨之中，他跟艾爾絲分了手。但是，艾爾絲可以擺脫，孩子卻打發不掉。貧窮的易卜生不得不長期撫養他，一直到他長大成人，這件事給他帶來了很多麻煩。

不過，雖然早年鑄下大錯，卻並沒有影響他後來幸福的婚姻生活，他妻子

蘇珊娜是一位女作家的繼女，這位女作家因為觀看了易卜生的《蘇爾豪格的宴會》，對這位才華橫溢的青年大為賞識，邀請他去她家做客，沒想到無意中卻把他變成了自己的女婿。19 歲的蘇珊娜性格豪爽、心胸開闊、酷愛文學，跟易卜生談詩論文，非常投機。易卜生對這位難得的紅顏知己傾心不已，沒多久，他們就以閃電的速度訂了婚。兩年後，兩人正式結婚，家住在奧斯陸。31 歲的易卜生從此結束了單身生活，有了一個幸福安寧的港灣。值得慶幸的是，比易卜生小近十歲的蘇姍娜對藝術很有自己的見地，對易卜生來說是創作上的好知音，而且還是精明能幹的賢內助。為了讓易卜生更好的創作，她放棄了對藝術的追求，甘當家庭主婦，全力支持易卜生。對此，易卜生對她感激終生。他對她的最大回報是寫下了大量替家庭主婦鳴不平的劇作，其中就有舉世聞名的《玩偶之家》。

易卜生同挪威的另一位同時代的著名作家邊孫的友誼很富於戲劇性。當易卜生寫成詩劇《培爾·金特》後，自我感覺非常不錯，並不無自豪的說：「在我的祖國挪威，詩的概念必須採取此劇為楷模。」不料詩劇發表後，評論界有位權威人士卻不以為然，這位權威人士恰好是邊孫的好朋友。易卜生的好友邊孫對此毫無反應。易卜生對邊孫大為不滿，一怒之下居然與他斷交了。

無獨有偶，十多年後，易卜生的劇作《群鬼》上演了，這個劇作不幸遭到輿論界的一致批評，這一回，邊孫卻一改十幾年前的態度，為他的新作拍手叫好，並作了強有力的辯解。患難見真情，易卜生為此大受感動，立即和邊孫盡釋前嫌。兩位挪威文壇鉅子從此言歸於好，直至身後。

易卜生從小性格火暴，嫉惡如仇，直到成年以後依然如此。他對挪威政府不滿憤而出國這件事最能展現他剛烈的個性。1864 年，普奧聯軍強占丹麥。易卜生受「斯堪的納維亞統一主義」思想影響很深，認為鄰國有難，理當援助。一來兩國早有盟約；二來唇亡齒寒，應聯手對外，因此，易卜生撰文呼籲挪威出兵。但是，挪威政府卻畏懼西歐勢力，不敢出兵。易卜生對此痛心疾首，奮筆疾書了一首諷刺詩《患難兄弟》後，毅然離開挪威，去了義大利，以示憤慨，而且從此一去便是 27 年。

俄國文學泰斗 —— 托爾斯泰

　　如果說 19 世紀的俄羅斯文壇是一個群星璀璨的天空，那麼，毫無疑問，托爾斯泰便是這星空中最燦爛奪目的一顆。托爾斯泰的創作不僅是 19 世紀俄國現實主義文學的最高峰，而且也是整個俄國民族文學在思想、藝術方面探索的一個重要的里程碑。公認的托爾斯泰的代表作有三部：《戰爭與和平》、《安娜‧卡列尼娜》和《復活》。

　　1865 年開始發表的長篇巨著《戰爭與和平》被高爾斯華綏稱為「古今最偉大的著作」。這是一部具有史詩般規模的作品，反映的是 1805 年至 1820 年這一轉折時期俄羅斯民族的命運，同時也對俄國社會的各種問題 —— 婦女問題、農民問題、戰爭與和平問題等進行了全面的藝術探索和解答。

　　作品以在保家衛國的戰爭中四個貴族家庭的不同表現和活動為核心展開故事情節，在恢弘開闊的歷史背景上，生動的展現了俄羅斯上至最高統治者，下到普通軍民在民族生死存亡的緊要關頭所進行的英勇鬥爭，作品歌頌了以莊園貴族和普通軍民為代表的俄國人民的愛國熱情和鬥爭精神，也抨擊了以宮廷貴族和上層軍官為首的統治階級的狹隘自私、墮落腐朽，突出了作家的「人民思想」。作品塑造了安德烈‧保爾康斯基、彼埃爾‧別竺豪夫、娜塔莎‧羅斯托娃等感人至深的藝術形象，從而顯示了托爾斯泰在戰爭場景的描寫和表現人物心理方面的傑出才能。

　　1870 年代創作的《安娜‧卡列尼娜》是托爾斯泰的巔峰之作。這是一部以婚姻家庭為題材的社會心理小說，作品以貴族婦女安娜‧卡列尼娜的婚姻愛情悲劇和貴族地主列文的社會改革及人生探索為線索，反映了俄國傳統價值觀念在西方資本主義的衝擊下有所動搖，探索著俄國社會的未來出路。

　　主人警察娜‧卡列尼娜是位熱愛生活、大膽追求幸福婚姻的資產階級女性，為了從封建婚姻的束縛中擺脫出來，獲得個性的解放和人生的幸福，安娜冒著巨大的風險離開了官僚機器丈夫卡列寧，勇敢的同青年貴族軍官渥倫斯基生活在一起。但是，他們的結合不但得不到法律的保護，反而遭到貴族社會的

重重包圍和百般攻擊。虛偽的貴族道德和法律允許不忠和通姦，卻不能容忍自由的結合。在巨大的壓力下，善良的安娜遭到了無法擺脫的良心譴責。當她看到自己傾心的渥倫斯基逐漸蛻去了高傲脫俗的氣質，顯示出貴族階級的庸俗、軟弱時，終於對自己的選擇產生了懷疑。最後，在悲觀憤慨之中，安娜走上了絕路。

安娜的悲劇強有力的折射出一個階級的黑暗現狀和令人窒息的時代氛圍，托爾斯泰把自己的苦悶和困惑透過安娜的動搖來展示，這也是一代俄國優秀知識分子對時代潮流的敏感和覺醒。《安娜‧卡列尼娜》以它提出的尖銳的社會問題，令人深省的悲劇意識，完美的藝術和出色的心理分析技巧贏得了整個世界文壇的讚譽和推崇。杜斯妥也夫斯基說：「這是一部前所未有的作品，第一流的作品。」

晚年的托爾斯泰以長篇小說《復活》為自己的終身探索畫上了句號。這部被稱為「托爾斯泰藝術上的遺囑」的厚重之作，以一個墮落貴族聶赫留朵夫的精神復活為主線，對俄國社會進行了全面的批判和揭露，表達了托爾斯泰以人道主義拯救社會、以道德上的自我完善實現理想人生的願望和主張。這部作品也可以算是對整個19世紀歐洲現實主義文學的一個輝煌總結。

托爾斯泰是一位注重精神探索和哲理思考的藝術家，追求道德上的自我完善，探求人生意義和社會出路是他執著一生的目標。

托爾斯泰在探索中總結出貴族階級的人生出路，只有放棄自己腐朽的寄生生活，和勞動人民站在一邊，在道德上不斷自我完善，才是他們唯一的出路。

托爾斯泰是一個偉大的藝術家，也是一個偉大的人道主義者。他對社會的關心、對人生的執著，顯示出一個富於良知的優秀作家的獨特人格和魅力。正是這種魅力、這種力量，連同他在思想藝術上的成果一道，成為後世人類寶貴的精神財富。

托爾斯泰雖然出生貴族，但是父母都過早的去世了，家道中落。在父母、祖母相繼去世後，托爾斯泰的兄妹主要由他們的姑姑塔吉亞娜和彼拉蓋婭撫養成人。死亡的打擊和寄人籬下的生活使青少年時期的托爾斯泰一度感到精神的

孤獨，正是這種孤獨促使他去接觸大量的哲學著作，思索死亡的問題。外省莊園地主的生活和家道的衰落又使他同情底層人民的疾苦，塑造了他吃苦耐勞、堅忍不拔的個性。

1844 年，16 歲的托爾斯泰進了喀山大學東方語言系。在那裡，他也曾以一個貴族的身分出入於上流社會，托爾斯泰是一個貴於嚴格自省的人，他難以適應上流社會精神的空虛和大學經院式的教學，以至於他不得不託病退學，開始了系統的自學，並在農莊嘗試農事改革，積極尋找個人出路。就是在這一時期，托爾斯泰產生了創作的念頭並付諸實踐。

從 1851 年至 1855 年，托爾斯泰在高加索和塞托瓦斯波爾有過四年的從軍生涯，他深入體驗社會生活的時期，也是他創作的起始階段。當他結束這段難忘的經歷，回到彼得堡時已經是一個備受關心的文壇新秀，得到了屠格涅夫、涅克拉索夫等文學前輩的器重。他的作品《一個地主的早晨》、《暴風雪》等引起了人們的驚嘆，但是，托爾斯泰對自己並不滿意，稱其作品為「小玩意兒」，並決意前往歐洲遊歷，擴大眼界。歐洲的見聞對托爾斯泰的觸動很大，歐洲的先進文明使他痛感俄國的落後。一回國他就積極開辦學校，從事各種社會改革，雖屢遭失敗也不妥協，同時他決心以筆進行社會和人生的探索，相繼寫出了《戰爭與和平》、《安娜‧卡列尼娜》等不朽名著。這些作品以藝術的形象的表達了他對俄國社會現狀和時代危機的思索和探究。

除了藝術的探索之外，托爾斯泰繼續從事社會改革實踐，農事改革、創辦學校都卓有成效，他甚至親自編撰了幾百種兒童課本。在現實中目睹的俄國貴族的墮落、無能和廣大農民的悲慘命運深深的震撼了托爾斯泰，他親自到各地考察，並和農民一起勞動來體驗生活。畫家列賓跟托爾斯泰有過很深的交情，他親眼看到托爾斯泰為寡婦農民耕地，感動和欽佩之餘，揮筆劃就一幅名聞四海的《托爾斯泰耕耘圖》。觸目驚心的貧富懸殊使托爾斯泰寢食難安，他以無法忍受貴族生活了，對妻子兒女的揮霍無度的日子深感痛恨，多次打算離家出走，他終於在 80 多歲高齡時同貴族家庭決裂，並死在出走的路上。

托爾斯泰和屠格涅夫同是 19 世紀俄國文壇的巨匠，在他們輝煌的一生

中，兩人曾相識相知，但是他們的友誼卻因為他們性格氣質的差異和思想觀念的不同而有過很大的波折和起伏。

1852 年，當托爾斯泰早期作品《少年》在《現代人》雜誌刊出以後，屠格涅夫就盛讚過他的才華，他稱托爾斯泰是「一等的天才」，並預言他很快就會「在文壇上獨占鰲頭」。托爾斯泰的《塞瓦斯托波爾故事》出版後，屠格涅夫把它稱為「無價之寶」。他還寫信鼓勵托爾斯泰：「你的天職是成為一個文學家、思想家和語言的藝術家。」托爾斯泰對屠格涅夫的鼓勵很是感激和仰慕，從塞瓦斯托波爾一回到彼得堡，就去拜訪了他。在屠格涅夫的熱情邀請下，他還搬進了屠格涅夫的住所。

但是，年輕的托爾斯泰極有主見和個性，他對精神探索的執著和對文壇陋習鋒芒畢露的批判，與屠格涅夫溫和敦厚的脾氣相去甚遠，兩人經常因意見不和而發生爭執。

兩人矛盾的導火線發生在 1861 年，屠格涅夫剛出版了新作《父與子》他激動不已，大聲的對著托爾斯泰朗讀，結果托爾斯泰睡著了，這大大的激怒了屠格涅夫，他認為托爾斯泰是在輕視他，於是爆發了所有意見不同的不滿情緒，托爾斯泰嘲笑屠格涅夫的某些行為虛偽，屠格涅夫則認為托爾斯泰對他出言不遜，他一再警告托爾斯泰閉嘴，托爾斯泰卻寸步不讓，屠格涅夫勃然大怒，兩人為此差點決鬥，最後雖然決鬥未成，卻從此中斷交往長達 17 年。

儘管兩人的友誼中斷了，但是屠格涅夫對托爾斯泰的才氣還是表示由衷的讚賞。當托爾斯泰的《戰爭與和平》問世後，遠在法國的屠格涅夫對之進行了廣泛的宣傳，並真誠的評價托爾斯泰：「像他那樣的作者我們還沒有第二個。」

托爾斯泰對自己當年的出言不恭非常內疚，透過反省，他首先給屠格涅夫去了封信，表達了願同屠格涅夫重歸於好的願望。屠格涅收到信後無比激動，並於當年夏天回國的時候拜訪了托爾斯泰，實現了兩人之間的第二次握手。從那以後，他們之間的友誼再也沒有中斷過。

托爾斯泰雖然是一代文豪，卻也有傻勁十足的時候。當著名發明家愛迪生發明了答錄機後，為了表達對這位文壇巨人的崇敬和愛戴，他贈與了托爾斯泰

一臺。面對這種新式的洋玩意，托爾斯泰覺得陌生和不安。當人們打開答錄機讓他試錄一段講話時，他竟然愣在那裡不知說什麼好，最後暴躁的對著答錄機喊：「關掉！關掉！」人們只好關上答錄機。不料，過了一會兒，托爾斯泰氣消了，又懷著好奇心打開答錄機，只聽見裡面清晰的傳出「關掉！關掉」的聲音來，托爾斯泰一聽正是自己的聲音，樂得捧腹笑了起來。從此以後，他就喜歡上了這個答錄機，經常用它來錄製自己的談話資料，感覺很方便。

美國幽默大師 —— 馬克・吐溫

　　馬克・吐溫是美國現實主義文學的傑出作家，被譽為「美國文學史上的林肯」。他以幽默、諷刺的手法，為人們描繪了一幅幅美國的社會生活畫面。

　　海明威說過：「一切現代美國文學來自一本書，那就是馬克・吐溫的《頑童歷險記》。」他認為，這是美國所有的書中最好的。一切美國文學都來自這本書，在它之前，或在它之後，都不曾有過能與之媲美的作品。

　　《頑童歷險記》是世界上最受歡迎的名著，而文中的主人公哈克貝利・費恩已經成為了美國民族性格的象徵。

　　哈克是密西西比河邊上的一個流浪兒，因為受不了寡婦家體面的紳士生活和酒鬼父親的毒打，偷偷逃到密西西比河上的一個孤島，與同樣不堪虐待而潛逃至島上的黑奴吉姆一道沿密西西比河漂流。為了幫助吉姆逃到沒有黑奴買賣的自由州去，兩人歷盡千辛萬苦，見識了沿岸廣大地區的百般世態。先是遇到一群搶劫財物的強盜，繼而目睹了兩個家族的流血衝突，然後碰上兩個自稱是「國王」和「公爵」的江湖騙子。他們被這兩個騙子控制在手裡，四處招搖撞騙，盡現了這兩個騙子的醜相。在阿肯色州，有三個失去了父親的孤女，兩個騙子為騙取孤女的財產，就冒充成她們遠在英國的伯伯和叔叔，並誣衊哈克是個騙子。關鍵時刻，哈克暗中使巧計幫助孤女一家揭穿了這兩個騙子的底細，奪回了財產。此時，哈克發現吉姆已被賣到斐爾普斯家，便冒充斐爾普斯太太的侄子湯姆・索亞，和遠道而來的真湯姆一起設法營救吉姆。最後，湯姆

出示了華倫小姐臨終遺囑，宣布吉姆獲得自由。

　　作品以白人少年哈克和黑人奴隸吉姆結伴出逃尋找自由為線索，記敘了他們歷險的全過程，盡情描寫了密西西比河粗獷豪邁、一瀉千里的氣勢和如詩如畫的美景，酣暢淋漓的展現了沿河廣大地區的世態人情和社會風貌，精心刻畫了哈克和吉姆兩個形象。活潑好動的哈克不喜歡呆板的教育和粗俗沉悶的小鎮生活，一心想掙脫束縛，去山林荒島過自由的生活。他對黑奴吉姆的不幸遭遇滿懷同情，一路上憑自己的機智聰慧和勇敢無畏克服重重困難，讓吉姆重獲自由。哈克這一形象正是 19 世紀中期美國資產階級追求自由、民主的理想化身。他那熱情奔放的個性，樂觀進取的精神，正是那一時期民族精神氣質的形象寫照。以朝氣蓬勃的密西西比河來比喻年輕的美國民族。他懷著對民主理想的憧憬，在同愚昧落後的鬥爭中勇往直前。

　　作品的另一主題是反對種族歧視，呼籲「人人平等」。從黑奴吉姆身上展現出來的善良、忠誠和富於人性，以及他同白人少年哈克的深厚情誼，表明黑人同白人一樣高貴、仁義。他們受虐待受歧視的待遇是不公平的，黑奴制是野蠻而不人道的。吉姆最終獲得自由顯示出作者對借助資產階級的仁慈解放黑奴的前景充滿信心。

　　《頑童歷險記》以兒童第一人稱的立場記人敘事，情節曲折，筆調幽默，妙趣橫生。而這幽默風趣中又充滿了世態的炎涼，他的逼真和辛辣令讀者捧腹，又使人深思，彷彿走進了一幅表現美國民間風情的漫畫中。

　　馬克‧吐溫這位從美國民間幽默的土壤上崛起的作家，以他一貫幽默而不乏諷刺的筆法，創作了從《卡城名蛙》、《傻子旅行》、《湯姆歷險記》、《頑童歷險記》和《王子與乞丐》、《百萬英鎊》等一系列膾炙人口的作品，寫盡了美國一個時代的民間風情和世俗百態，活現了「美國民族之魂」。馬克‧吐溫也由此被譽為「美國文學史上的林肯」。

　　馬克‧吐溫是一個自學成才的作家。在他 12 歲那年，小學尚未畢業，父親就去世了，為了生活他不得不輟學。年幼的馬克‧吐溫先是到報館當學徒。作為送報人和排字工人，掙的錢只夠糊口。他在不同的報社做了十年，然後到

一艘名叫「賓夕法尼亞」號的輪船上當水手。由於他工作非常出色，不久被提升為領航員，往返航行於密西西比河上。他的筆名馬克‧吐溫就是水手測量水深時用的術語。南北戰爭爆發後，馬克‧吐溫參加了南方軍，當過陸軍少尉，但他很快便離開軍隊，到內華達做礦工，替礦主淘金，自己卻什麼錢也沒掙到。不久，他任《事業報》駐卡森市記者。他勤奮工作，報導如實，卻因此得罪了議員們。他鋒芒畢露，撰文攻擊新聞界的市儈習氣，差點引起決鬥。報社容不下他，只好離開了報社。到舊金山《晨報》當編輯。編輯工作異常辛苦，馬克‧吐溫埋頭苦幹，還熱心培養助手。不料，老闆為了省錢，用了助手反而辭了馬克‧吐溫，使馬克‧吐溫一下子失去了工作，只好到另一家報社當通信員。這家報社把他派到遙遠的夏威夷去採訪，結果他的報導引起了很大轟動。沒過多久，馬克‧吐溫就從夏威夷回來了，從此開始了他的創作。

這時候他已經 32 歲了。雖然馬克‧吐溫的文學創作起步很晚，但是他自從當報館學徒時就已經開始了自學，自學使他提高了文化知識，為以後的創作奠定了基礎。他當領航員時，又利用這一職業的優勢累積了大量的生活素材，這些素材成為他以後創作的題材來源。淘金期間的馬克‧吐溫更是如飢似渴的閱讀了大量歐洲古代文學。他最喜歡的作家是狄更斯和賽凡提斯。他初期的創作就是從模仿狄更斯的作品開始的。這一時期和稍後一段時期他還嘗試著寫了一些幽默小品和短篇小說。正因為有了多年的累積和醞釀，才會有馬克‧吐溫初登文壇時的一鳴驚人。

馬克‧吐溫是一個大忙人。有一次，他坐上了一趟火車，當售票員要他出示車票時，他在口袋裡摸了半天也沒找到。售票員恰好認出他來，就安慰他說：「不要緊的，你回來時再拿給我看。」不料馬克‧吐溫卻回答說：「很要緊的。我必須找到它，否則的話，我怎麼知道我要在哪裡下車呢？」

馬克‧吐溫不僅在創作中擅長幽默，而且在日常生活中也「妙趣橫生」。有一次，一位裝了假眼的富翁走到馬克‧吐溫面前，很得意的對他說：「尊敬的馬克‧吐溫先生，人家都說你目光敏銳，你能看出我這兩隻眼睛中哪一隻是真眼，哪一隻是假眼嗎？」馬克‧吐溫盯著他看了一會兒，指著他的一

隻眼睛說:「這隻是假眼。」富翁大驚失色,問他是怎麼看出來的。馬克‧吐溫回答說:「因為只有在你這隻眼裡,我還能多少看出一點仁慈。」

馬克‧吐溫初涉文壇不久,愛上了他後來的妻子奧莉維亞。奧莉維亞相貌出眾,風度迷人,很快就迷倒了馬克‧吐溫,馬克‧吐溫簡直有些迫不及待,幾次上門求婚,都受到了奧莉維亞的父親蘭頓先生婉言拒絕,因為他覺得馬克‧吐溫做事太唐突,很不放心這位未來女婿的人品。幸好這時候一個突發事件扭轉了局面。那就是當遭到拒絕的馬克‧吐溫心灰意冷的離開蘭頓家時,拉車的馬突然失控,把馬克‧吐溫甩下馬車,暈倒在地。蘭頓很不情願的把他留下來養傷,奧莉維亞在照顧他的時候,透過近距離接觸,奧莉維亞很快喜歡上了馬克‧吐溫,蘭頓先生也對他改變了看法,居然主動提出讓他們成婚,還給他們配置了豪華的住宅。奧莉維亞溫良賢慧,與幽默活躍的馬克‧吐溫在一起真是絕妙搭配。婚後兩人琴瑟和鳴,兩相甚好。奧莉維亞逝世後,馬克‧吐溫還深情的寫了《夏娃日記》,以回憶兩人的美好往事,抒發對她的一往情深。看來,馬克‧吐溫的婚姻雖然在開始的時刻遇到了一點小小的挫折,卻擁有一個帶著嫋嫋餘音的完美結局。

法國最偉大的雕塑家 —— 羅丹

羅丹是聞名世界的雕塑家,其代表作有《青銅時代》、《巴爾札克》等,這些都是後世公認的傳神傑作。有人把他譽為:「雕塑界的摩西」、「近代的米開朗基羅」。

多那太羅、米開朗基羅和吉貝爾蒂的創作對羅丹的雕塑產生了深刻的影響,羅丹的創作一絲不苟,嚴肅認真,他傾注了自己所有的心血。因此,羅丹的作品構思深刻,造塑精確,形象栩栩如生,具有不可抗拒的生命力。

羅丹認為人體是生命的象徵,他討厭給人體塑像穿上衣服的嘗試。1876年至1877年間羅丹完成了雕塑《青銅時代》,他以當時不同尋常的現實主義,不加任何學院派認可的虛構和理想化的方式,塑造了一個裸體少年的形

象，現存放於盧森堡博物館。這個塑像原來叫做《受傷的戰士》，後來羅丹從塑像手中拿掉梭鏢改稱為《青銅時代》，給作品賦予了普遍的涵義——喚醒人類的思想。

羅丹的所有作品都是在仔細研究活的實物基礎上創做出來的。他的作品不矯揉造作，在確定人體的體表時，他又作口頭指定模特兒的姿勢，從不刻意糾正。他還經常觀察畫室裡閒著的男女裸體模特兒在自然狀態下舉手投足的各種姿態，並在此過程中研究人體。

羅丹的作品充滿著緊張的內心鬥爭和悲慘景象，內容激動而狂熱，動作豐富而富於表情。他從不機械的模仿和盲目服從大師的作品，只是在尊重傳統的同時，不但以一種創造性的態度對待自己所雕塑的人物形象，還要善於以誠實的態度去詢問，去掌握真實。

1880 年，羅丹創作《地獄之門》。《地獄之門》這項巨大工程製作時間長久，一直持續到 1917 年羅丹生命完結時，當用銅鑄造完整件作品時他去世了。羅丹作品的人物反映出來的思想和感情範疇的確是宏大的，其中許多人物作品似乎集中和概括了具有人類意義的現象。很難設想將來還會有比羅丹的《思想者》更完美的展現人類思想的作品了，大概也還沒有任何雕塑能像《吻》中那樣以如此熾烈而純真的形式表現愛情的了。

被繪畫的明暗效果所吸引的羅丹，任意的變換著人體的自然形態，以便用光點使銅的表面活躍起來，並賦予動作豐富多變的性質（《吻》及其他許多作品即如此）。人們開始稱他為雕塑中的「印象派」。

1893 年，羅丹開始為法國大文豪巴爾札克塑像。他長期而詳細的研究這位作家的創作遺產、有關著作及肖像，訪問巴爾札克小說中人物居住過的地方。他還物色了幾個外形與巴爾札克相像的模特兒，並廣泛的徵求別人的意見。他的構思逐漸遠離了現實主義，企圖自由的運用雕塑形式按自己的觀察加以改變以此表達對作家和人的認識。六年過去了，直到 1899 年，羅丹用極為奔放的手法塑造了一個深夜寫作時，裹著寬大睡袍，在室內徘徊思索著的巴爾札克形象。作品一展出，立即引起了巨大反響。這尊雕像被後世公認為傳神的

傑作。而羅丹這種執著於藝術，注重心靈表達的精神，給 19 世紀停滯的雕塑藝術帶來了新的光明和生命。

羅丹一生創作十分豐富。1916 年，當他把自己的全部作品移交國家時，共有 56 尊大理石像，193 尊石膏像，56 尊銅像，200 幅草圖和素描，100 尊赤土塑像。著名的作品有《青銅時代》、《加萊義民》、《雨果》、《巴爾札克》《痛苦》、《哀愁》、《思想者》、《吻》、《沉思》等。另外他還作有專著《藝術論》，這一傳世之作在西方美術理論界占有重要地位。他的創作對歐洲近代雕塑的發展有著深遠的影響。

羅丹是偉大的雕塑家，他的一生都獻給了雕塑藝術，並在事業上取得了巨大成就，但他成長，創作的道路卻是極其艱難而又曲折的。

羅丹出生於諾曼第的一個農民家庭，後來到巴黎謀生。羅丹自幼喜歡畫畫，14 歲就跟恩師勒考克學習繪畫。在藝術的探索道路上，他與老師一樣勇於向保守、僵化的學院派挑戰，但因此也招來沉重的打擊。他三次報考法蘭西美術學院，都落榜了。主考人在他的名字旁批道：「此生毫無才能，繼續報考，純是浪費。」這些打擊激發了他更頑強的自學，不斷的進取。

生活的艱辛使得羅丹不得不放下自己的創作去賺錢糊口。有一段時間，他專門從事裝飾品雕刻，有一時期受雇於他人，為雇主雕塑作為商品的雕像。在這些作品上，羅丹既不能傾注自己的藝術生命，也不能在自己的作品上刻上自己的名字。而他精心創做出來的作品，常常被斥為庸俗、放肆、下流而拒之於巴黎沙龍的正式展覽門外。

一次，羅丹想為「落選畫家展覽會」塑一尊頭像，但他口袋裡沒有錢請一名漂亮的模特兒。沒辦法他只好找了一名乞丐，給他一碗湯做報酬的模特兒。這個乞丐是一個塌鼻子，他的整個形象傾訴著貧窮、淒涼和勞累。羅丹悉心創作了這個形象，最後終於完成了《塌鼻人》這個頭像。在這個頭像上，他第一次刻上了自己的名字。

在以後的藝術生涯中，羅丹一直受到他的宿敵 —— 法蘭西美術學院的排斥。直到他去世後的第六天，他才被該院選為院士。

　　羅丹的生活道路雖然充滿辛酸與困苦，但也有著幸福和歡樂的感情生活。

　　年輕時代，一次，羅丹在街上看見一位叫羅斯的年輕女孩，她美麗而端莊，在這個藝術家的眼裡，簡直就是再生的維納斯。於是，他以火一樣的熱情去懇請她做模特兒。羅斯是一位純潔、善良的做裁縫的女工。她被羅丹的熱情打動，答應了他的請求。羅丹就是以她為模特兒，雕塑了《偶像》、《女祭司》等作品。在以後的交往中，愛神把他們拴在了一起。羅斯成了羅丹的伴侶。為了支持羅丹的創作，他一生都默默的擔負著家庭生活的重擔，至死不渝的支撐羅丹的事業。在一個偉大男人成功的背後，必定有一個偉大的女性。羅斯就是羅丹背後的那個女性。羅丹的作品裡，無不凝聚著這位善良的勞動婦女的青春和生命。

　　為了能夠自由的從事藝術創作，羅丹一直沒有與羅斯結婚。直到 1917 年，他們才正式舉行婚禮，而此時他們的兒子都五十多歲了。婚禮兩週後，羅斯含笑離開了人世。羅丹強忍著內心的悲痛，帶著無限的愛，深情溫柔的親吻了她的遺體，並悄聲說：「多麼美麗的雕塑呀！」

　　有一次，羅丹請奧地利作曲家斯蒂芬·茲威格到他家做客。飯後，主人帶客人參觀工作室。他們來到剛剛完成的一尊雕像前，這是一尊女像。它的完美使茲威格不禁發出驚叫。但是，羅丹沉吟片刻之後說：「肩膀還有些毛病……等我一會兒。」於是他拿起抹刀修改起來。根本就忘記了茲威格的存在。茲威格只見他一會兒上前，一會兒後退，地板在他腳下發出吱咯吱咯的響聲。不光這樣，他嘴裡還念念有詞，眼睛裡閃爍著異樣的光芒。半個鐘頭過去了，羅丹越來越緊張。似乎有點生氣。他神態狂亂，像是喝醉了酒。最後，他的手遲疑了一會兒之後停了下來。他退後對著雕像認真端詳了一陣，然後深深的舒了一口氣，這才穿上大衣便向門邊走去。鎖門時，他才突然發現房間裡還有一個人。羅丹生氣的盯著這個人，好像在責怪他的無禮。過了一陣子，羅丹才記起茲威格是自己的客人，於是趕緊向茲威格道歉。

法國短篇小說之王 ── 莫泊桑

被法朗士稱為「短篇小說之王」的莫泊桑自 1880 年《梅塘夜話》問世後一舉成名。《梅塘夜話》是一部小說集，收集以當時文壇盟主左拉《磨坊之役》為首的六篇小說。這些小說都是以普法戰爭為題材和背景的，沒想到，在這部高手雲集的小說集中，默默無名的文壇新手莫泊桑以一篇精短、別緻的《羊脂球》轟動了法國文壇。

《羊脂球》的出奇之處在於它選取了普法戰爭中法國淪陷區一群逃難者的經歷為題材，透過一個妓女的遭遇，借助巧妙的對比，集中反映了法國不同階級的人們對戰爭的態度，從一個側面揭示了法國失敗的原因。

一輛馬車載著一群人離開被普魯士士兵占領的盧昂城駛向勒費爾港。馬車上有十位乘客，他們分別是工業家、商人、貴族、民主黨政客、修女和一位妓女羊脂球。顯而易見，這個人群恰好是法國社會的一個縮影。在旅途中，妓女羊脂球看到被飢餓折磨著的旅客，心中不忍，便把自己隨身攜帶的食物分給了他們。

吃了羊脂球的食物，旅客們對她產生了好感，不再存在偏見之心。當馬車在一個鎮上被普魯士士兵扣留，普魯士士兵要求羊脂球陪他們過夜時遭到了羊脂球的嚴詞拒絕。因為羊脂球雖然是一名卑賤的妓女，平日被自己的同胞踐踏，卻不願丟掉一個法國公民的尊嚴去接受侵略者的蹂躪。同車的旅客一開始對普魯士士兵的無禮要求都表示憤慨都積極支持羊脂球。

然而，當他們眼看著因為這個原因遲遲不能動身後就開始替自己打算起來。他們齊心協力百般勸誘、慫恿，甚至迫使羊脂球滿足了普魯士士兵的獸欲，一行人這才得以出發。就這樣，羊脂球為了她同胞的利益犧牲了自己。可是在後半程的旅途中這些旅客居然拿這件事來鄙視和輕視羊脂球。

這些自命高潔的無恥之徒一邊大吃大喝，一邊唱著馬賽曲，一任羊脂球委屈的啜泣。

小說使用了鮮明的對比手法，把一個身分低賤的妓女在國難當頭、同胞遇

險的關鍵時刻所表現出來的深明大義、無私無畏，同那一幫自命高潔的上流社會人士置同胞性命於不顧、損人利己、苟且活命的醜惡行徑並列在一起，不無憤怒的指出，法蘭西在普法戰爭中一敗塗地，正是這幫所謂「菁英人士」趁火打劫，中飽私囊或是空喊口號，臨陣逃脫的人造成的。從中顯示出作家鮮明的愛憎立場。

關於普法戰爭的題材占據了莫泊桑小說的很重要的一部分，如《兩個朋友》、《米隆老爹》、《菲菲小姐》等。除此之外，莫泊桑的小說還有兩類重要題材，一類寫資本主義社會中底層貧苦人民的苦難生活，如《瞎子》、《窮鬼》、《流浪漢》等；另一類是嘲諷和抨擊資本主義社會世俗人情的，如《項鍊》、《遺囑》、《我的叔叔於勒》等等。

莫泊桑被譽為短篇小說的「聖手奇才」，他的小說選材布局匠心獨運，有一種內在的鋒芒，顯示出作者對生活的獨特領悟和洞察。同時他的小說結構精巧嚴謹、技巧嫻熟、語言準確、簡潔，有很高的藝術成就。此外，他還創作了《一生》、《漂亮朋友》、《溫泉》等深受讀者歡迎的中篇小說。他的長篇具有深刻的批判力度和感人至深的藝術魅力，但是也流露出深入骨髓的悲觀思想和頹廢情調。

莫泊桑出生在一個沒落的貴族家庭。父親居斯塔夫是一個浪蕩子弟，他吃喝嫖賭，揮霍成性，無惡不作，有限的家產很快被他揮霍得精光，只得靠莫泊桑的母親洛爾從娘家帶來的一些產業維持生活，就是這樣，他還是經常打罵洛爾。父母終於在莫泊桑 10 歲時分道揚鑣，這給童年的莫泊桑留下了極為深刻的印象。但是洛爾是一個很有才氣、性格剛強的女子，她獨自帶著莫泊桑和弟弟生活，並且很早就開始了對莫泊桑的文化啟蒙。洛爾精通數門語言，熟悉古今文化，對藝術有非凡的鑒賞力，她把這一優勢傳給了兒子，使他從小就顯示出對文藝的興趣和天賦。洛爾經常帶莫泊桑到諾曼第北部的鄉下去生活，莫泊因此對法國的鄉村風貌和窮人的生活非常熟悉，這為他以後的創作打下了堅實的基礎。

莫泊桑 13 歲時被送進陰森嚴厲的教會學校，教會學校陳腐的宗教活動和惡劣的環境對他精神造成了極大的傷害。他得了頭痛病，不得不時常回家休養治

療。感情豐富的莫泊桑受不了學校嚴酷單調的生活，18歲那年他寫了一首抨擊學校的詩，結果被學校開除。開明的母親沒有責怪他，又把他送進世俗學校，就是在這所充滿了自由和進步思想的學校，他第一次認識了詩人布耶，並進而認識了福樓拜。在兩位良師的指導下，莫泊桑真正開始踏上了文學之路。

普法戰爭爆發後，滿懷愛國熱情的莫泊桑應召入伍，在軍師後勤當文書。法軍在戰爭中一敗塗地，隨大軍狼狽逃跑的莫泊桑險些被俘。莫泊桑親眼目睹了戰爭中當權者們的外強中乾和平民百姓的英勇鬥爭精神。就是這一段從軍生涯誕生了他日後關於普法戰爭的諸多名篇，其中包括成名作《羊脂球》。巴黎公社革命後，莫泊桑在海軍部當了一名職員。在海軍部的「辦公牢屋」裡，工作沉重乏味，終日埋頭伏案，時不時就會傳來野蠻上司的呵斥和責罵。莫泊桑曾說過：「職員是最可悲最不幸的。」對職員生活的深刻了解雖然為他的寫作提供了難得的素材，但是，痛苦的職員生涯也使莫泊桑染上了嫖妓的不良惡習，以至於終生沉湎於酒色之中不能自拔，在靡爛與放縱之中失去了對生活的信心和熱情，越來越空虛、孤獨，最後在絕望中走向癲狂和死亡。

莫泊桑是福樓拜的得意弟子，也是他的義子，不管是在生活觀念還是在藝術風格上，莫泊桑都深受福樓拜影響，他們的關係早已成為文壇佳話。

莫泊桑同福樓拜儘管1868年才見面，但實際上福樓拜對莫泊桑的情況早就瞭若指掌，因為福樓拜早年同莫泊桑的舅舅阿爾弗萊德有著深厚的友誼。不幸的是阿爾弗萊德英年早逝，福樓拜的小說《聖安東的誘惑》的獻詞就是寫給亡友阿爾弗萊德的。同時，莫泊桑的母親洛爾同福樓拜也有很深的交情，她經常在信中向福樓拜提起她的兒子莫泊桑，洛爾曾很動情的寫信給福樓拜：「年輕人（莫泊桑）的心和靈魂都屬於你。」

1868年，莫泊桑首先認識詩人布耶，拜師學詩，不久同福樓拜會面，從此開始了同福樓拜長達十多年的師徒、「父子」之情。莫泊桑在福樓拜的嚴格要求和精心指導下學習寫作，他最愉快的日子就是每到週末去克魯瓦塞去拜訪福樓拜。福樓拜的慈祥、睿智深深的吸引著他，而莫泊桑的勤奮和聰慧也令福樓拜欣喜不已。福樓拜對莫泊桑的每一部新作都要細加品評，對他的每一次

嘗試都要大加鼓勵。他及時糾正莫泊桑在寫作上的偏差，教會他如何觀察和表達。他要求莫泊桑苦練技藝而不要急於發表作品，在福樓拜的指導下，莫泊桑進步神速。1880 年 1 月，福樓拜在一封信中斷言：「莫泊桑確有才華。」一個月後，福樓拜讀了莫泊桑的《羊脂球》的校樣，稱它是「一部傑作」，果然，《羊脂球》一經發表便轟動文壇。莫泊桑的《詩集》扉頁上有幾行飽含深情的獻詞：「獻給居斯塔夫·福樓拜 —— 我衷心摯愛的傑出的慈父般的朋友我最敬慕的無可指責的導師。」福樓拜讀後潸然淚下，在給莫泊桑的去信中這樣寫道：我的年輕人，你有理由愛我，因為你的老頭老頭真心愛著你……」

　　1880 年 5 月，莫泊桑一心盼望著和老師見面，不幸的是福樓拜中風而死，這令莫泊桑悲痛不已，連忙趕到克魯瓦塞，親自給恩師梳洗穿戴、下葬。他說：「我此刻尖銳的感到生活的無意義，一切努力的徒勞，可怕的單調以及精神上的孤獨，我們每個人都生活在這種精神孤獨狀態，我只有在能夠同他促膝交談的時候，才不那麼為其所苦。」可見福樓拜不僅是莫泊桑創作上的良師，也是精神上的唯一安慰和寄託。

　　1870 年代，在巴黎慕柳街福樓拜的家裡，每個星期天都有一個聚會，來這裡的都是當時文壇鼎鼎有名的人物，如：左拉、龔古爾等。莫泊桑在這裡結識了當時的文壇盟主，同時也是這一個小集團核心的自然主義作家左拉。後來，左拉、莫泊桑和另外三名作家又經常在巴黎西郊左拉的別墅梅塘舉行類似的聚會，圍繞這個定期聚會逐漸形成了一個文學集團 —— 梅塘集團。

　　1880 年的一天，梅塘集團的各位成員們又像往常一樣聚會，他們突生一念，要每個人都講一個故事。這些故事有一些是關於普法戰爭的，而這些作家中也不乏從事過軍旅生涯的，因此，在左拉的建議下，大家商量出一本中篇小說集，並根據賽阿爾的提議把這本集子命名為《梅塘夜話》。

　　沒過多久《梅塘夜話》就正式出版了。其中收有左拉的《磨坊之役》，於依斯芝芒的《背上背包》，賽阿爾時《放血》等。但是讓人毫無預料的是一直默默無聞的莫泊桑，卻以他的短篇《羊脂球》獨領風騷。這篇小說寫得如此出色，以至於當莫泊桑當眾朗讀完畢，所有在座者全體起立，對他致以崇

高的敬意。這篇小說一出版，就有一位名作家當即預言：「人們將不厭其煩的一讀再讀這部《羊脂球》。」

> 莫泊桑先生至少從來不對我們阿諛逢迎。他總是毫無顧忌的蹂躪我們的樂觀主義，扼殺人們理想的美夢，而且他永遠是那麼坦率、正直、心地淳樸而又堅定。

—— 阿納托爾・法朗士

印度文壇泰斗 —— 泰戈爾

　　泰戈爾多才多藝，著作豐富，被稱做「一個完人」。文學家、音樂家、畫家、教育家、哲學家、社會活動家……對於這眾多的頭銜中的任何一個，泰戈爾都是當之無愧的。僅僅是作為一個文學家的泰戈爾，對詩歌、小說、戲劇等眾多領域也是無不精通。但是，泰戈爾首先是以一個詩人的身分出現的，他獲得諾貝爾文學獎，也主要是因為他的詩集《吉檀迦利》。他的詩歌，用生動的孟加拉語寫成，感情充沛、韻律流暢、文辭優美，為印度新體詩開闢了廣闊的道路。他是東方第一個獲諾貝爾文學獎的作家。

　　泰戈爾的詩歌卷帙浩繁。總計不下 1,000 首，像是一片汪洋恣肆、博大精深的海洋，蘊藏著無盡的寶藏。這些詩題材豐富、主題多樣、風格極富變化，時而如破曉的清明，時而如午時的絢爛，時而如黃昏的安謐，時而如夜晚的神祕，一篇篇讀來，字字珠璣、句句錦繡、玲瓏別緻、質樸動人，清空浩瀚、遙不可及，簡直是臻於完美的境界。

　　泰戈爾的詩按主題來分，主要有以下幾類：

一、對至高之神的虔敬和歸附。集中表現這一主題的詩集有《採果集》《吉檀迦利》等。《吉檀迦利》又名《奉獻集》，是泰戈爾寫給自己父親的獻詩。泰戈爾受父親的影響很深。他的父親不但精通哲學，還深諳《奧義書》。所以《吉檀迦利》詩意深邃、寧靜。這些詩借古老題材以稱頌

179

神靈，抒寫詩人渴望同神靈合一的迫切願望，和神靈臨至時詩人的激動心情，以及詩人於自然萬物中感悟到的神的啟示，捕捉到的神的蹤影。如其中一首這樣寫道：「假如你發現我的七靈之門關閉著，啊，神哪，請不要轉身走開。請推門而入，向我走來。假如我的心弦琴沒有應答你的名字，請不要走開。請寬宏大量，在我的門前稍稍停步，呵，神哪！」

二、對世俗情愛的熱情謳歌。泰戈爾絕不只是一味膜拜神靈、不食人間煙火的詩仙，他是一個生活積極浪漫的情愛歌手。《園丁集》和《愛者之貽》中的很多詩篇盡情的抒寫塵世男女在不同階段、不同場合領略到的愛、甜蜜以及痛苦，展現出一幅幅極富東方情調的愛情風俗畫。這裡有愛神初臨時的朦朧悸動，也有熱戀時滿懷熱情和渴慕的等待；有情人近身時的心蕩神馳，也有他遠離時的無盡思戀。這裡的愛情深廣、濃烈，又情趣盎然；這裡的愛神溫柔、深情、新奇又神聖。「她是五月熾熱的心中雲的驚奇／她是落日的靜寂中輝映的森林裡溫柔的影子。／她是六月的雨夜無言喜悅的神祕。」、「她那纖纖的手指伸向我的手，就像一隻鳥兒在薄暮中找到了自己的窩。」

三、對母性和童真的讚美。《新月集》中的孩童彷彿降臨塵世的天使，純潔、單純、輕靈、活潑，在妙不可言的幻夢和疑問中凝思窗前，嬉戲海邊，追逐著母親的倩影，嚮往著遙遠的自由和歡愛。「假如我變成了一朵金色花，只是為了好玩，長在那棵樹的高枝上，笑哈哈的在風中搖擺，又在新生的樹葉上跳舞，媽媽，你會認識我嗎？」

四、對深藏在萬物中的哲理的昭示。《飛鳥集》中的小詩精短、凝練，閃爍著智慧之光和哲理之思。如：

> 「從生命的罅隙中傳來了死亡的餘音。」
> 「夢是一個一定要說話中的妻子，
> 睡眠是一個默默忍受的丈夫。」

……

在泰戈爾的詩中隨處可見這樣的詩句，像沙灘上的貝殼，像五月原野上的野花……。

此外，泰戈爾還寫了大量的敘事詩，這些詩情節曲折，形象鮮明，詩意濃厚，也不乏玄思和寓意。

泰戈爾是一個偉大的人道主義者。泰戈爾的詩把人從文明與社會中解脫出來，放到永恆的自然之中。他以詩宣揚仁愛、和諧，在熱烈歌頌世俗生活的同時，又把它同天國的神聖、無私相結合。在他的詩裡，哲理與詩情，自然與人，塵世與上天融為一體，達到了統一和諧的極致。聖雄甘地把他稱為「偉大的哨兵」。

相對於易卜生、司湯達、卡夫卡之類的作家或是雪萊、濟慈一類的詩人來說，泰戈爾的一生算是幸運的，尤其是他的早年生活相當順利。泰戈爾生活在一個生活富足、書香門第的名門望族。

他的家庭是加爾各答遠近聞名的「泰戈爾世家」。他的父親特賓德拉納德‧泰戈爾終生致力於哲學和宗教的研究，也熱愛自然，從事創作，熱心社會活動，被稱為「大聖人」，撰寫過一部詩情洋溢的自傳。父親的影子明顯的烙在了泰戈爾的身上。

泰戈爾還有三位才華出眾的兄弟和一位仁慈寬厚又不乏才情的嫂子。長兄德威金德拉納德興趣廣泛，不僅精通哲學和數學，也喜歡音樂和詩，富於冒險精神。次兄沙特延德拉納德，是印度第一個在英國駐印度行政機構中任職的人。第一次去英國就是在他的帶領和陪伴下完成的。三兄喬蒂林德拉納德是一位兼擅眾長的藝術家，他透過自己辦的雜誌直接影響了泰戈爾。長嫂對於泰戈爾來說，既是母親，又是良師益友，也是他那羅曼蒂克情感的最初對象。她愛好文學，和泰戈爾年齡相仿，情趣相投，是泰戈爾終生難忘的女性之一。

泰戈爾在這樣一個中西相容、開明自由、富裕而又節儉有度、秩序井然的大家庭中接受教育、長大成人，形成了在「束縛中尋找自由」的人生態度和

藝術觀。泰戈爾很早就顯示出了早慧的詩才，他 7 歲就開始做詩，14 歲開始翻譯莎翁名劇《馬克白》了。1882 年他的第一部詩集《暮歌》出版，受到貝金齊德拉的高度讚揚。泰戈爾榮幸的被稱為「藝術天空中初升的太陽」。這標誌著泰戈爾正式走上藝術之路。

泰戈爾的早年很幸福，但是不幸的是妻子早逝，女兒的夭折帶給了他沉重的打擊。1913 年諾貝爾文學獎的獲得使他達到了榮譽的頂峰，但是也招致了來自各方面的誤解和誹謗。他也曾被法西斯利用，但是，虛懷若谷的泰戈爾在人世變故的滄桑中始終保持著一份平和、包容，顯示出罕見的偉人風範。

泰戈爾是一位富於神祕色彩的詩人。他對詩歌語言的感悟很早，對於他來說，詩神的第一次敲門彷彿是一次奇遇。當他初識文字的時候，有一天，他無意中寫下了一句詩：「天下雨了，樹葉在顫抖。」幼小的泰戈爾讀著這不期而遇的詩句，產生了無限的遐想。他為這些自然現象而感動，並在詩中蘊含了他無盡的想像。

18 歲時的一天早晨，他在蘇德大街又一次經歷了夢幻般的奇遇。那不過是一次普通的日出，對於蘇德街的芸芸眾生來說跟往日別無兩樣，但是對年輕詩人來說卻是難得的一次天賜之機。正是在那一連四天的日出奇景中，這位詩神的寵兒窺到了未知世界的神奇魅力，接過了開啟詩國寶庫的鑰匙。在難以言喻的欣喜之中，泰戈爾一任詩情的流瀉，寫下了他那首流芳百世的《瀑布之歌》。

在泰戈爾耀煌的一生中，他同甘地的友誼是光輝燦爛的一筆。他們兩個雖然不在同一領域，但並不妨礙他們的交往。泰戈爾贊同甘地的「非暴力主義」思想，欽佩他的鬥爭精神，甘地對泰戈爾也滿懷敬意。他派自己的弟子到泰戈爾開辦的聖地尼克坦學校學習，並親自前去拜訪。在一些重大舉措上，甘地總是要先徵得泰戈爾的同意才付諸實現。泰戈爾也頂住重重壓力寫政論文章，支持甘地的政治鬥爭。有時候他們的政見並不完全相同，但是這並不影響他們的友誼。1940 年 2 月，甘地偕夫人嘉斯杜白再訪聖地尼克坦，這是他和泰戈爾的最後一次會面，一年之後，泰戈爾就逝世了。至今，聖地尼克坦每年還要舉行「甘地日」慶祝活動。

荷蘭天才畫家 —— 梵谷

梵谷是荷蘭著名的油畫家，是一位擁有 800 多幅，像《向日葵》、《星夜》、《吃馬鈴薯的人》等價值連城的作品，卻一生窮困潦倒的平民畫家；一個拿刀割掉自己左耳的狂人；是世界畫壇名副其實的怪才。

從小就顯露出美術天才的梵谷，14 歲時就已開始畫實物速寫並專心致志的臨摹被他看中的版畫。從萊文伯根結束學業後，他到了海牙古比爾的商行中去賣畫，在賣畫的過程中，他大量的接觸了英國畫家們的作品，並對康斯特勃、透納、康斯波羅和雷諾茲的作品著了迷。直到 27 歲時，也就是 1880 年，他對繪畫的痴迷到了難以自拔的程度，梵谷才下決心做一個畫家。

1881 年至 1883 年，梵谷在海牙師從風景畫家和動物畫家安東·毛威。在這一時期，他畫了第一批油畫。梵谷創作的初期，他在奈寧的一個小地方完成了荷蘭時期的重要作品，在這些作品中已非常鮮明的表現出梵谷對表現情緒和感情的繪畫手法的探索。畫家從 1883 年到 1885 年的兩年時間裡，收集過許多鳥窩，並畫了各種鳥窩的靜物寫生。這不是那種別出心裁的裝飾畫，梵谷要表達的是當生命離開以後死一般的空虛和「被拋棄」的那種憂鬱心情。而《奈寧塔》（塔旁是農村墳地，簡陋的歪七扭八的十字架及其周圍的田野）對經常提示人們死亡的梵谷來說則具有象徵性的涵義。

梵谷畫的那些農民肖像，特別是表現外省農民勞動的畫，記述了畫家在觀察他們毫無樂趣的生活時感到的恐懼和痛苦。在梵谷的藝術中表現出深深的人道主義和他對農民誠摯的同情感。著名油畫《吃馬鈴薯的人》是一幅具有非凡表現力的優秀作品，它深刻的表現了人們內心的淒慘。畫家在表現繁重勞動後的一家和餐桌上簡單而貧乏的晚餐時，不怕突出他們笨拙的手和難看的臉。以此來顯示繁重的勞動和長久的飢餓在他們身上留下的印痕。畫家採用了特意強調和誇張的形式：微綠的昏暗色調，慘白的燈光，樣子又蠢又難看的臉和身軀越發顯得突出的強烈光點，盛馬鈴薯的盤子裡散發出的蒸汽，則強烈的反映出貧苦人們極差的居住生活環境。

1886 年 3 月至 1888 年 2 月，梵谷在巴黎進行創作。這一時期，他了解了法國美術的發展情況，接觸了傑出的畫家高更、西涅克等，他還認真研究了羅浮宮裡珍藏的名畫。印象派的作品對梵谷產生了較大的影響。《餐廳內景》、《花瓶裡的紅色唐菖蒲》等作品就充分說明梵谷受到了新印象派的影響。

1888 年 2 月，梵谷離開熱鬧的巴黎，來到法國南方小城阿爾。他在這裡創作了一系列描繪阿爾及其郊外風光的優秀風景畫。重要作品有《阿爾的收割》、《阿爾的吊橋》等。他畫的肖像畫有《郵差魯林》《阿爾女郎》等。這一時期，畫家轉向畫夜景和表現人為的光線。他用強烈的色調和粗重的筆鋒創作了《向日葵》和《藝術家的臥室》等經典之作。

在與高更生活的兩個月裡，梵谷創作了兩幅名畫《拿菸袋的人》和《割掉耳朵的自畫像》。

梵谷晚期的作品有《普羅旺斯的大道》、《在阿爾卑斯山腳下》、《有柏樹的黃色莊稼地》、《加歇醫生像》等等。這些作品充滿了活力和過度的誇張，具有「冒火」般的風格。這種藝術手法給後來的西歐表現派產生了巨大的影響。

梵谷一生創作了八百多幅繪畫作品，不卻只賣過一幅畫，以至於他的生活貧病交加。1890 年，飽受精神折磨和疾病煎熬的梵谷自殺身亡。

梵谷兄弟姊妹 6 人，但他從小就不愛說話。他喜歡一個人待著，不大和弟妹們一起玩樂。表面靦腆羞怯的梵谷，內心卻有著火一樣的情感。

在海牙古比爾美術商行倫敦分行學賣畫的時候，梵谷迷上了房東的女兒。他向她表明心意時，女孩忍不住笑起來，因為她已有了如意對象。梵谷一再強迫她取消婚約，但換來的只是冷嘲而已。他在遭到如此打擊後，憤而移居荷蘭南部的一個古都。

28 歲那年，梵谷離家去了海牙。不久，他邂逅了模特兒西恩，這時她剛被人拋棄，而且身懷六甲。梵谷因為同情她的不幸遭遇而與她生活在一起。此事遭到家人的強烈反對，婚姻宣告失敗。

與西恩分手後，梵谷搬到了努朗，在那裡他又與一個叫瑪爾格特的女人墜入

情網，結果鬧出自殺事件，從而遭到村人的嘲笑。最後仍然是各奔前程。這一時期是他在荷蘭的學習時期，不但精神上苦悶徬徨，而且生活上也是苦不堪言。

在巴黎期間，1888 年 10 月，梵谷在他精心布置的那間金黃色的小屋接待了高更，他們開始了共同的生活。這段時間失眠症和夢遊症常常折磨著他。他與高更並不像意想中那樣和諧，不斷的爭辯常常使他們翻臉。

一次，梵谷一怒之下，用盛苦艾酒的杯子扔向高更，並且拿著剃刀要殺他。事後他為自己的行為去向高更道歉，然而高更卻遠離了梵谷。於是，他在自己身上發洩這份殺意，居然用剃刀切下了自己的整個左耳。從此，他就經常戴著一頂貝雷帽，把沒有左耳的那部分臉遮掩起來。

據說後來梵谷瘋了，他把自己那隻割下的左耳裝進信封，拿到一個跟他混熟了的妓女拉修爾那裡，告訴她說：「這是我送給你的紀念品。」

梵谷年輕時迷上了繪畫，他感到自己的理想就在繪畫世界之中。他每天以一種近乎狂熱的熱情畫 18 個小時以上，因為沒有老師指點，技藝並沒有多大的長進。

梵谷決定去拜訪布魯塞爾的皮森特牧師，皮森特是個業餘畫家。梵谷無錢搭乘火車，只得步行前往。路途非常遙遠，半路上，他的鞋破了，腳也磨出了血。兩天一夜之後，當蓬頭垢面、滿身泥灰的梵谷一瘸一拐的走過布魯塞爾街道時，人們向他投來驚異的目光。

皮森特被梵谷的精神感動了，他熱情的接待了他。看了梵谷的人物速寫，皮森特讚揚他對畫面的表現所具有的個性，但也實事求是的指出他的基本功太差。

為了練習繪畫的基本功，梵谷回來後，就開始節衣縮食，租了一間茅舍作為畫室。

蘇聯文學創始人 —— 高爾基

作為偉大的無產階級文學導師、蘇聯文學的奠基人，高爾基一生的創作就是 19 世紀末 20 世紀初俄羅斯、蘇聯社會發展的一部形象史。

《母親》是社會主義文學的奠基之作，符拉索娃是無產階級革命者巴威爾的母親，她無畏的支持著兒子的革命事業，從她身上，揭示了廣大工農群眾從自發到自覺的革命過程，指出革命必然勝利的前景。

高爾基是從 1890 年代正式投入寫做事業的。他早期的作品充滿了英雄主義和浪漫幻想色彩，是對俄羅斯浪漫主義文學的繼承和發揚。如短篇小說《伊則吉爾老婆子》，散文詩《鷹之歌》等，這些作品富於戰鬥的豪情。20世紀初，他的作品主要揭露了在沙俄的統治下，底層人民生活的苦難以及無情的抨擊了小市民的庸俗習氣，帶有強烈的現實批判性。如劇本《小市民》、《底層》，劇本上演後引起了巨大的反響。1905 年革命前後，同無產階級的接近，尤其是同列寧的接近和合作使高爾基對革命有了深刻的認識，在這種背景下寫作的長篇小說《母親》是高爾基一生最傑出的代表作。

小說中的巴威爾是一個舊式工人的兒子，父親死後，16 歲的巴威爾也曾像其他青年一樣無所事事的混日子。很快他就厭倦了這種生活，他認真思索過工人苦難命運的根源，渴望找到革命的真理。他偷偷的閱讀宣傳革命的書籍，和進步的革命人士交往，把自己的家變成了一個地下革命活動中心。在對革命理論的學習和探討的同時，巴威爾在同志們的協助下，帶領廣大工人群眾和廠長、資本家進行了三次有名的鬥爭，即沼地戈比事件、五一遊行示威和法庭審判事件。在經過這些鬥爭過程中，巴威爾逐漸成長為一名堅定而成熟的工人領袖。巴威爾的形象生動的展現了工人階級在血與火的鬥爭中成長壯大的過程。

作品中最感人的形象還是巴威爾的母親符拉索娃。這個女性當初生活在丈夫的虐待和生活的重壓下，使她變的逆來順受又近乎麻木不仁。她對兒子的革命活動不理解，還很恐懼，但是在巴威爾的耐心開導和革命者們的影響下，飽受苦難的符拉索娃思想上產生了很大的變化，逐漸成了一位堅定無私、勇敢無畏、主動獻身革命的革命者了。在兒子遭逮捕、革命受挫的情況下，母親毅然擔負起革命的重擔，冒著生命危險去散發傳單。符拉索娃是一個覺醒了的人民群眾的典型，她對革命的作用表明人民群眾才是革命之母。

《母親》以辯證唯物的方法動態的展現了革命由自發到自覺的成長過程，把

革命的現實情況和對革命前景的樂觀預言結合起來，塑造了一系列血肉豐滿的人物形象，展現了社會主義現實主義的創作方法。作品問世後轟動一時，很快傳到了德、法、義、西班牙這些歐洲國家，受到了列寧、盧那察爾斯基等人的高度評價。列寧稱它是一本及時的書，因為它也是對 1905 年革命的一個總結。

　　1920 年代是高爾基文學創作的全盛時期。他這一時期的重要作品有自傳三部曲之三《我的大學》（前兩部是《童年》和《在人間》），長篇小說《阿爾達莫諾夫家的事業》《克里木‧薩姆金的一生》。尤其是後一部小說，是反映 1870 年至十月革命前這 40 多年俄國社會歷史風雲變幻的史詩性作品，它也是對作家一生的總結。

　　高爾基個人的人生經歷本身就是俄蘇社會發展的一面鏡子，他的成長過程也是俄羅斯成千上萬的底層人民追求革命真理歷程的一個形象寫照。他出生於一個木匠家庭，四歲的時候父親就死了，被長久的遺棄在外祖父家。開染房的外祖父脾氣暴躁，高爾基經常受到外祖父的虐待。只有慈祥的外祖母才帶給他一絲人間的溫暖，外祖母同時也是高爾基文學的啟蒙人，她經常給高爾基講故事唱兒歌。

　　高爾基只念到小學三年級便因貧困輟學，失學後，年僅 10 歲的高爾基開始了他流浪人間的苦難歷程。他先後做過學徒、店員、洗碗工、工地領工等多種職業。由於一個偶然的機會，他得到了一箱的書，因此眼界大開，迷上了文學。16 歲時，高爾基流浪到了喀山，他待了 4 年，做各種雜活，也平生第一次接觸到了馬克思主義者，參加了地下革命活動。生活的苦難使高爾基萌發了創作的衝動。他去拜訪托爾斯泰，未果，於是決心漫遊全國以了解俄國和俄國人民的生活。四年的遊歷使他飽覽了人間的一切醜惡，加深了他對革命的認識。他在被拘留的期間寫出了他的處女作《馬卡爾‧楚德拉》，作品發表時署名馬克沁‧高爾基，在俄文中是「最苦命的」意思。

　　1895 年，經過柯羅連科的推薦，在文學上已小有成就的高爾基成了《薩馬拉日報》的專欄作家，從此正式投入文學生涯。高爾基的創作多次觸怒沙皇政府，不僅他的作品被刪改、禁止，而且他本人也深受迫害，進過監獄，還

被迫流亡國外。除了小說創作，他還寫了大量的政論諷刺文，抨擊反動政府，激發人民覺悟。蘇聯建國後，高爾基為文化、教育的重建和年輕人才的培養做出了重大貢獻，被尊為青年們的導師。

高爾基同列寧的友誼對高爾基一生的影響是不可忽視的。雖然高爾基1905 年才在彼得堡第一次見到列寧，但是，他們的合作從 1900 年創辦《火星報》時便開始了。1905 年，他們又創辦了《新生活》報，這是布爾什維克第一份公開的機關報，這份報紙被稱為「列寧和高爾基的報紙」。高爾基在上面發表的文章得到了列寧的肯定。十二月起義後，高爾基到歐美去為革命募集經費，駐美期間寫下傑作《母親》，列寧對

這部作品給予了高度讚揚。1905 年後的一段時間，高爾基流亡在卡普爾島上，受黨內錯誤思想的影響，寫了宣揚「造神論」的小說《懺悔》和文藝理論文章《個性的毀滅》，列寧看了文章後，親自去找到高爾基談話，他們各持己見，誰也說服不了誰，就中斷了聯繫。1909 年，面對黨內分裂的形勢，高爾基深感苦悶不解，這個時候，他收到了列寧的來信。列寧的誠懇、坦蕩使高爾基深受感動，兩人再次見面，恢復了聯繫。列寧密切關心高爾基的新作，及時給予鼓勵和引導。他稱高爾基的《義大利童話》是「精彩的童話」，「是革命的傳單」。

十月革命前夕，高爾基又一次陷入思想的迷誤，提出了很多不合時宜的主張，遭到了列寧的嚴厲批評，固執的高爾基同列寧又一次斷絕了關係。十月革命勝利後，高爾基又發表了很多攻擊新生政權的言論，迫使列寧下令查封高爾基所在的《新生活》報，但是列寧一直堅信高爾基是會清醒過來的。1918 年8 月列寧被刺，血腥的事實震驚了高爾基，高爾基幡然醒悟，前去探望列寧，再次恢復了兩人之間的友誼。隨後，列寧對高爾基負責的文化重建工作給予了極大的支持，高爾基因為勞累過度，病瘓纏身。列寧知道後，列寧親自出面，讓他到國外享受公費醫療，並對他的晚期創作提供了很多建議。1924 年 1 月列寧逝世後，高爾基悲痛不已，含著熱淚寫下回憶錄《列寧》。

蘇聯人民非常愛戴高爾基，當他 1924 年到 1928 年移居國外期間，每天

都會收到大量來自國內的各種信件。1928 年，他回國時，一踏上俄羅斯便受到了成千上萬人的歡迎，人們一直把他送到莫斯科。以至於高爾基每次出門都必須化裝。有一次，他和作家費定一起去國家出版社，恰好忘了化裝，結果人們一下子認出了他那高高的個頭。他一到出版社門口，便被熱愛他的人們團團圍住，脫不開身。出版社的員工見此情景，趕緊出來「營救」他。

英國人性回歸的謳歌者 ── 勞倫斯

勞倫斯，這位跨越 19 世紀與 20 世紀的天才作家，是以性愛描寫大師的面目出現在近現代文壇上的。他一生專注於性愛題材的開掘和研究，對人類性的奧祕進行了前所未有的探索和細緻入微的洞悉。他那些令人目眩神迷的作品。猶如一道絢麗的彩虹，優雅而醒目的從湛藍深邃的文學天空下斜過，啟迪著迷失在理性世界的人們，對大自然原始野性和生命本能的永恆回顧和熱嚮往。

早期的《兒子與情人》，中期的《虹》、《戀愛中的女人》，晚期的《查泰萊夫人的情人》都是勞倫斯性愛藝術的精品。其中《虹》是最為美麗動人的篇章。

《虹》以 19 世紀中葉工業化時代前夕的英國農村為背景，描寫了布蘭文一家三代人的性愛婚戀經歷，表現了主人公主追求平等和諧、靈肉一體的理想性愛而付出的沉重代價及獲得的可貴啟示。第一代的湯姆娶了個異國女性莉蒂亞，他們兩個來自不同的國度，各自帶著自己的理想在英國鄉村美妙清新的大自然中實現了生命的合一。但是，新奇的幸福，本能的熱情驅除不了存在於兩人之間的巨大神祕，正是這種無法洞穿的神祕註定了他們兩人的結合難以更深一個層次，只能停留人類最原始的層面。僅僅停留在血與肉的層面，終生不能前進一步。他們的結合是完滿幸福的，但是只是最低層面的完滿幸福。第二代的安娜和威廉生活在更為開放的時代，他們不再滿足於父輩們蒙昧而粗淺的完滿，他們希望男女在性的和諧中有個體的位置和身分。這種對個體自我的執著和固守把他們的婚戀變成了一場隱祕、持久而又殘酷的鬥爭，這一場毀滅性

的鬥爭以安娜的控制和威廉的屈服而告終。他們就這樣相互這樣折磨著。第三代人厄秀拉則把靈與肉合一的理想婚戀作為自己的奮鬥目標。厄秀拉不同於祖母莉蒂亞對本能的滿足，也不同於母親安娜在生兒育女中找到歸宿。她當過教師，在高等學府裡進修過，是一個渴望生命熱情，擁有獨立而健全的精神世界的完全覺醒的女性。斯克里本斯基是一個有志於獻身祖國的熱血青年，厄秀拉被他那高貴的氣質，獨立不羈的個性和偉岸的男子漢風度所吸引，為他獻出了火一樣的熱情，獻出了青春的軀體。然而，狂放的熱情之後是可怕的空虛和失落。斯克里本斯基不過是一個庸俗的愛國者，一個被社會秩序規範著的刻板機械的工具。他根本不是自己的理想對象。倍感絕望的厄秀拉在同斯克里本斯基經歷了海邊沙丘那一場驚心動魄的靈肉搏鬥之後，痛苦的選擇了分手。

靈肉合一的婚戀理想遭到了重大挫折，但是，在作品結尾，厄秀拉還是看到了彩虹般的希望。

厄秀拉一家三代普通而又特殊的經歷彷彿是一曲哀婉、淒美而又沉重的歌，唱出了被逐出伊甸園的亞當夏娃們複歸樂園的艱難歷程。靈與肉的分離，人與人的隔閡，文明世界裡人性失落的主題，從勞倫斯那裡傳遞下來，被後世的作家們一代又一代的傳唱至今。

勞倫斯在對理想性愛的探究中融合著對生命本原的追溯和對生死辯證關係的沉思。在他的作品裡，磅礡的氣勢、廣闊的背景、充沛的熱情、深沉的力度同精深細膩、出神入化的性愛描寫融為一體，把一個世俗的題材提高到與生命本質和意義同一的高度。同時，紛繁的象徵隱喻體系，曲折細緻的人物心理流程和模糊開放的故事情節使他的作品顯得如此神妙深邃，富於啟示又委婉動人。勞倫斯是一位從現實主義走向現代主義的過渡型作家，他的創作，不論是主題，還是手法，都對現代主義文學產生了重大影響。

勞倫斯一生只活了44歲，在他那早逝的生命裡，他經歷過太多的漂泊和不順，他體弱多病，經常和死神做鬥爭。

勞倫斯是一個礦工的兒子，母親是一位很有文化修養的女性。父母之間在文化知識和社會地位方面的差異給他們家庭造成了很大的陰影。母親把對婚姻

的失望轉化成對兒子們的溺愛，當她鍾愛的兒子歐尼斯特夭折後，她就把全部的感情移注到了幼子勞倫斯身上。勞倫斯生下來就是一個孱弱的病小孩，長到很大了都還瘦弱得出奇。母親對他的近乎病態的情愛成了他許多年擺脫不掉的影響，就是因為這個，勞倫斯才和第一位女友吉西·錢伯斯分了手。

勞倫斯年輕時期經歷過三次失戀，他也當過工人，教過書，但是，教師的刻板生活是他所受不了的。他是一個不喜歡受約束的人，在大學和工作期間，勞倫斯一直在學習創作，寫了大量的詩，還寫了小說《白孔雀》。

直到母親去世後不久，勞倫斯遇上了他一生最摯愛的弗麗達，才改變了他近似於病態的生活。但是，弗麗達是一個有夫之婦，她和勞倫斯的結合是以私奔的方式實現的，而且這時候勞倫斯已患上了肺結核，也沒有錢。他們不得不離開英國，經過德國，去了陌生的義大利，然後再到奧地利。顛簸的行程，窘迫的處境使他們吃盡了苦頭。但是，堅韌頑強的勞倫斯就是在這樣的情境下，完成了《兒子與情人》、《虹》、《戀愛中的女人》等作品。

在第一次世界大戰後的一段時間裡，他們夫婦的境況非常糟糕。勞倫斯的作品被誣為色情小說，遭到查禁，而弗麗達又因德國身分，遭到英國警方監視和搜查，他們被四處驅趕，無家可歸，經濟也極為窘迫。這一切差點把勞倫斯逼瘋。

直到 1919 年，大戰結束後，他們才結束了這種恐怖的日子，離開了英國。在以後的四五年間，他們輾轉在義大利、錫蘭、澳洲、美國和墨西哥，過著流落異鄉、寄人籬下的生活。在漂泊的過程中，勞倫斯多次染病，更不幸的是，他嘔心瀝血寫出來的作品幾乎本本遭禁，有的公然被焚毀，輿論、批評界百般攻擊誣衊他，把他稱為「蓄著絡腮鬍子的色情狂」。他從作品中得到的稿費更是少得可憐。然而難能可貴的是，不幸的處境，不公正的待遇並沒有使他失去創作的信心，他晚期寫作的《查泰萊夫人的情人》取得了巨大的成功。除了小說外，他還寫了不少戲劇和詩歌。豐厚的創作使他短暫的生命獲得了永恆。

勞倫斯的感情生活極富傳奇色彩，尤其是他同愛妻弗麗達的婚戀經歷，更是人們關心的重要話題。

在認識弗麗達之前，勞倫斯經歷過好幾次不成功的戀愛。他的第一個女友叫吉西‧錢伯斯是一個很有內涵的女孩。勞倫斯跟她在一起談詩論文，很是投機。但是，吉西的性格過度理性、冷淡，勞倫斯對她的感情近似於一個修女的感情，崇敬、愛慕卻沒有熱情。他們的關係維持了 10 年，最後以分手告終。

1912 年 3 月，失去母親和戀人，深感前途渺茫的勞倫斯為了找一份職業，去諾丁漢拜訪他的大學老師威克利教授，結果和教授的妻子弗麗達一見鍾情。兩個月後，他們不顧一切的私奔了。

弗麗達比勞倫斯大 6 歲是一位感情極豐富細膩的女性，她具有超凡的精力和巨大的耐心，很有女性魅力，這正是勞倫斯所需要的。弗麗達對勞倫斯的感情也不是盲目的，她從一開始就認定勞倫斯是一位難得的天才，因此，不惜拋下丈夫兒女和舒適安逸的家庭，同勞倫斯浪跡天涯。在他們共同度過的近 20 年中，弗麗達不僅從生活上照顧勞倫斯，而且給他帶了無盡的靈感和熱情。勞倫斯筆下的女主人公，無一不帶有弗麗達的影子，他作品中的性愛描寫也多是他同弗麗達幸福婚姻的寫照。

勞倫斯的一生是坎坷的，也是短暫的，但是因為有了弗麗達，他的一生就變得充實完美，並具有了永恆的意義。

勞倫斯在情感方面表現得格外突出，他那喜怒無常、變化多端的脾氣令人難以相處。和勞倫斯做朋友是件很難的事，你得時刻準備著奮鬥。即使他最疼愛的弗麗達也不例外。他的朋友默里的妻子凱薩琳講過一個可怕的故事。1916年的一天，和勞倫斯同住的凱薩琳親眼目睹了他們之間的一場戰爭。先是弗麗達同勞倫斯在說話間爭執了起來，勞倫斯毫不留情的諷刺了弗麗達一陣後，忽然口出穢言，接著揚言要同弗麗達斷絕關係。等到弗麗達傷心欲絕的走開了，暴怒的勞倫斯卻追上來，對她大打出手，大有決一死戰的架勢。不料第二天，勞倫斯便悔恨不已，他以加倍的狠毒打自己，為弗麗達百般效勞，懇求她的諒解。四個月後，勞倫斯在給默里夫婦的信中慶幸他和弗麗達和好如初了，但是，僅僅在一個月後他又同默里夫婦斷絕了交往。

西班牙藝術大師 —— 畢卡索

　　畢卡索是 20 世紀視覺藝術方面最有獨創性、最全面、最強有力的人物。他是時代的天才，他使藝術發生令人驚奇的變化，並取得了巨大的成就，還以此改變了藝術體系。他是一名反法西斯的鬥士，其作品《格爾尼卡》、《戰爭與和平》喚起了人們對戰爭的認識，同時他又是一名和平的使者，創作的《和平鴿》成了世界和平的象徵。

　　畢卡索的一生表現出狂熱的創造性和豐富的才能。他總是能把一種情感或者思想變成一件藝術品。他的藝術生涯反映出一個持續的探索過程。他曾說：「對於我來說，一張畫既不是結束，也不是成就，而是一次幸運的機會和藝術體驗。我試圖表現我已發現的東西，而不是在尋覓的東西。我不是尋覓，而是發現。」他早期的作品以寫實為主。題材多為表現底層勞動人民為主，主要畫的是流浪漢、乞丐、行走江湖的馬戲演員等。這時期的代表作品有《少女肖像》、《窮人的進餐》、《賣藝人家及猴子》等。後來他改變了傳統藝術表現方法，注意從形式上追求奇異，從上下、左右、前後、內外各個角度觀察，描繪事物的形態，抽掉人的社會屬性。1907 年，他畫了一幅有五位變形裸體少女的油畫《亞維農的少女》，這幅畫標誌著立體主義的誕生，他成了立體派的代表人物，《亞維農的少女》是他藝術創作的一個里程碑。

　　在轉向傳統主義的長期過程中，畢卡索獨自形成了自己的現代藝術風格。在發展的每一個階段，他既是一個大膽的開拓者，又是一個卓有成就的實踐家。他豐富多彩的創作，反映出他對現代藝術方法的執著探索，追求更多的藝術表現形式。關於對他的評價，眾說紛紜：畢卡索是立體派藝術家；畢卡索是超現實主義者；畢卡索是石版畫家；畢卡索是雕塑家……實際上畢卡索對所有的藝術流派都有開拓和嘗試，根本不能簡單的把畢卡索歸到哪個派別。

　　畢卡索在藝術的海洋裡遨遊，畫油畫、粉筆畫、水彩畫、硬筆劃和蝕刻凹版畫；他搞攝影，製陶器，創作雕塑；也搞拼花工藝和作壁畫。

　　1936 年西班牙內戰結束後，畢卡索開始進入政界。1937 年他畫了《格爾

尼卡》，描繪了格爾尼卡小鎮遭德國飛機轟炸後的慘狀，對法西斯暴行進行了強烈的抗議。另外，他還創作了兩幅重要的歷史性繪畫：《在朝鮮的虐殺》和《戰爭與和平》，他的創作中能叫人們對戰爭產生深刻的認識。戰後，他積極參加和平運動，《和平鴿》、《瓶與壺》、《午睡》等作品便是這一時期的代表作。在回答「在人們心目中的藝術家是什麼」的問題時，他說：「首先是藝術家，同時也是政治家……作畫不是為了裝飾房間，它是一種鬥爭的武器，是用以反對敵人和向敵人進攻的武器。」

畢卡索一生畫風多變，開始注重寫實，後來主張立體主義，再後來一度又曾回到寫實主義。1930 年以後又很明顯的傾向超現實主義。他的作品對西方藝術流派產生了較為深遠的影響。應當說，畢卡索是當之無愧的一代藝術大師。

在畢卡索的感情生活中，他最專心也最痴迷的事就是女人了。不算較短的戀情外，在他私人生活和藝術生涯中就有七個女人占據著重要的位置。其中他只同兩個女人結過婚，但是他與其他五個女人的關係也得到人們的認可，並受到普遍的尊重。

奧莉弗小姐是畢卡索第一個長期相處的情人，是個畫家和教師，他們的曖昧關係持續到 1912 年。雕塑家瑪塞·享伯特是他的第二個情人。他把享伯特叫做伊娃，伊娃在 1914 年死去。1917 年畢卡索在羅馬遇見俄國舞蹈演員奧爾佳·柯克洛娃，這是他的第三個情人。第二年他與奧爾佳結婚，三年後他們有了一個兒子。後來他們關係破裂，直到奧爾佳 20 年後去世，但他們一直都沒有離婚。據說原因是他們結婚時達成一個共同財產協議，離婚時，畢卡索必須把財產的一半給她。

畢卡索的另外三個情人是模特兒瑪麗·德蕾莎·漢爾特，攝影家道拉·瑪爾和吉洛特小姐，他與這幾個情人的友誼都保持了相當長的一段時間。

畢卡索最後認識的是傑奎斯·羅科，她在 1955 年成為他的情人。直到六年後，畢卡索已 79 歲了，他們才結婚，這年羅科 35 歲。

在狂放喧鬧的生活環境中，總是有一些雜亂的戀情伴隨著畢卡索。這位藝術家的妻子和情人都甘願做他的模特兒，盡可能的幫助他，愛撫他，照顧他，

還要忍受著他那變化無常的情緒，接待他的朋友。可以說：畢卡索是一個既忠實而又無信的情人。

油畫《格爾尼卡》是畢卡索對敵人做出的最引人注目的回擊之一。在第二次世界大戰納粹占領法國期間，一個德國軍官來到畢卡索的畫室，室內正好陳列著一幅巨大的該油畫的複製品。

「哦，這是你的傑作了。」德國軍官說。

畢卡索憤怒的說：「不，是你們的傑作！」

畢卡索是一個非常慷慨大度的人，他經常資助那一些困難的窮畫家。

在畢卡索作品的贗品還不是很多的時候。有一次，一位朋友把一幅小作品拿給畢卡索辨別真假，以方便出售。這幅畫是一個窮畫家的。畢卡索說：「這是假的。」

這位朋友又連續拿出第二幅和第三幅作品。可畢卡索還是說：「這是假的。」

這位朋友指著第三幅作品說：「你聽我說，我可是親眼看見你畫的這幅畫。」

畢卡索回答說：「我可能畫了假的畢卡索作品，正像其他人一樣。」最後他以高出四倍的價格買下了朋友第一次拿出來的那幅畫，也就是那個窮畫家的作品。

美國硬漢作家 —— 海明威

厄內斯特・海明威，作為一位極富挑戰個性，獨具藝術天才的作家，不僅在美國，甚至在整個世界文壇上都是不可多得的。這個出身藝術之家，在獵遊和冒險中度過傳奇一生的一代文豪，同他筆下一系列出色的「硬漢」形象一道將永遠鑴刻在人們心中。1952 年發表的中篇小說《老人與海》，成功的塑造了「硬漢性格」的典型形象，聖地牙哥不屈不撓、堅持到底的性格特徵，是作家多年來的執著追求，也是人們克服困難的精神力量。作品問世後，產生了廣泛影響，為他贏得了 1953 年度的普立茲獎和 1954 年度諾貝爾文學獎，被認為是他創作達到頂峰的作品。

儘管海明威在他創作生涯的第一二階段就已創做出諸如《太陽依舊升起》《戰地春夢》等表現戰後「迷惘的一代」頹廢、幻滅情緒的佳作，引領了一代文學潮流；也寫出過《戰地鐘聲》這樣充滿高昂革命熱情的長篇力作，但是《老人與海》才是他創作達到頂峰的時期。

《老人與海》篇幅短小，故事情節非常簡單。整部作品就寫了四個方面的事物：一個老人，一個小孩，一片大海，一群魚。古巴老漁夫聖地牙哥是一個獨自在墨西哥灣流中一條小船上捕魚的老人。他一連 84 天去出海都空手而歸。一心戀著他的孩子馬諾林被父母強迫著離開他去了另一條船上。疲憊的老人沒吃沒喝，只靠孩子弄來的咖啡和沙丁魚充飢。在漁夫們的譏嘲和同情中，老人又獨自一人去了很遠的海上。他終於釣到一條至少一千五百磅的大馬哈魚。大馬哈魚拖著他在海上走了三天。他又累又餓，只得靠生魚充飢，不時想想那個愛他的孩子和棒球賽來解解悶。好不容易等到那大馬哈魚浮出水面，他竭盡全力拽住牠，把牠叉住，綁在船頭。但是在回去的路上，他遭到了一群鯊魚的襲擊。他相繼用叉、槳和棍子同這一群力量強大的鯊魚搏鬥，也殺死了牠們中的一些同類。可那些凶猛而貪婪的傢伙窮追不捨，把一條肥美的大馬哈魚變成了一架殘骸。精疲力竭的老人上了岸，走進自家的窩棚裡，沉沉睡去，在睡夢中夢見了獅子。那個孩子為他弄來咖啡，等他醒來，兩人約好再次出海。

在這部作品中，海明威以平靜、沉著的敘述，舉重若輕而又極其自然的塑造了一個不屈不撓的英雄老人形象。海明威筆下的主人公永遠在厄遠面前不失風度，儘管聖地牙哥很老了，肩膀卻依然很強健，脖子也依然很結實。當他很費力的拽住大馬哈魚時，他感到頭暈目眩，可是他對自己說：「為我熬下去吧，頭啊。你從未暈倒過。」當他殺死第一條鯊魚的時候，他對自己說：「一個人可以被毀滅，但不能被打敗。」他帶著殘骸回到岸上，感到被那群鯊魚打敗了。但是，他想「……那麼是什麼把你打垮的。」「什麼也沒有……只怪我出海太遠了。」有學者提出，這部作品具有多層涵義。如以老人海上捕魚的孤獨和艱難影射耶穌受難的故事，以此比喻人生的苦難，或者說以老人與海的故事象徵作家的創作過程等。海明威自己談到這部作品時則說：這部書展示了人

的尊嚴，描寫個人的耐力有多遠。

在創作手法上，這部作品展現了海明威一貫的「新聞簡報式」的敘事風格，語言極其簡潔明晰，人物刻畫基本上使用白描手法。同時，作品也貫徹了他的現實原則和「冰山原理」，即忠於現實，結構精當而意蘊深遠，就好比冰山有八分之七在水面以下以突出露在水面以上的其他部分。

《老人與海》1952 年發表後，轟動一時，被公認為是海明威最偉大的作品，是他一生創作的最好總結。該作品為他贏得了 1953 年度的普立茲獎和 1954 年度諾貝爾文學獎。海明威也被稱為「現代小說之父」。

海明威從小就酷愛讀書。每天晚上保姆照顧他上床睡覺之前總是習慣性的把房中所有的書都收起來。但是第二天早上，當她收拾房間的時候總會發現他的枕套裡、被子裡或其他地方到處都是書。原來他夜間悄悄讀各種各樣的書。1921 年他到了巴黎。一天他在街上走著，無意識的發現了一家叫「莎士比亞之友」的書屋，當他看到托爾斯泰的著作時他非常激動，可是口袋一分錢也沒有。看到他這樣愛讀書，好心的店家慷慨的借給了他。為了獲得西維亞的同情和信任，海明威不惜編造了不幸的身世和坎坷的經歷。結果善良的西維亞從此以後對他格外開恩，隨便他借什麼書。

人說文如其人，不錯生活中的海明威正如他筆下的「硬漢」一樣，具有不屈不撓、堅持到底的精神。他中學時初學拳擊，在第一節課上就跟陪練楊奧赫恩開始了真正的較量。一分鐘後，他被打得鼻血長流，暈了過去，但他並沒有放棄，第二天帶著傷又走上拳臺。其他學員吃不了苦，紛紛撤退，而海明威卻堅持了好幾十年。他說：「拳擊教會了我絕不能躺下不動，我總是第一個躍起來準備再次衝鋒。」

海明威在創作中也有著這樣一股幹勁。據說他的《戰地春夢》最後部分被他修改了 39 次才定稿。當有人問到他是怎麼創作《老人與海》時，他說：「我讀過二百多遍手稿，每讀一遍都給我一些新的啟發。即使它現在定稿了、問世了，我一拿起這本書，就彷彿覺得終於找到了我平生追求的東西。」

海明威一生結過四次婚，先後和數十位女性有過深入的交往，其中同他的

初戀情人阿格尼斯的戀情格外動人。海明威初見阿格尼斯是在 1918 年。26 歲的阿格尼斯當時是米蘭紅十字醫院的一名護士，而海明威作為陸軍少尉被派往義大利，在戰場上受傷住進了醫院。在海明威的 19 歲生日晚會上，他們相遇了。海明威被阿格尼斯深深的迷住了，阿格尼斯身材苗條，溫柔浪漫，有一頭瀑布一般的頭髮，兩人一見鍾情。

不到一個月海明威便給他母親寫信，不無得意的告訴她自己有了女朋友。阿格尼斯趁值夜班的機會，夜夜和他幽會。不久以後，阿格尼斯被派往佛羅倫斯，海明威傷心欲絕的把她送到車站。兩人身處異地，情書不斷。海明威寫情書的速度之頻繁使他周圍的人驚訝不已。遺憾的是 1919 年 12 月，海明威啟程回美國，不得不離開他心愛的女孩。這段美好戀情令海明威終生難忘，他把它寫進了長篇小說《戰地春夢》。作品中的女主人公凱薩琳的原型就是阿格尼斯。

英國喜劇大師 —— 卓別林

查爾斯・卓別林是當代傑出的電影喜劇藝術大師。他既是一位天才的演員，又是一位作家和導演。人們稱他為「第一號大眾友人」。他自己也說：「我是一個世界公民。」迄今為止，世界上還沒有哪一位電影演員能像卓別林那樣使如此之多的觀眾為之迷戀和傾倒。由於卓別林純熟而深刻的表現了人與命運的悲喜劇衝突，因而由一名倫敦街頭的窮孩子成為了一位不朽的藝術家。

因為母親的嗓子啞了，無人代替時由卓別林替代。沒想到獲得了意外的成功。從此以後，卓別林開始了自己的舞臺生涯，他得以參加各種表演，扮演不同的角色。進入卡爾諾默劇團後，卓別林在《啞鳥》等劇中擔任主角，並獲得了成功。1900 年以後，他在美國巡迴演出時，獲得了巨大的成功，由此名聲也越來越響。1914 年，他在美國拍了第一部電影《謀生》。這一年他拍了 35 部電影。從此，卓別林開始了他的電影生涯。

卓別林一生在電影裡扮演的都是些小人物，但每一個人物都是經過精心刻畫的。從 1914 年至 1967 年，他在八九十部電影中扮演了各種不同的小人物。

他們受到生活的反覆衝擊，但並沒有被徹底打敗，總是振作起來，去迎接新的挑戰。他塑造的小人物都是普通人，幾分是小丑，幾分是社會流浪漢，幾分是哲學家。他在影片中創造了夏爾洛這樣一個被輕蔑、被損害的流浪漢形象。他是透過這些小人物的不幸來揭示社會的醜惡現象。

卓別林是一位喜劇大師，他幽默的實質就是諷刺。這種諷刺有時是微妙的，如影片《孤兒流浪記》和《淘金記》；有時則異常尖刻，如影片《大獨裁者》和《凡爾杜先生》。他說：「我傾向把人類看成眾神的凡界。」「當眾神巡遊造訪地球時，他們見到的多半是塵世間的罪惡。」在諷刺這些罪惡的過程中，卓別林顯示了對人類的愛。他既嚴肅，又滑稽。正是由於他恰如其分的把這兩方面融合在一起，才使他的喜劇超越了粗俗的電影滑稽劇而進入藝術的殿堂。

卓別林總是細心的研究喜劇的結構。為了使觀眾發笑，他仔細分析喜劇手法的要素和整個喜劇中的各個場景。在好萊塢生涯的早期，他對他的影片如何構思和拍攝很少有發言權。然而後來，當他掌握了藝術領導權以後，常常會為了一小段最後出現在銀幕上的情節而拍攝上百英尺的底片，總是想方設法讓每個場景都達到完美的程度。

卓別林的一些最好的喜劇場面，都來自他對身邊生活的敏銳觀察。他除了能覺察到日常瑣事中所蘊含的喜劇因素之外，還具有熟練運用對比手法的才能。他曾指出：「對比意味著妙趣。」

在進入有聲電影之前的默片時期，卓別林不得不依靠情節喜劇和默劇，使用啞語手勢和臉部表情來表達情感。由於超越了語言障礙，這種體態語言使演員很快被每個地方的人們所理解。

卓別林一生拍攝了近九十部影片，其中絕大部分是他自編、自導、自演的。著名的有《淘金記》、《城市之光》、《摩登時代》、《舞臺生涯》、《紐約之王》等。由於表演的巨大成功，他得到了世界各國人民的熱情崇拜，也得到了社會名流的關心。可以說，在 20 世紀的任何領域裡很少有人在人們心目中樹立起像他這樣的形象。他成功的奧祕大概就是他這種「必須相信自己」，絕不承認失敗的信心吧？

對於女性，特別是漂亮女性來說，卓別林是英俊而富有吸引力的男人。他的情感經歷是浪漫而又曲折的。在影片《孤兒流浪記》準備發行期間，卓別林捲入了第一件使他苦惱的婚姻和婚外情事件中。他陷入了二十多起或更多的桃色情網之中，許多都與迷人的女演員有關。但是這些豔遇他一般都會處理得很謹慎。而他以前兩次婚姻卻不是這樣的。

當卓別林 29 歲時，他突然閃電般的與 16 歲的米爾德‧哈麗莉斯結婚。兩年後，在大肆張揚的氣氛中，他們離了婚。四年之後，他與洛麗塔‧麥克默里結了婚。她也是 16 歲，藝名叫塔‧格雷。而卓別林沒多久就離家而去。在這次婚姻中，塔‧格雷為他生了兩個孩子 —— 小查爾斯和雪梨。經過一場轟動的離婚訴訟之後，這次婚姻也宣告結束。因為這次離婚他遭到了婦女俱樂部對他的抗議和不滿，以至於有的影片被禁止上映。

卓別林的第三位妻子是一名歌舞演員，藝名叫寶蓮‧高黛。1931 年，當高黛小姐 20 歲時，他們相識。據卓別林自己說，他們在 1936 年結婚。1942年兩人離了婚。

1941 年，卓別林認識了 21 歲的瓊‧貝莉，她是一位年輕有抱負而又小有名氣的女演員。後來她曾兩次指控卓別林是她女兒的父親，這兩次訴訟使卓別林再次成為被報紙渲染的新聞人物。法院責令他撫養那個女孩子。

1943 年，已經 54 歲的卓別林與 18 歲的烏娜‧歐尼爾結婚。她是劇作家奧尼爾的女兒。這件婚事雖遭到了作家的強烈反對，但事實證明這次婚姻是幸福而又持久的，夫婦倆一共生了八個孩子。

查爾斯‧卓別林於 1889 年 4 月 16 日出生在倫敦城南的一個演員家庭。父親是一個酒鬼，在卓別林出生不久他的父母就離異了。很小的時候，卓別林的母親靠演出維持生計，可是沒多久母親的聲帶就壞了，為了生活，他在 5 歲那年就替母親登臺演出了。

然而不久，小卓別林和母親不得不因失去生活來源而住進蘭貝恩濟貧院。接著他又被送到倫敦郊外的一家孤兒院，在這裡他感到自己是一個棄兒。這家孤兒院常常鞭打孩子，他就在這種環境裡飽受痛打，以後有一段時間，小卓別

林又被送到其他幾個孤兒院，而他的母親則被當做精神病人關了起來。直到母親出院後，他們這個小家庭才得以團聚，並艱難的生活著。直到他加入木鞋舞團生活才有好轉。

愛因斯坦是卓別林的好友，他非常喜歡卓別林的影片。在卓別林還未成名之前，愛因斯坦曾多次與他通信。有一次，他在給卓別林的信中這樣寫道：

「你的影片《淘金記》，世界上所有的人都能看懂，你一定會成為一位偉大的人物。」

對此，卓別林在回信中寫道：

「我更加敬佩您。您的相對論世界上沒有多少人懂，可是您終究成了一位偉大的人物。」

庸人之間的相互吹捧會使他們更愚蠢，但偉人之間的相互激勵卻能使他們創造奇蹟。

蘇聯偉大的作家 —— 蕭洛霍夫

蕭洛霍夫被認為是 20 世紀蘇聯最偉大的作家。他一生最重要的作品有三部，即長篇小說《靜靜的頓河》、《被開墾的處女地》，短篇小說《一個人的遭遇》。其中以《靜靜的頓河》影響最大，被譽為「頓河哥薩克生活的史詩」，並為作家贏得了 1965 年度諾貝爾文學獎。

早在 1926 年，蕭洛霍夫就出版了兩部反映蘇聯國內戰爭時期頓河哥薩克生活鬥爭的短篇小說集《頓河故事》、《淺藍色的草原》，引起文學界的關心，獲得好評。也就是在這一年，蕭洛霍夫決定創作一部深入反映頓河哥薩克生活和鬥爭的長篇小說，這就是後來寫成的《靜靜的頓河》。分別於 1927年、1928 年、1932 年、1937 年和 1940 年發表於《十月》、《新世界》兩家雜誌上，全書分為四部八卷。

《靜靜的頓河》講述的是一個普通哥薩克的故事，反映的卻是從第一次世界大戰前至國內戰爭時期這十多年間頓河流域政治風雲變幻和頓河全體哥薩克

人在特定歷史時期的命運。

頓河邊上的韃韃村住著中農列霍夫一家六口。葛利高里是列霍夫的小兒子，他是一個勇敢剽悍而又桀驁不馴的青年。他同鄰居司捷潘的妻子阿克西妮婭發生了熾熱的愛情。阿克西妮婭是一個勤勞美麗、大膽潑辣、有著火一般的熱情卻遭遇不幸的哥薩克少婦。她與正直淳樸的葛利高里之間的愛情是純潔真摯的，為了阻止他們的關係，列霍夫趕緊為葛利高里張羅親事，讓他跟同村富農的女兒娜塔麗婭結了婚。那塔麗婭性情冷淡，高利不喜歡她，婚後和阿克西妮婭舊情不斷，最後兩人私奔，逃到地主李斯特里茲基的莊園裡做了下人。

不久，第一次世界大戰爆發，葛利高里同村裡的其他青年一起應徵入伍。他在戰場上作戰英勇，表現出色，還獲得了勳章，但是戰爭的血腥和殘酷使他深感困惑，精神上異常痛苦。在布爾什維克賈蘭沙的啟發下，葛利高里朦朧的意識到了革命的真理，認識到了帝國主義戰爭的實質。後來在另一個革命者波得捷爾科夫的影響下，他加入了紅軍。但是，在革命隊伍中，葛利高里親眼目睹了波得捷爾科夫未經審訊便殺死白軍軍官並大肆濫殺無辜。這種暴行使他深為不滿，一怒之下他離開了紅軍隊伍。在白軍的煽動下，他加入了叛軍並當上了師長。當叛軍被消滅，他又滿懷贖罪之心參加了布瓊尼騎兵團。儘管他在騎兵團裡奮勇殺敵、戰功赫赫，復員後卻仍然害怕在肅反運動中遭迫害。於是他又冒險參加了弗明匪幫。最後匪幫潰敗，走投無路的葛利高里悄悄潛回村裡，想帶上阿克西妮婭遠走高飛，不料半路上阿克西尼亞被追兵槍殺。這個時候，葛利高里已經在戰爭中失去了大部分親人，包括他的父親、母親、哥嫂、女兒和他那在屈辱中度過了一生的妻子娜塔麗婭。阿克西妮婭的死使他生命中的最後一線光明消失了。萬念俱灰的葛利高里獨自一人在草原上流浪了三天三夜，終於決定回家。作品最後，葛利高里抱著自己同娜塔麗婭所生的兒子站在自家的門前，面對著疲憊而廣闊的大地，世界上唯一和他有聯繫就是小兒子米沙特。

就這樣，蕭洛霍夫以一個普通哥薩克人葛利高里的生活經歷為明線，以他的情感經歷為暗線，記敘他坎坷而又充滿熱情和迷惘的一生，並由點及面，全面而又深刻的反映了頓河人民在面對社會歷史重大選擇的緊要關頭，所經歷的痛苦的

思想鬥爭，和走過的艱難曲折的人生道路，探討了個人命運和整個人類社會歷史發展之間錯綜複雜的關係，表現出作者獨有的悲劇意識和深廣的人道主義關懷。

蕭洛霍夫的作品特別關心社會變革中生命個體的處境，他總是用富於人性的筆觸深入揭示人物豐富的內心世界，這一特點幾乎貫穿在他的所有重要作品中。從而使其創作不只是迎合一時的政治潮流，而能經得住歷史的檢驗。蕭洛霍夫創作上的這一特點也許跟他的個人經歷不無關係。蕭洛霍夫的童年很屈辱。他的母親從小就被賣給地主做女僕，受盡凌辱。他的父親是一個外鄉人。他們相愛卻不能結合，他母親被迫嫁給另一個男人，這個人就是蕭洛霍夫的繼父。直到幾年以後，他母親才同他的親生父親結了婚。在不幸的家庭中長大的蕭洛霍夫從小受盡欺凌。因為國內戰爭的爆發，蕭洛霍夫只上到小學四年級便不得不輟學回家。他 15 歲參加革命，先後當過人口登記員、糧食檢查員，還和匪軍戰鬥過。當他 17 歲那年到莫斯科時，身上只有幾個盧布，為了維持生活，他去做石匠泥瓦匠，搬運工等，正是在這種惡劣條件下，他一邊工作一邊寫作，於 1923 年 9 月發表了處女作《考驗》。一開始蕭洛霍夫的創作主要師法契訶夫，契訶夫描寫自然風光的高超技巧、簡練的語言風格使蕭洛霍夫受益匪淺。後來他進一步借鑑托爾斯泰的創作技法，他的《靜靜的頓河》在結構布局和人物塑造方面受《戰爭與和平》影響很深。但是在創作上對蕭洛霍夫有直接的提攜之功的人是綏拉菲莫維奇。這位可稱為蕭洛霍夫精神之父的作家，在蕭洛霍夫的第一部短篇小說集序言中，就曾把他的小說稱作草原上的鮮花，並預言蕭洛霍夫將成為一個可貴的作家。

蕭洛霍夫是一個不卑不亢、很有氣節的人。而且他還善於利用機智幽默使自己擺脫困境。有一次，赫魯雪夫夫婦打算去蕭洛霍夫家做客，蕭洛霍夫在電話中直言不諱的對第一夫人說：「我敬重你和尼基塔‧謝爾蓋耶維奇，可是你們知道吧，俗話說『服務心甘情願，服役令人心煩。』」

勃涅日列夫也曾在蕭洛霍夫那裡碰過壁。他曾提出到維約申斯克去拜訪蕭洛霍夫，但是蕭洛霍夫對他說：「親愛的尼基塔‧伊里奇，你們到我這裡來是好事，可要是莊稼歉收了怎麼辦？看樣子今年收成不好。」蕭洛霍夫就是以這

種貌似玩笑的方式巧妙回絕了這位蘇共最高領導人。

1933 年，蘇聯集體化運動中的許多偏激行動極大的損害了農民的利益，蕭洛霍夫曾上書史達林向他彙報實情，請求救濟飢民。他甚至在信中威脅史達林，如果史達林不採取措施解決問題，他就要將此寫進《被開墾的處女地》第二部。

第一發現《靜靜的頓河》手稿的列維茲卡婭是蕭洛霍夫一生中不可多得的異性知己。列維茲卡婭是莫斯科工人出版社圖書管理人員，1928 年初，她第一次接到《靜靜的頓河》手稿時便一口氣讀完了它。

她後來回憶初讀的情景時說：「我已經離不開手稿了，留下非常震驚的印象，一切都出人意料，不同尋常……」不久以後，列維茲卡婭見到了這位令她備加欣賞的年輕人，並從此開始了他們之間始終不渝的友誼。在交往中蕭洛霍夫有時把她當做媽媽，向她傾訴自己的煩惱和歡樂。他曾這樣寫道：「對您，葉夫蓋尼婭·格里戈利耶夫娜，和您的一家，我懷著親人般的感情。」他多次邀請她到他的家鄉維約申斯克去做客。當列維茲卡婭的女婿伊萬克列伊緬洛夫遭到逮捕時，蕭洛霍夫四處奔走營救，還親自找到貝利亞，請求釋放他。在其慘遭殺害之後，又竭盡全力幫助恢復他的名譽。蕭洛霍夫短篇小說《一個人的遭遇》的作者題詞也是寫給列維茲卡婭的。

美國 MTV 創始人 —— 傑克森

傑克森是美國天才的黑人歌手，MTV 的創始人，世界樂壇真正的藝術大師。他動人心魄的演唱，給世界歌壇帶來了耳目一新的感覺。

傑克森在很小的時候跟四個哥哥一起在父親的指導下學習歌舞，並表現出很高的音樂天賦。9 歲時便和幾個哥哥組成「傑克森五人組「演唱小組到各地演出。傑克森和大哥傑基主唱，另外三個哥哥負責伴奏，他們的演出受到人們的熱烈歡迎。尤其是傑克森載歌載舞的演唱受到觀眾的歡迎。在唱片公司老闆貝莉的主持下，於 1969 年 10 月發行了他們五人組首張唱片 Diana Ross Presents The Jackson 5，獲得巨大成功，接著又陸續推出 ABC、Third

Album 兩張唱片，都取得了成功。隨後在超級搖滾女歌星黛安娜的引薦下，他們來到好萊塢演出，並推出專輯，在全國電臺播放，這時候，傑克森離成功的大門不遠了。

從 1971 年開始，傑克森離開他的四個哥哥，開始獨闖歌壇。十年後他已成為主宰世界流行歌壇的超級巨星。他推出的第一張獨唱專輯是 1979 年錄製的《牆外》，由美國著名作曲家昆西負責製作，整張唱片極富熱情，剛一出版就取得了驚人的成功，共賣了近 800 萬張。緊接著，傑克森與製作人昆西再度合作，推出新專輯《顫慄》，其中單曲《這女孩是我的》是與前披頭四成員麥卡特尼共同演唱的，獲得新歌排行第二名。正是《顫慄》這張唱片，奠定了傑克森世界樂壇超級巨星的地位。這張專輯共有九首歌曲，但卻有七首打入了美國十佳流行歌曲排行榜，其中 Beat It 和 Billie Jean 兩首歌曲在排行榜上分別雄踞 40 週和 37 週，這一成績至今仍然沒有人超越它。1984 年，傑克森正是憑著這張專輯獲得象徵美國音樂界最高榮譽的葛萊美大獎中的七項獎勵，也正是這些榮譽使得這張專輯的銷售量突破了 4,000 萬張，創下了唱片銷售史上的最高記錄。

傑克森的歌聲清澈嘹亮，有時也很輕柔，他的音樂以索爾為基礎，吸收了節奏布魯斯爵士樂，以及披頭四和滾石樂隊的特點；他的舞蹈也像他的歌曲風格一樣，既雄勁豪放，又輕盈飄逸，有時還結合了卓別林式的笨拙步姿。在他的表演裡，他總是把自己極富感染力的演唱同他那個神奇絕妙、鏗鏘有力的舞姿結合起來，製造一種令人為之屏息的藝術，在這種藝術裡，音樂和舞蹈成了不可分割的有機組成部分。二十世紀八十年代初期，隨著電視走進千家萬戶，傑克森萌生了將歌唱藝術同電視相結合的想法。他在攝影師的幫助下，利用攝影技術美化自己的舞姿，使它更富魅力，同時，透過剪輯使舞蹈和音樂更完美的融為一體，從而創造了一種嶄新的藝術形式 —— 音樂電視，也就是我們今天所說的 MTV。

傑克森是一個忠實的基督徒，他菸酒不沾，更不吸毒。他對生活的態度展現了美國社會當時發展的保守主義傾向。1984 年，雷根總統為他頒發大眾服務獎。從此，傑克森開始介入政治，1985 年，他與里奇合作為援救非洲災民

義演而創作了《我們同屬於一個世界》，並在洛杉磯與 45 位歌星同唱了這首歌。關於這事，傑克森在回憶錄中這樣寫道：「作為那晚表演的許多音樂家之一，我感到自豪。我們被改變現狀的渴望連接在一起，這種改變將會使世界在我們面前變得更加美好。」

1987 年，傑克森發行了他的第三張專輯 Bad，其中有五首單曲進入排行榜榜首。同年，他舉行為期一年的環球巡迴演出，在世界掀起了巨大的「傑克森熱」。現在他不再是一個天才的少年歌手，而是一個真正的藝術大師了。

經歷痛苦孤獨的人，要麼走向毀滅，要麼在排遣痛苦與孤獨的時候把自己的歡樂貢獻給這個世界，傑克森就是埋藏苦難而奉獻歡樂的人。

傑克森生活在一個奇妙的世界中，可是很少有人能夠了解他。他編織的內心世界充滿了孤獨、悲哀、虛幻甚至帶有幾分荒誕色彩，不管傑克森有多大，這個自己的世界始終伴隨著他。把自己關在樓上的房間內，擺弄著自己小天地裡的東西。但是傑克森非常害怕孤獨害怕獨處，而現實中他又不得不這樣行動。歡樂的童年對他來說只能是一個夢，成年後，他依然有著孩子的品性、未泯的童心，讓他感到這個世界與他格格不入，難以相處。他躲避，他害怕。在家裡，他把自己親手塑造的六尊模型放在自己的房間裡，並且給它們洋娃娃和玩具，這樣來逃避他的孤單和寂寞。

對於家園以外的世界，傑克森總是逃避，即使參加一些活動，他也表現出這樣的心態。所以我們不難理解，為什麼在葛萊美頒獎晚會上，傑克森會那樣羞澀。傑克森的性格很孤僻讓人很難接近他，更不要說了解他的內心世界了。也許我們只能從他的歌聲中了解他那些永遠也無法言說的祕密。

科技菁英

世界第一位物理學家 —— 阿基米德

　　阿基米德發現了槓桿定律、阿基米德定律，引入重心的概念，是世界上第一位物理學家，第一位應用數學家。在阿基米德之前，希臘也有不少思想家和數學家，但他的發現更加經得起實踐的反覆檢驗，並且不斷得到發展。獨到的思考方式，似乎當它在希臘萌芽的時候，也同時精確的啟迪了西方文明的知性與理性。

　　阿基米德創始了機械學和流體靜力學，發現了浮力原理和比重原理；發現了槓桿定律和滑輪定律，第一個提出重心的概念並確定了若干幾何圖形的重心位置；他發明了測量圓周率的方法，他不光是一位物理學家。他是一位傑出的幾何學家，在幾何方面提出了阿基米德公理；他發明了許多機械，動力機械、舉重滑輪等，戰爭機械如拋石機、吊船機等，有不少機械都進入了現代科技領域，雖然技術、工藝和材料都大大前進了，可原理還是一樣的。

　　阿基米德現存的著作包括《方法論》、《浮體論》、《球與圓柱論》、《平面圖形的平衡或其重心》、《數沙者》、《槓桿論》、《劈錐曲面體與球體論》、《拋物線求積》、《螺線論》，現在已失傳的《球與圓柱論》被很多數學所引用。

　　當羅馬軍隊攻破敘拉古城時，阿基米德還在沙灘上思考問題。突然一個黑影遮住了他面前的光線，沉重的腳步踐踏了他在沙灘上畫的各種圖形，他憤怒的喊著：

　　「喂，你把我畫的圖形給踩壞了！讓開，不要弄壞我的圖！」

　　可是，傲慢的羅馬士兵根本不知道他是誰，要殺死他。當阿基米德明白過來時，安靜的說：

　　「給我留下一些時間，讓我把這道還沒有解答完的題做完，免得將來給世界上留下一個尚未論證完的難題。」

　　無知的羅馬士兵，不懂得科學，更不懂得愛護科學人才，居然毫不留情的將阿基米德殺死了。

近代實驗科學的始祖 —— 培根

　　培根是近代哲學史上首先提出經驗論原則的哲學家。他重視感覺經驗和歸納邏輯在認識過程中的作用，開創了以經驗為手段，研究感性自然的經驗哲學的新時代，對近代科學的建立起了積極的推動作用，對人類哲學史、科學史都做出了重大的歷史貢獻。為此，羅素尊稱他為「給科學研究程序進行邏輯組織化的先驅」。

　　培根的哲學思想是與其社會思想是密不可分的。他是資產階級上升時期的代表，主張發展生產，渴望探索自然，要求發展科學。他認為是經院哲學阻礙了當代科學的發展。因此他極力批判經院哲學和神學權威。他還進一步揭露了人類認識產生謬誤的根源，提出了著名的「四假相說」。他說這是在人心普遍發生的一種病理狀態，而非在某情況下產生的迷惑與疑難。第一種是「種族的假相」，這是由於人的天性而引起的認識錯誤：第二種是「洞穴的假相」是個人由於性格、愛好、教育、環境而產生的認識中片面性的錯誤；第三種是「市場的假相」，即由於人們交往時語言概念的不確定產生的思維混亂。第四種是「劇場的假相」這是指由於盲目迷信權威和傳統而造成的錯誤認識。培根指出，經院哲學家就是利用四種假相來抹殺真理，製造謬誤，從而給予了經院哲學沉重的打擊。但是培根的「假相說」滲透了培根哲學的經驗主義傾向，未能對理智的本性與唯心論的虛妄加以嚴格區別。

　　培根認為當時的學術傳統是貧乏的，原因在於學術與經驗失去接觸。他主張科學理論與科學技術相輔相成。主張打破「偶像」，剷除各種偏見和幻想，提出「真理是時間的女兒而不是權威的女兒」，對經院哲學進行有力的攻擊。

　　培根的科學方法觀以實驗定性和歸納為主。他繼承和發展了古代關於物質是萬物本源的思想，認為世界是由物質構成的，物質具有運動的特性，運動是物質的屬性。培根從唯物論立場出發，指出科學的任務在於認識自然界及其規律。但受時代的局限，他的世界觀還具有樸素唯物論和形而上學的特點。

　　1597 年，培根發表了他的處女作《論說隨筆文集》。他在書中將自己對

社會的認識和思考，以及對人生的理解，濃縮成許多富有哲理的名言警句，受到廣大讀者的歡迎。

1605 年，培根用英語完成了兩卷集《論學術的進展》。這是以知識為其研究對象的一部著作，是培根聲稱要以知識為其領域，全面改革知識的宏大理想和計畫的一部分。培根在書中猛烈抨擊了中世紀的愚民政策，論證了知識的巨大的作用，提示了知識不能令人滿意的現狀及補救的辦法。在這本書中，培根提出一個有系統的科學百科全書的提綱，對後來十八世紀的狄德羅為首的法國百科全書派編寫百科全書，起了重大作用。

1609 年，在培根任副檢察長時，他又出版了第三本著作《論古人的智慧》。他認為在遠古時代，存在著人類最古的智慧，可以透過對古代寓言故事的研究而發現失去的最古的智慧。

培根原打算撰寫一部六卷本百科全書式的著作 ——《偉大的復興》，這是他要復興科學，要對人類知識加以重新改造的巨著，但他未能完成預期的計畫，只發行了前兩部分，1620 年出版的《新工具》是該書的第二部分。《新工具》是培根最重要的哲學著作，它提出了培根在近代所開創的經驗認識原則和經驗認識方法。這本書與亞里斯多德的《工具篇》是相對立的。

培根在結束其政治生涯後，僅用幾個月時間就完成了《亨利七世本紀》一書，這部著作得到後世史學家的高度評價，被譽為是「近代史學的里程碑」。

大約在 1623 年，培根寫了《新大西島》一書，這是一部尚未完成的烏托邦式作品，由羅萊在他去世的第二年首次發表。作者在書中描繪自己新追求和嚮往的理想社會藍圖，設計了一個稱為「本色列」的國家，在本色列裡，科學主宰一切，這是培根畢生所宣導的科學的「偉大復興」的思想信念的集中表現。

培根於 1561 年 1 月 22 日出生於倫敦一個官宦世家。父親尼古拉·培根是伊莉莎白女王的掌璽大臣，曾在劍橋大學攻讀法律，他思想傾向進步，信奉英國國教，反對教皇干涉英國內部事物。母親安尼是一位頗有名氣的才女，她嫻熟的掌握希臘文和拉丁文，是加爾文教派的信徒。良好的家庭教育使培根成熟較早，各方面都表現出異乎尋常的才智。12 歲時，培根被送入劍橋大學

三一學院深造。在校學習期間，他對傳統的觀念和信仰產生了懷疑，開始獨自思考社會和人生的真諦。

在劍橋大學學習三年後，培根作為英國駐法大使埃米阿斯·鮑萊爵士的隨員來到了法國，在旅居巴黎兩年半的時間裡，他幾乎走遍了整個法國，接觸到不少的新鮮事物，汲取了許多新的思想，這對他的世界觀的形成達到了很大的作用。1579 年，培根的父親突然病逝，他要為培根準備日後贍養之資的計畫破滅，培根的生活開始陷入貧困。在回國奔父喪之後，培根住進了葛萊法學院，一面攻讀法律，一面四處謀求職位。1582 年，他終於取得了律師資格，1584 年當選為國會議員，1589 年，成為法院出缺後的書記，然而這一職位竟長達 20 年之久沒有出現空缺。他四處奔波，卻始沒有得到任何職位。此時，培根在思想上更為成熟了，他決心要把脫離實際，脫離自然的一切知識加以改革，把經驗觀察、事實依據、實踐效果引入認識論。這一偉大抱負是他的科學的「偉大復興」的主要目標，是他為之奮鬥一生的志向。

1602 年，伊莉莎白去世，詹姆士一世繼位。由於培根曾力主蘇格蘭與英格蘭的合併，受到詹姆士的大力讚賞。培根因此平步青雲，扶搖直上。1602 年受封為爵士，1604 年被任命為詹姆士的顧問，1607 年被任命為副檢察官，1613 年被委任為首席檢察官，1616 年被任命為樞密院顧問，1617 年提升為掌璽大臣，1618 年晉升為英格蘭的大陸官，授封為維魯蘭男爵，1621 年又授封為奧爾本斯子爵。但培根的才能和志趣不在國務活動上，而存在與對科學真理的探求上。這一時期，他在學術研究上取得了巨大的成果。並出版了多部著作。

1621 年，培根被國會指控貪汙受賄，被高級法庭判處罰金四萬英磅，監禁於倫敦塔內，終生逐出宮廷，不得任議員和官職。雖然後來罰金和監禁皆被豁免，但培根卻因此而身敗名裂。從此培根不理政事，開始專心從事理論著述。

1626 年 3 月底，培根坐車經過倫敦北郊。當時他正在潛心研究冷熱理論及其實際應用問題。當路過一片雪地時，他突然想作一次實驗，他宰了一隻雞，把雪填進雞肚，以便觀察冷凍在防腐上的作用。但由於他身體孱弱，經受不住風寒的侵襲，支氣管炎復發，病情惡化，於 1626 年 4 月 9 日清晨病逝。

日心說創始人 —— 哥白尼

尼古拉‧哥白尼是波蘭偉大的天文學家、太陽中心說的創始人、近代天文學的奠基者。

同時，哥白尼也是一位傑出的醫生、社會活動家、數學家、經濟學家和畫家。

哥白尼在克拉科夫大學讀書時，就開始考慮的球的運轉問題，他在沃伊切赫的指導下，學會了運用天文儀器進行觀測天象。

哥白尼從克拉科夫大學畢業後，1495 年，奉舅舅瓦茲洛德之命，前往當時歐洲的文化中心義大利留學。

他在義大利北部的波隆那大學學習「教會法」，同時努力鑽研文學。在這裡他結識當時著名的天文學家多明尼克‧瑪利亞，同他一起研究月球理論。他們開始用實際觀測來揭露托勒密學說和客觀現象之間的矛盾。他發現托勒密對月球的解釋得出一個荒謬的結論：月亮的體積時而膨脹時而收縮，滿月是膨脹的結果，新月是收縮的結果。1497 年 3 月 9 日，哥白尼和瑪利亞進行了一次著名的觀測，證明了月球的體積是不會發生變化的。就這樣，哥白尼把托勒密的地心說打開了一個缺口。

1500 年，哥白尼由於經濟困難，到羅馬擔任數學教師。在這個「聖都」裡，他看到了羅馬教廷的虛偽荒淫。第二年夏天，哥白尼回國，後因取得教會的資助，秋天重新回到義大利的帕都亞學醫。1503 年，哥白尼在法臘羅大學取得教會法學博士的學位。

這時哥白尼還努力研讀古代的典籍，目的是為「太陽中心說」尋求參考資料。他幾乎讀遍了能夠弄到手的所有資料。

此外，哥白尼還是一位多才多藝的學者。他精通拉丁文和希臘文，對古代希臘羅馬文學也頗有研究；他是一位畫家，作過自畫像；他繪製過埃爾門蘭德地區的地圖；設計過埃爾門蘭德各城市的自來水管道；他也是位出色的數學家，他的巨著《天體運行論》裡發表過他的球面三角論文。然而他之所以能名垂青史，還是因為他在天文學上的偉大貢獻。

哥白尼離開義大利回波蘭時，天空正出現罕見的星象，由於教皇亞歷山大誤喝了謀害別人的毒酒而喪命，義大利教會趁機提出種種「警告」，他們宣告天空將連續出現四次土星與木星「會合」的異象，說這是上天對世人的一個嚴重警告。

這時，哥白尼和他的朋友也在克拉夫研究兩星「會合」的問題。哥白尼發現教會的說法包含資料的錯誤，於是他和朋友們決定各自在不同地區進行觀測，以便一起來揭露教會的邪招。

第四次「會合」證實了哥白尼的推測。「會合」的日期與教會所說不符，而和哥白尼的推算都是相符的 —— 它提前了一個多月。

在赫爾斯堡，由於朋友們不斷的催促，哥白尼把他的「太陽中心說」寫出了一個提綱，取名叫《試論天體運行的假設》，抄送給他的幾個心腹朋友，它宣布：「所有的天體都圍繞著太陽運轉，太陽附近就是宇宙中心的所在。地球本身一天自轉一周，一年繞太陽公轉一周。」

《試論天體運行的假設》是哥白尼學說的第一塊基石。

1512 年，舅父去世後，哥白尼在弗洛恩堡定居。他買下了城堡的一座箭樓。這座箭樓本來是作戰用的，後來成了哥白尼的小型天文臺。他用自製的簡陋儀器，通宵達旦的觀測天體，長達 30 年之久。

1516 年，哥白尼開始寫作《天體運行論》一書。1525 年秋天，哥白尼與女管家安娜同居。哥白尼在安娜的幫忙和照顧下，寫作工作才得以順利進行。1536 年，這本書已基本完成。

由於教會對科學和進步思想的瘋狂迫害，《天體運行論》的出版困難重重。

哥白尼的唯一門生德國威騰堡大學的數學家列提克和他的朋友鐵德曼·吉哲都熱心幫助他出版。1541 年，他最後下決心將他的著作付印。

1541 年秋，列提克把哥白尼的手稿送往紐倫堡出版。由於列提克堅信哥白尼的學說受到了教會的迫害，他不得不離鄉背井逃避教會的追捕。臨走之前，他委託自己的朋友路德派的牧師奧西安得爾代他出版哥白尼的著作。然而，這位牧師在梅蘭赫東的指使下，竄改了哥白尼的原意。他在《天體運行

論》一書中，塞進了一篇怯懦的序言。

1543 年，當這本書印好並送到弗洛恩堡時，哥白尼已危在旦夕。他的眼睛已經失明，只用手痙攣的抓住書本摸了摸，就與世長辭了。

哥白尼的功績在於：他用科學的太陽中心學，推翻了在天文學上統治了一千多年的地球中心說。這是天文學上一次大革命，引起了人類宇宙觀的革新。在《天體運行論》一書中，他還詳細駁斥了托勒密的地心說。

哥白尼的「日心說」，沉重的打擊了教會的宇宙觀，因而使天文學從宗教神學的束縛下解放出來，自然科學從此獲得新生，在近代科學的發展史上具有劃時代的意義。

1473 年 2 月 19 日，尼古拉‧哥白尼誕生在波蘭西部維斯杜瓦河畔托倫城聖阿娜巷的一個商人家庭。哥白尼十歲那年，父親病逝。由舅父加斯‧瓦茲洛德扶養。舅父是一個人文主義者，他和當時波蘭進步的知識界來往極為密切。在哥白尼念中學時，瓦茲洛德就帶他參加人文主義者的聚會。1491 年，按照舅父的安排，哥白尼到克拉科夫大學去學習天文學和數學。

在這座以天文學和數學聞名於全歐的古老大學裡，新興的資產階級人文主義思想和腐朽封建教會的經院哲學之間的鬥爭異常激烈。尼古拉受到人文主義思想的薰陶。該校教師中對他影響最大的是一位具有進步思想的數學家和天文學家沃伊切赫‧波魯澤夫斯教授。這位學者對西元 2 世紀古希臘天文學家托勒密的「地心說」（又稱「天動說」）提出了懷疑。

星河探尋人 —— 伽利略

伽利略是義大利偉大的物理學家、天文學家。他一生主張研究自然界必須進行系統的觀察和實驗，是近代實驗科學的創始者之一。

1581 年伽利略進入比薩大學學習醫學，他沒有完成他的學業就退學了，他不喜歡醫學，對數學有著強烈的興趣，為此他放棄了醫學，專心攻讀幾何學和阿基米德的理論。二十四歲的時候就寫出《固體之重心》論文，被稱為

「當代阿基米德」。

1610 年伽利略在帕多瓦設計製造了一架簡單的折射式望遠鏡，由於他發明了望遠鏡並對其加以有效的利用，徹底改變了人類對宇宙的看法。在觀察月球時，他發現月球並不像亞里斯多德學說所說的那樣，月球是平滑不變的。他發現了太陽黑子、木星的四顆衛星、金星的盈虧，還發現銀河系是由無數星體構成的，為哥白尼日心說提供了有力證據。

伽利略在力學上的重要貢獻有：建立了自由落體定律，發現了物體的慣性定律、擺振動的等時性、拋體運動規律，確定了伽利略相對性原理，並第一次精確的論述了運動中的「速度」和「加速度」等基本概念，成了經典力學和實驗物理學的先驅，總結出了自然科學的研究新方法、標誌著物理學的真正的開端。

1616 年，羅馬教廷對伽利略宣傳哥白尼學說舉動發出嚴厲警告。1633 年伽利略被召回羅馬的時候遭到刑訊的恐嚇，被迫放棄哥白尼學說。著作《兩個主要世界體系的對話》等都被查禁，複本也被焚燒，伽利略本人也被監禁。一年內，判決改成將他永久拘禁於佛羅倫斯的家中。在拘禁中，他開始寫作《兩種新科學》，內容包括力學定律。直到去世，拘禁也尚未解除。

有一天，伽利略邀請一些教授來到比薩斜塔下觀看實驗，他和助手拿著一百磅和一磅重的鐵球各一個，登上了斜塔，在上面喊道：「請注意，鐵球下來了！」說罷兩人同時鬆手，果然兩鐵球同時著地。他再做了一次，結果還是相同。在場的人們十分驚訝，但教授們仍然不敢動搖對亞里斯多德的信念，認為伽利略在鐵球裡施行了魔術，反過來攻擊他，後來伽利略經過精確計算，發現了自由落體定律。

近代科學奠基人 —— 牛頓

牛頓在自然科學領域做出了奠基性的貢獻。他發現了萬有引力定律，進行了光的分解而創立了光學，在數學上創立了二項式定理和無限理論。

1665 年，牛頓從劍橋大學回到故鄉，把大學裡學過的內容作了系統的整

理和細緻思考，認真領會了以前各位科學巨人的研究方法。他提出第一步，要從事實出發，以觀察和實驗為依據，提出概念和概念之間的依從關係；第二步，要找到推理方法，主要是數學工具；第三步，把推導結果與實事進行印證。照這個方法，牛頓很快就推導出了二項式定理，制定出微積分，反映暫態變數關係。他又用三稜鏡把白光分解成七色光並確定每種顏色光的折射率。他還繼承笛卡兒的理論，把地上的力學應用於天體現象來探索行星橢圓軌道問題，試圖把蘋果落地與月亮繞地球公轉聯繫起來。

1687 年 7 月，《自然哲學的數學原理》這部劃時代的著作問世，它以牛頓三大運動定律和萬有引力定律為基礎，建立了完美的力學理論體系，說明了當時人們所能理解的一切力學現象，解決了行星運動、落體運動、振子運動、微粒運動、聲音和波、潮漲潮落以及地球的扁圓形狀等各種各樣的問題。牛頓的學說動搖了中世紀流傳下來的，宗教神學和經院哲學那種崇尚教義玩弄詭辯的伎倆，為唯物主義哲學、進步的文學藝術的健康發展提供了堅實的基礎。

此後，牛頓又先後出版了《光學》、《三次曲線枚舉》、《利用無窮級數求曲線的面積和長度》、《流數法》等著作，發表了論文《使用級數、流數等等的分析》。

牛頓的臨終遺言總結了一生的工作：

「我不知道世上的人對我怎樣評價，我卻這樣認為，我好像是在海濱上玩樂的孩子，時而拾到幾塊瑩潔的石子，時而拾到幾片美麗的貝殼並為之歡欣。那浩瀚的真理的海洋仍展現在面前。」

牛頓是個遺腹子，父親在他出生的前幾個月就因病去世了。三歲時，母親就另嫁了一個神父，從此牛頓就寄養在外祖母家，嘗受了寄人籬下的苦痛。這使他的性格內向而靦腆常受到別人的欺負。但他從小喜歡動腦筋，喜歡動手做一些精巧的東西，比如設計水車什麼的。後來，因家庭狀況困窘，牛頓不得不輟學在家牧羊，但他仍抓緊時間學習，觀察一些自然現象，思考各種問題。有一次，他在暴風雨中跑來跑去測量風速，被淋得渾身溼透，家裡人驚呆了，怕他生病，只好同意他繼續上學。

有一次，在一個晴朗的日子裡，牛頓想騎馬到山裡去辦點事情。他扛著馬鞍走到馬廄去牽馬，剛把馬牽出來，忽然一個力學問題在腦際浮現。他不知不覺的把馬放了，自個扛著鞍子順著小路一邊走一邊思考問題。牛頓時而低頭沉思，時而用手比劃，完全忘卻了周圍一切。當他走到山頂，覺得十分疲憊，才想起應該騎馬。才知道自己早把馬放了，只有一副沉重的馬鞍始終扛在他肩上。

牛頓對科學執著的探索，已經達到了忘我的境地。有一年冬天，牛頓坐在火爐旁思考著一個問題。他右肘的袖子被烤得焦糊了，他卻一點兒也沒有發覺。最後，袖子竟被燒著了，冒出黑煙，嗆得他連連打著噴嚏也沒覺察。嗅到焦味的家人跑進來，一聲驚呼，這才使牛頓覺察到衣袖著火了。

牛頓一生沒結過婚，但有一段愛情經歷讓他刻骨銘心。在他回到格蘭鎮中學期間，曾經喜歡過一個叫斯托萊的女孩，她是牛頓老師的繼女，非常美麗，比牛頓小兩、三歲。儘管她的父親經常提醒說「牛頓正在準備考大學，少去打攪他」，但是，斯托萊還是以「我給他沏茶去」、「我去問他一道數學題」等藉口，到牛頓房間去和他談天。後來，牛頓回鄉下躲避瘟疫，又到斯托萊家住了些日子。牛頓和斯托萊一起遊玩，他為美麗、好學、富有思想的斯托萊而心醉；牛頓淵博的學識和超人的見解，也贏得了斯托萊的欽佩和愛慕。但是，牛頓羞澀和謙卑的個性，使他沒有勇氣向斯托萊表白愛情，後來他又一直沉醉於科學創造，而對自己生活心不在焉，就這樣錯過了時機。斯托萊最後只好嫁給了別人。斯托萊後來結過兩次婚，生活境況一直都不好，牛頓每次回到林肯郡都要去看望她，並給予經濟上的幫助。他們保持著終生的情誼。

牛頓一生謙虛謹慎。在 1676 年給胡克的一封信中，說道：「如果我之所見比笛卡兒等人要遠一些，那只是因為我是站在巨人的肩上的緣故。」

從商人到科學家 —— 富蘭克林

富蘭克林作為美國歷史上第一位享有國際聲譽的科學家和發明家，其主要功績在於他在電學上的成就。

　　當時人們還不知道電是什麼東西時，富蘭克林對它產生了濃厚的興趣。經過一系列電學實驗，他將不同狀態下的電稱為「正電（＋）」和「負電（－）」，提出了電學中的「一流論」，在大氣電學等方面揭示了雷電現象的本質，因此而被人們譽為「第二個普羅米修斯」。

　　他在光學、熱學、聲學、數學、海洋學、植物學等方面也有研究，並發明新式火爐、電輪、避雷針、雙焦距眼鏡、三輪鐘、高架取書器、自動烤肉機等。

　　富蘭克林曾是美洲哲學會的中心人物，一生四次擔任英國皇家學會理事會理事，曾獲得哈佛大學和耶魯大學的榮譽碩士學位，以及英國的愛丁堡大學、聖安德魯大學和牛津大學的博士學位。他一生勇於做實際的實驗，把科學研究與實際生活結合起來，即使在晚年，還致力於研究改進航海技術，研究水聲學，並寫下了論北極光性質的文章。他的科學發明大大的促進了當時北美各殖民地的科學文化發展，為人類做出了巨大的貢獻。

　　富蘭克林在科學研究的同時，也熱衷於社會政治活動。作為美國資產階級民主主義者，參加起草獨立宣言，草擬美國憲法，對美國獨立戰爭做出卓越貢獻。

　　富蘭克林家有 17 個兄弟姊妹，他排行第 5 個。他從小喜歡讀書，但因家境貧窮，只上了兩年學，10 歲就幫助父親料理製造經銷蠟燭和肥皂的生意。富蘭克林 12 歲的時候做哥哥的徒弟，經常吵架而挨揍，後來在朋友幫助下，隻身逃到費城，開始了「獨闖天下」的生涯。

　　富蘭克林出走到費城做印刷工人時，愛上了房東里德太太的女兒黛博勒，準備求婚時，卻遭到里德太太的極力反對。後來，富蘭克林再回到費城時，黛博勒小姐已結婚，但不久又分居，而且她丈夫逃債到西印度群島去了。後來一個偶然機會，富蘭克林又與里德太太家作為鄰居交往，他不時見到黛博勒小姐，回想起昔日的戀情，心潮難平，漸漸恢復了對黛博勒的感情。這時里德太太也很後悔當初拒絕了他，勸女兒應該和自己愛的人結婚。1730 年 9 月 1 日，他們按普通法律結了婚。妻子忠貞、理智、節儉，大力幫助富蘭克林，使其在科學研究和政治活動方面取得了輝煌成就。

　　富蘭克林一生結交過許多知心朋友，和凱薩琳‧雷的友情讓人稱頌。他們

友情初建的時期，儘管兩人都理智的認為彼此之間存在的只是友情，但顯然感覺到了一些超過友情之外的東西。年輕的凱薩琳為富蘭克林那超越年齡的魅力吸引，而富蘭克林也看到了凱薩琳的迷人，他們也相互傾心。但富蘭克林深情、冷靜而理智的將他們的關係界定在「友情」的範圍之內，清醒的意識到自己的家庭責任和人民賦予的歷史責任。他們終生保持著深厚的友情，在83歲那一年，富蘭克林給凱薩琳的信中寫道：「我一生的幸福之中，包含著友誼。只要我活著，我便會想起它。」

富蘭克林創造並建議使用避雷針時，費城教會竟斥之為冒犯神權，是對上帝和雷公的大不敬。他的建議遭到冷遇和非難，於是他只能在自家屋頂上裝上了避雷針。別人問他為什麼要裝時，他笑著說：「我不喜歡普羅米修斯的神火。」

蒸汽機發明人 —— 瓦特

馬克思說：「瓦特的偉大天才表現在1784年4月他所取得的專利說明書中，他沒有把自己的蒸汽機說成是一種用於特殊目的的發明，而把它說成是大工業普遍應用的引擎。」

在18世紀中葉以前，生產的動力主要是人力、畜力、風力和水力，而蒸汽動力具有更巨大的經濟優越性和使用方便性。瓦特的發明，使蒸汽機變成適用於一切工業部門的動力機械，迅速為採礦、紡織、冶金、造紙、食品、建築、機器製造等各行業廣泛採用，在全世界掀起一場大革命，使人類社會進入「蒸汽時代」，引起社會生產力的驚人發展。

瓦特不僅發明蒸汽機外，還發明了液體比重計、信件影印機。水是化合物不是單質的觀點，他第一個提出來的，他還最先提議用螺旋槳來推進輪船，第一個採用「馬力」作為計算功率的單位。在應用化學理論方面，他找到了一種氯化漂白紡織品和用食鹽製鹼的實用工藝生產流程。

瓦特的成就得到人們的高度評價：他是伯明罕太陰學會（一個科學家、藝術家的學術團體）成員；1785年被選為倫敦皇家學會會員；1806年被授予

格拉斯哥大學博士頭銜；1814 年，被接收為法國科學家學會的國外會員。去世後，威斯敏斯特大教堂為他立了塑像。人們為了紀念他，用「瓦特」作為計算功率的一種單位。

　　瓦特 17 歲那年，父親經營商業失敗，家中破產，他不得不出外謀生。到格拉斯哥一家鐘錶店學手藝。由於要交學徒費他只得擠出時間去做些體力工作，結果勞累過度，患了嚴重的風溼病，只好回到家中休養。病還沒養好，為了維持生活，他又去格拉斯哥，想經營儀器修理業。當地的行會卻以學徒期未滿為藉口，不准他開業。

　　瓦特小時候的一天，壺裡的水開了，蒸汽把壺蓋沖得「噗噗」作響，壺嘴裡噴出一縷一縷白霧，一會兒又變成一蓬一蓬的濃霧，同時蓋子動一下又恢復原狀，還發出「嘶嘶」的聲音。瓦特目不轉睛的盯著翻動不止的茶壺，思索著其中的奧祕，在爐旁待了一個多鐘頭。姨媽看見了，責罵他是「懶孩子」。

　　瓦特小時候常常到姨媽家去玩，跟表妹瑪格麗特・米勒一起玩樂、學習；瑪格麗特・米勒美麗活潑，而且從不像他的同學那樣嘲笑他、捉弄他，反而對他親昵而尊重。天長日久，在他們各自心裡滋生了愛的種子。1764 年，瓦特與表妹瑪格麗特・米勒結為伴侶。

電磁學理論奠基人 —— 法拉第

　　法拉第從一個窮鐵匠的兒子、釘書店的學徒，經過自己的努力，克服了重重困難，成為一位為人類做出巨大貢獻的科學家。他是第一個證明磁場可以產生電流的人，因而大家都認為原始電動機的發明應歸功於他。

　　1815 年 4 月，法拉第開始全力以赴進行科學研究。他想盡辦法搜集了能得到的一切資料，作了詳盡的目錄索引和筆記。在實驗室裡，他大膽進行各種實驗，有時甚至不惜生命危險。1816 年他發表了第一篇題為《托斯卡納苛性石灰之分析》的論文；1818 年他開始研究合金鋼，發現增添微量金屬元素可以影響鋼的性能，這項研究為後來合金鋼的研究開拓了道路；1820 年他首次

用置換反應製成兩種碳的氯化物；1823 年他液化了氯氣；1825 年他第一個從石油氣中分離出苯，同年一種光學玻璃也被他製成。這些成果使法拉第成為一位知名的化學家。1824 年法拉第被選入倫敦皇家學會，時年 33 歲；第二年升任皇家研究院的實驗室主任。1826 年他創設了定期的科學講座，每星期五晚上為研究院成員作演講。到 1862 年法拉第退休為止，他一共作了 100 多次演講，對英國政府的科學和教育政策，做出了很大貢獻。

法拉第不光是在化學上有成就，在電學方面也為人類做出了巨大的貢獻。1821 年，法拉第成功的做出了「電磁旋轉實驗」，製成了第一臺將電能轉化為機械能的裝置。但他並沒有滿足，開始思索：既然電可以產生磁，為什麼磁不可以產生電呢？花了 9 年的時間，他終於在 1831 年 10 月 17 日宣布，可以用永久磁鐵產生電流，使磁力轉變為電力，這就是有名的電磁感應原理。利用這個原理，法拉第製造出世界上第一臺感應發電機的雛形。他的發現為人類提供了打開電能寶庫的鑰匙。後來人們利用這個原理，製成了實用的發電機、電動機、變壓器等電力設備，建立起水力和火力發電站。

法拉第獲得電學上重大進展後，沒有因為榮譽而陶醉，而是繼續進行探索，開拓新的領域。1834 年法拉第提出了以他命名的兩條定律，為電化學及電解、電鍍工業奠定了理論基礎。他使用的陰極、陽極、電解質、陽離子、陰離子等名詞一直沿用至今，他的名字也被命名為電解中一種電量單位。1838 年他又提出電力線的新概念來解釋電磁現象，以後又提出磁力線的概念，從而為經典電磁理論的建立奠定了基礎。

1839 年法拉第在養病期間也在研究氣體的液化，成功的液化了幾種氣體。1843 年法拉第證明了電荷守恆定律。次年又提出了光的磁場概念，揭示了光和電、磁的密切關係。同年他還發現了物質的順磁性和反磁性，並成功的用力線概念加以解釋。

法拉第在科學研究上的輝煌成就，對社會的發展做出了巨大的貢獻。

法拉第 1791 年 9 月 22 日出生在倫敦南面一個小村子裡。家裡很窮，他父親是個鐵匠，身體很糟糕，收入十分微薄，僅能勉強維持一家最低生活水

準，有時候每個人一週僅靠一個麵包過活。由於貧窮，家裡沒錢送法拉第上學念書，因而他幼年時沒受過什麼正規教育，只能念幾本啟蒙讀物。13 歲他為生活所迫，成為了倫敦街頭的一個報童。

1820 年春天，法拉第認識了一位名叫薩拉的女孩，深深的愛上了她。薩拉是一位銀匠的女兒，恬靜、文雅，長著一頭美麗的棕色鬈髮。薩拉家和法拉第家都是桑德曼教會的信徒，他們在同一個教堂做禮拜。法拉第就是在教堂認識她的。幾年前陪同大衛夫婦去歐洲旅行的經歷，使他深感結婚並沒有給大衛帶來幸福，變得詛咒愛情是「傳染病」、「掃帚星」。但是，同溫柔體貼的薩拉相遇，法拉第心中的冰雪被融化了。薩拉也很愛法拉第，被小夥子的樂觀、深沉和勤奮深深吸引了。1821 年初夏，這對情人舉行了婚禮。還在蜜月期間他又投入到了緊張的科學研究中去了。

一次，法拉第全神貫注的做著實驗，連吃晚餐的時間也忘掉了。妻子薩拉只好將晚餐給他送到實驗室。法拉第見她送來麵包和牛排，沒想到法拉第居然拿出麵包用一根細線懸掛起來，放進兩個磁極之間。麵包像受過訓練一樣，一動不動的停立在磁力交叉的方向上。法拉第又朝妻子眨眨眼睛，將牛排用作實驗。薩拉看著他做實驗，真是無可奈何。

1835 年耶誕節剛過不久，一家時報登出法拉第的照片，標題用的是醒目的黑體字：名師高足，後來居上 —— 麥可‧法拉第即將被授予爵士稱號！當時有人前來祝賀。法拉第淡淡一笑：「沒有的事！我幹麼要當爵士呢？」

當時宮廷確實準備封法拉第為爵士，可法拉第謝絕了。他說：「我以生為平民為榮，並不想變成貴族。」他履行了自己的諾言，既來自人民又造福人民。

進化論奠基人 —— 達爾文

達爾文在 1859 年出版《物種起源》，提出「進化論」，指出一切生物都經歷從低級到高級，由簡單到複雜的發展過程，生物不是不變的。生物進化的法則是「優勝劣汰，適者生存」。進化論徹底改變了人類對整個世界的看法。

達爾文還在劍橋大學神學系讀書的時候，他把大量時間用於閱讀自然科學書籍，採集昆蟲標本和結交動植物學家和地質學家上。

達爾文走出校門的時候，英國政府為了掠奪資源和擴大市場，加緊對海外殖民地的侵略，派遣了大批艦船和「探險隊」到世界各地進行「科學考察」和「探險」活動，以便弄清各地資源情況，實施掠奪計畫。1831 年，在漢斯羅教授的推薦下年輕的達爾文，以自然科學家的身分，參加了貝格爾艦歷時 5年的環球考察。

考察期間，達爾文歷盡千辛萬苦，跋山涉水，進入深山密林，採集標本，挖掘化石，從來「沒有偷閒過半個小時」。他在物種變異事實的教育和啟發下，逐漸對物種不變論產生了懷疑。特別是在南美洲親眼看到的種種事實，對他產生了深刻的影響。整個南美洲自北而南，同類生物的形貌漸次不同；朋塔阿耳塔的動物化石雖古而類今，一種箭獸的化石，集中了現存的好幾種動物的特徵；加拉巴哥群島上的同種動物卻又不完全一樣。物種不變論對這些事實再也解釋不通了。

1836 年，達爾文滿載而歸，開始集中整理他在考察期間所寫的日記和採集的標本，將婚事也放在一邊去了。他還參與了培養動物新種實驗、雜交實驗，並由此聯想到大自然也存在「自然選擇」，即適者生存，不適者淘汰。他又研究了胚胎學、解剖學和古生物學的最新成就。

1856 年達爾文正式開始著述《物種起源》。直到 1859 年 11 月 24 日，集達爾文 20 多年心血的科學巨著《物種起源》終於出版了。它以充分的事實令人信服的證明了「物種不是不變」，「一切生物都不是特殊的創造物」，而是由少數幾種生物進化而來的，由此可以推知人類的起源，並且提出了自然選擇學說來解釋生物的進化。這本巨著從根本上推翻了「神創論」和物種不變論，有力的打擊了「目的論」，第一次把生物學放在完全科學的基礎上。它像一顆炸彈一樣投到了「神學陣地的心臟上」。對於達爾文的工作，馬克思和恩格斯曾給予滿腔熱情的支持，並給予高度的評價。

1860 年初，達爾文開始寫《動物和植物在家養下的變異》，直到 1868

年出版。這也是一部巨著，僅次於《物種起源》。他的第三部主要著作《人類原始及類擇》（又譯《人類的由來》）充實和發展了《物種起源》理論。

此外，達爾文還有很多著作，如《人類和動物的表情》（1872）、《食蟲植物》（1875）、《植物界的自花受精和異花受精》（1876）、《同種花的不同形態》（1877）、《植物的運動能力》（1880）等等。直到逝世前一年他還出版了一本《蚯蚓對土壤形成的作用》（1881）。這些著作都有新的發現和獨創的見解。

達爾文的理論無論是在生物學領域，還是在思想界，或是在農業生產和園藝實踐中，對人類都產生了巨大的影響。

有一次，達爾文在一位隱居鄉間的故友家做客。友人的孩子故意逗弄一下這位顯赫的科學家。他們捕捉了一隻蚱蜢、一隻蝴蝶、一條蜈蚣、一隻甲蟲，取下蜈蚣的軀體，撕下蝴蝶的翅翼。拔下蚱蜢的大腿，摘下甲蟲的腦袋，小心翼翼的拼湊起來，黏合成一隻奇形怪狀的小昆蟲。然後他們把牠放在匣子裡，帶到達爾文的眼前。

「我們在地裡捉到了這隻昆蟲。」他們說，「達爾文先生，您能否告訴我們：牠屬於哪一種類型？」

達爾文看了一下。隨後又向孩子們瞄了一眼，微笑的說：「孩子們，你們留意了沒有：在捕捉的時候，牠們會不會叫？」

「會叫的。」他們回答，彼此用臂膀打著暗語。

「即是這樣，」達爾文說，「那是一個『叫蟲』（『叫蟲』是一個雙關語，另一個意思是騙子）。」

1858 年，正當達爾文寫完《物種起源》的十個章節時，他從一堆信件中發現了另一位科學家華萊士的一篇論文：《變種無限偏離原始型的歧化傾向》。這篇論文提出的「自然選擇」理論和他花了二十年心血進行研究的進化論大致相同。因為華萊士的論文寫在他之先，他決定讓華萊士的論文先發表將榮譽讓給華萊士。後來，由於賴爾等人一再建議，達爾文才被說服，同意把自己寫的關於「物種起源」的提要和信件與華萊士的論文同時發表。

輪船的發明者 —— 富爾頓

　　富爾頓是美國輪船發明家。1765 年 ll 月 14 日生於賓夕法尼亞州蘭開斯特縣，卒於 1815 年 2 月 24 日。17 歲到費城獨立謀生，已能繪製機械圖和設計車輛。從 1793 年起，富爾頓在研究和總結前人經驗的基礎上，繪製了許多船舶、槳輪、鍋爐和蒸汽機的草圖。早期的輪船或僅能空船行駛，或航速不及帆船，或因機器消耗燃料太多，都未能得到實際應用和推廣。富爾頓對船身的長寬比和各項尺度、動力和槳輪大小等問題進行了一系列試驗，經過 9 年時間，逐步提高了輪船的效用。他設計製造的第一艘以蒸汽機作動力的輪船，長 21.35 米，1803 年在法國的塞納河試航成功，但當晚為暴風雨所毀。後來他得到 J. 瓦特的支持，於 1805 年 3 月獲得新的更大的船用蒸汽機主體。兩年後，富爾頓在美國造成明輪推進的蒸汽機船「克萊蒙特」號，長 45 米，於 1807 年 8 月 18 日在紐約州的哈得遜河上作歷史性的航行，航速為 1.61 公里／時。以後換用大槳輪，航速提高到 4.83 公里／時；又換用較大的凝汽器冷卻水泵，提高了蒸汽機的效率，使航速達到 6.44 公里／時。「克萊蒙特」號成為首創定期航線的班輪，航行在州首府奧爾巴尼與紐約市之間 241.4 公里的航道上。後經至多次改進，航速漸增至 12.87 公里／時。1808 年，富爾頓又建造輪船「海神之車」號和「典型」號，後者逆風航行時航速接近 9.5 公里／時。一年後，他組織公司，建成舫式渡輪「約克和傑賽」號與「納索」號。每船有兩個並列的船體，角橋連接，船面寬敞便於載運客貨。此後，富爾頓又建造「新奧爾良」號等輪船。他一生共造船 17 艘，1812 年在抗擊英國封鎖時製造了世界上第一艘蒸汽機軍艦，稱水上炮臺。

鐵路之父 —— 史蒂文生

　　鐵路蒸汽機車發明家，英國人。1781 年 6 月 9 日生於諾森伯蘭郡，1848 年 8 月 12 日卒於賈斯特菲爾德。他出身於一個煤礦蒸汽機技工的家庭，14 歲時到他父親所在的煤礦做蒸汽機維修保養工作，1812 年擔任基靈沃斯煤礦蒸

汽機工長。1814 年，他試製成功煤礦用蒸汽機車。這種蒸汽機車能牽引 8 節礦車以每小時 4 英里的速度將 30 噸煤從礦中拉出。1821 年，斯托克頓‧達靈頓鐵路修建時，史蒂文生提出用他設計的蒸汽機車作為牽引機車的建議。這條鐵路建成後，1825 年 9 月 27 日。一列由史蒂文生設計的「動力」1 號蒸汽機車，牽引著滿載 550 名乘客的列車，從達靈頓出發，以每小時 24 公里（15 英里）的速度駛向斯托克頓，這被認為是人類歷史上第一列用蒸汽機車牽引在鐵路上行駛的旅客列車。後來，史蒂文生又負責修建了從利物浦到曼徹斯特的 64 公里（40 英里）鐵路，於 1830 年 9 月 15 日竣工。這條鐵路使用史蒂文生和他的兒子 R. 史蒂文生共同設計的新機車「火箭」號為牽引機車，速度每小時 47 公里。

法國於 1828 年 10 月 1 日建成第一條鐵路，德國於 1835 年 12 月 7 日建成第一條鐵路，史蒂文生對於這些鐵路的建築和機車車輛的設計製造做出卓越的貢獻。此外，他在 1815 年還試製成功煤礦用的礦燈。

炸藥發明人 —— 諾貝爾

諾貝爾，著名的化學家和發明家。他在 19 世紀製成用 1 分矽藻土吸收 3 分硝化甘油的固體炸藥，威力巨大而又安全可靠，在世界上廣泛使用。他臨終前用遺產設立了著名的諾貝爾獎。

1850 年，父親送諾貝爾到美國去學習機械。隨著視野的開闊，諾貝爾認識到年輕人應該把精力用到科學研究事業上，不應把時間白白的消磨在商業活動方面。他開始對氣量計的設計有了濃厚興趣。終於在 1859 年獲得成功，得到瑞典政府的承認，獲得了專利證。恰在這時，他聽說法國人已經發明了一種性能優良的炸藥。儘管父親再三勸阻，認為搞炸藥太危險，可是諾貝爾的決心絲毫沒有動搖。經過多次實驗，他終於弄清楚了引爆硝化甘油的原理，但火藥引爆不夠理想。諾貝爾繼續探索，又經過上百次實驗，終於成功的解決了用雷酸汞來引爆硝化甘油的問題，於是，雷管誕生了。

1860 至 70 年代，歐洲許多國家的工業發展很快，硝化炸藥一問世就在開礦山、鑿隧道、挖運河、修鐵路等工程上得到了廣泛的應用，但是接連出現了運輸問題 —— 強烈的震動會引起硝化甘油爆炸。諾貝爾經過多次實驗，終於找到一種合適的物質 —— 矽藻土，將硝化甘油炸藥和矽藻土按 3：1 混合在一起，製成了一種黃色炸藥。這樣安全問題解決了。

諾貝爾並沒有因此滿足，一種新式炸藥，在經過他兩年多的時間研製出來，這種炸藥既安全，又有威力。又過了兩年，諾貝爾研製出了無煙炸藥。

諾貝爾一生發明創造很多，光獲得的專利達 255 項，其中有關炸藥的 129 種，因而贏得了很大一筆財產。他沒有子女，在遺書中聲明，將他的 920 萬美元遺產作為基金存入銀行，每年把利息獎給對於物理、化學、生理或醫學、文學、和平事業做出重要貢獻的人。

諾貝爾為科學研究百折不撓的奮鬥了一生，並為社會做出了巨大的貢獻。

1864 年 9 月 3 日，諾貝爾在進行炸藥實驗時，硝化甘油發生大爆炸。實驗室被炸毀，5 位助手被當場奪去了生命，其中一個是他的小弟弟奧斯加。諾貝爾當時不在現場，才得以倖免。他父親因此而受到了嚴重打擊，由於悲傷過度，得了半身不遂症。這次事故也使群眾對炸藥實驗感到恐懼，紛紛向瑞典政府反映，甚至向諾貝爾提出抗議，不准他在城市內實驗。

諾貝爾並未因此動搖決心，又在離城兩英里遠的馬拉湖裡的一隻平底船上繼續進行實驗。

有一次，諾貝爾正在試驗矽藻土和炸藥的混合比例，要旁邊的一位助手將試驗結果記錄下來。助手慌了，因為這時實驗記錄本不在身邊，站在那裡不知如何是好，諾貝爾厲聲說道：「記在手掌上！」

年輕的時候，因為家裡較為貧窮，諾貝爾很少被愛情關心，後來又忙於科學實驗難以顧及。在他四十多歲的時候，遇到一位天真、任性，漂亮的女孩，她叫莎菲婭。諾貝爾給予她許多幫助，逐漸二人互相依戀，孤獨中都在尋求愛情的庇護。可是，一場十八年之久的真摯愛情最終沒能給他們留下圓滿的結局。就這樣，諾貝爾雖有一段真情長駐心間，卻終生未婚。

現代化學的立法者 —— 門得列夫

　　門得列夫刻苦學習的態度、鑽研的毅力以及淵博的知識得到老師們的讚賞，彼得堡大學破格的任命他為化學講師，當時他僅 22 歲。在彼得堡大學，門得列夫任教的頭兩門課程是理論化學和有機化學。當時流行的教科書，幾乎都是大量關於元素和物質的零散資料的雜亂堆積。怎樣才能講好課？門得列夫下決心考察和整理這些資料，1859 年他獲准去德國海德堡本生實驗室進行深造。兩年中他集中精力研究了物理化學。他運用物理學的方法來觀察化學過程，又根據物質的某些物理性質來研究它的化學結構，這就使他探索元素間內在聯繫的基礎更寬闊和堅實。因為他恰好在德國，所以有幸和俄國化學家一起參加了在德國卡爾斯魯厄舉行的第一屆國際化學家會議。會上各國化學家的發言給門得列夫以啟迪，特別是康尼查羅的發言和小冊子。門得列夫是這樣說的：「我的週期律的決定性時刻在 1860 年，我參加卡爾斯魯厄代表大會。在會上我聆聽了義大利化學家康尼查羅的演講，正是他發現的原子量給我的工作以必要的參考材料，而正是當時，一種元素的性質隨原子量遞增而呈現週期性變化的基本思想衝擊了我。」從此他有了明確的科研目標，並為此付出了艱巨的勞動。

　　從 1862 年起，他對 283 種物質逐個進行分析測定，這使他對許多物質和元素的性質有了更直觀的認識。他重新測定一些元素的原子量。因而對元素的這一基本特徵有了深刻的了解。他對前人關於元素間規律性的探索工作進行了細緻的分析。他先後研究了根據元素對氧和氫的關係所作的分類；研究了根據元素電化序所作的分類，研究了根據原子價所進行的分類：特別研究了根據元素的綜合性質所進行的元素分類。有比較才有鑒別，有分析才能做好綜合。這樣，門得列夫批判的繼承了前人的研究成果。在他分析根據元素綜合性質而進行的元素分類時，他堅信元素原子量是元素的基本特徵，同時發現性質相似的元素，它們的原子量並不相近。相反一些性質不同的元素，它們的原子量反而相差較小。他緊緊抓住原子量與元素性質之間的關係作為突破口，反覆測試和不斷思索。他在每張卡片上寫出一種元素的名稱原子量、化合物的化學式和主要的性質。就像玩一副別具一格的元素紙牌一樣，他反覆排列這些卡片，終於發現每一行元素的性質都

在按原子量的增大，從小到大的逐漸變化，也就是發現元素的性質隨原子量的增加而呈週期律的變化。第一張元素週期表就這樣產生了。

　　隨著週期律廣泛被承認，門得列夫成為聞名於世的卓越化學家。各國的科學院、學會、大學紛紛授予他榮譽稱號、名譽學位以及金質獎章。具有諷刺意義的是：1882 年英國皇家學會就授予門得列夫以大衛金質獎章。1889 年英國化學會授予他最高榮譽 —— 法拉第獎章。相反的在封建王朝的俄國，科學院在推選院士時，竟以門得列夫性格高傲而有稜角為藉口，把他排斥在外。後來門得列夫不斷的被選為外國的名譽會員，彼得堡科學院才被迫推選他為院士，由於氣惱，門得列夫拒絕加入科學院。從而出現俄國最偉大的化學家反倒不是俄國科學院成員的怪事。

　　門得列夫除了發現元素週期律外，還研究過氣體定律、氣象學、石油工業、農業化學、無煙火藥、度量衡，由於他的辛勤勞動，在這些領域都不同程度的做出了成績。1907 年 2 月 2 日，這位享有世界盛譽的俄國化學家因心肌梗塞與世長辭，享年 73 歲。

　　門得列夫的最大貢獻是發現了化學元素週期律。他在批判繼承前人工作的基礎上，對大量實驗事實進行了訂正、分析和概括，總結出一條規律：元素（以及由它所形成的單質和化合物）的性質隨著原子量（現根據國家標準稱為相對原子品質）的遞增而呈週期性的變化。這就是元素週期律。他根據元素週期律編制了第一個元素週期表，把已經發現的 63 種元素全部列入表裡，從而初步完成了使元素系統化的任務。他還在表中留下空位，預言了類似硼、鋁、矽的未知元素（門得列夫叫它類硼、類鋁和類矽，即以後發現的鈧、鎵、鍺）的性質，並指出當時測定的某些元素原子量的數值有錯誤。而他在週期表中也沒有機械的完全按照原子量數值的順序排列。若干年後，他的預言都得到了證實。門得列夫工作的成功，引起了科學界的震動。人們為了紀念他的功績，就把元素週期律和週期表稱為門得列夫元素週期律和門得列夫元素週期表。

　　元素週期律的發現激起了人們發現新元素和研究無機化學理論的熱潮，元素週期律的發現在化學發展史上是一個重要的里程碑，它把幾百年來關於各種元素的大量知識系統化起來形成一個有內在聯繫的統一體系，進而使之上升為理論。

門得列夫因發現週期律而獲得英國皇家學會大衛獎章（1882 年）。他還曾獲英國科普利獎章（1905 年）。1955 年科學家們為了紀念元素週期律的發現者門得列夫，將 101 號元素命名為鍆。門得列夫運用元素性質週期性的觀點寫成《化學原理》一書（1869 年），曾被譯成多種文字。

門得列夫於 1834 年 2 月 7 日誕生在俄國西伯利亞的托波爾斯克市。他父親是位中學教師。在他出生後不久，父親雙眼因患白內障而失明，一家的生活全仗著他母親經營一個小玻璃廠而維持著。1847 年雙目失明的父親又患肺結核而死去。意志堅強而能幹的母親並沒有因生活艱難而低頭，她決心一定要讓門得列夫像他父親那樣接受高等教育。門得列夫自幼有出眾的記憶力和數學才能，讀小學時，對數學、物理、歷史課程感興趣，對語文、尤其是拉丁語很討厭，因而成績不好。他特別喜愛大自然，曾和他的中學老師一起作長途旅行，搜集了不少岩石、花卉和昆蟲標本。他善於在實踐中學習，中學的學業成績有了明顯的提高。中學畢業後，他母親變賣了工廠，及聞捷列夫，經過 2 千公里以上艱辛的馬車旅行來到莫斯科。因他不是出身於豪門貴族，又來自邊遠的西伯利亞，莫斯科、彼得堡的一些大學拒絕他入學。好不容易，門捷列大考上了醫學外科學校。然而當他第一次觀看到屍體時，就暈了過去。只好改變志願，透過父親的同學的幫忙，進入了亡父的母校 —— 彼得堡高等師範學校物理數學系。母親看到門得列夫終於實現了上大學的願望，不久便帶著對他的祝福與世長辭了。舉目無親又無財產的門得列夫把學校當作了自己的家，為了不辜負母親的期望，他發憤的學習。1855 年以優異的成績從學校畢業。畢業後，他先後到過辛菲羅波爾、奧德薩擔任中學教師。在教師的職位上他並沒有放鬆自己的學習和研究。1857 年他又以突出的成績通過化學學位的答辯。

世界發明大王 —— 愛迪生

舉世聞名的美國大發明家 —— 愛迪生，在其一生不知疲倦、沒有停歇的輝煌之旅中，為人類掀起了無數次技術革命。除了對長久耐用的電燈的發明貢獻巨大外，他有一千多項發明專利，對人類的文明和進步做出了巨大的貢獻。

1864 年，愛迪生在鐵路上救下克萊門斯山火車站站長兼報務員麥肯基的兒子，為了報答愛迪生，他把電報技術教給他。從此，愛迪生踏上了科學的旅途。

大約在 1870 年至 1920 年間，愛迪生和他的夥伴們研製了數以千計的裝置和機器，大多數用電操作。1868 年，年僅 23 歲的愛迪生申請了他的第一項專利 —— 自動投票記錄器。1869 年愛迪生又發明了股票行情電報傳送機，接著，又發明了電壓表。

1876 年，愛迪生搬到門羅公園，建立「發明工廠」，此後，潛心發明與人們的生產和生活直接相關的電器機械，陸續取得許多重大的發明成果。在這個工廠內誕生了第一盞電燈，另外還有答錄機、留聲機、蓄電池、電話機、電影機等。

愛迪生被譽為「科學界的拿破崙」，在實驗室或工廠裡度過了 60 多年。從 16 歲第一次發明算起，他的發明平均每 12 天誕生一次，直到晚年，他仍在為橡膠尋找一種替代品而努力。

1931 年 10 月 18 日，愛迪生逝世。21 日葬禮這一天，全美國都向這位「打開電氣時代的領袖」致敬表示哀悼。人們關掉所有的燈及電器設備，持續一分鐘。這一分鐘，美國一片黑暗，隨後，美國又亮如白晝，這象徵著愛迪生的一項最偉大的發明 —— 電燈。人們懷念和敬仰他，不僅因為他創造了兩千多項發明，更因為他作為「現代研究所的先驅」具有的那種敬業精神。

因家境貧窮，愛迪生 8 歲才上學。學校的課程設置呆板，老師講課索然無味。巨大的好奇心以及微弱的聽力很快使他陷入了困境。老師對他提出的各種難以回答的問題憤怒不已，認為他「搗蛋」，是個低能兒。母親一氣之下，便叫他退學。這樣只上了三個月學的愛迪生就永遠的告別了學校。

愛迪生為了籌措實驗經費，一邊當報童，一邊自己辦報；賣了報之後，便在行李車上做實驗。一天，因火車的劇烈震動，實驗用的磷掉到地上，頃刻之間燃燒起來，險些釀成一場火災。行李員盛怒之下一記耳光打聾了他的左耳。這一沉重打擊並沒有使愛迪生放棄，他繼續在自己家中的小閣樓上搞實驗。

愛迪生在他母親去世後，陷入了極度悲痛之中。這時一位溫柔、善良的女孩進入了他的生活。這位女孩名叫瑪麗·斯蒂爾韋爾，在愛迪生開辦的紐華克工廠中工作。瑪麗與愛迪生二人對於生活、家庭和思想方面有著相同的見解。1871年耶誕節，不顧瑪麗家人的反對，愛迪生與年僅16歲的新娘舉行了簡樸的婚禮。婚姻生活他們相當幸福並生了三個孩子。愛迪生在瑪麗的支援下，將全部精力集中在研究工作上。1872年他取得了38項專利，1873年又新增加了25項，愛迪生的研究工作蒸蒸日上。

愛迪生自小便顯露出了特有的好奇心。有一次他到鄰居家去玩，看到鄰居正在用氣球做一種飛行裝置實驗。於是愛迪生也找來了幾種化學藥品做實驗，他希望人吃了之後，會像氣球飛上天。結果搞得那人嘴皮抽搐，幾乎昏厥過去。

愛迪生常常廢寢忘食。妻子怕他身體吃不消，建議他找個地方去休養一下；

「到哪裡休養？」他心不在焉的問道。

「你自己找個喜愛的地方吧！」

「好的，我已經找到了一個休養勝地。」他爽快的說，「明天就去。」

第二天，妻子發現他人不見了，後來在實驗室裡找到了他。

愛迪生針對當時出現的各種不實用的燈，決心發明一種體積小、亮度大、壽命長、可任意開關的電燈。這個想法受到很多人的譏笑。愛迪生毫不氣餒，試用了1,600多種材料，終於在1879年10月21日點燃了第一盞電燈，但使用壽命較短。他又重新試驗，試用了6,000多種纖維，才找到了新的發光體——日本竹絲，可持續發光1,000小時。後來又不斷改進，終於換成了今天的鎢絲。

電視發明人 —— 貝爾德

　　約翰・洛古・貝爾德是英國電器工程師，研製電視的先驅。

　　1924 年，貝爾德首次用收集到的舊收音器材、霓虹燈管、掃描盤、電熱棒和可以間斷發電的磁波燈和光電管等，做了一連串試驗來傳送圖像。然而這些試驗材料實在太破舊了，以致每次試驗都要損壞、更新一些零件。

　　經過上百次的試驗後，貝爾德總結了大量的經驗。1925 年 10 月 2 日清晨，當貝爾德再一次發動起房間裡的機器時，隨著馬達轉速的增加，他終於從另一個房間的映射接收機裡，清晰的收到了比爾 —— 一個表演用的玩偶的臉。

　　貝爾德興奮異常，他多年的夢想 —— 發明「電視」實現了。雖然還談不到完美，但卻是一次成功的試驗。緊接著，貝爾德說服富有的公司老闆戈登・塞爾弗里奇為他提供贊助，更加專心的研究起電視來。1926 年 1 月，貝爾德發明的機器有了明顯的改善。他立刻給英國科學普及學會寫了一封信，請求該會實地觀察。當貝爾德從一個房間把比爾的臉和其他人的臉傳送到另一個房間時，應邀前來的專家們一致認為，這是一件難以置信的偉大發明。贊助者也很快意識到了這項發明的市場前景是廣闊的，於是紛紛投資，成立了好幾家公司。

　　1928 年春，貝爾德研製出彩色立體電視機，成功把圖像傳送到大西洋彼岸，成為衛星電視的前奏。一個月後，他又把電波傳送到貝倫卡里號郵輪，使所有乘客都十分激動和驚訝。這一時期的貝爾德，可謂春風得意，與同時代的其他也在發明電視的發明家相比，他的技術脫穎而出，凌駕在其他人之上。

　　然而好景不常，1936 年貝爾德遇到了強有力的競爭對手 —— 電氣和樂器工業公司發明了全電子系統的電視。經過一段時間的比較，專家於 1937 年 2 月得出結論；貝爾德的機械掃描系統不如電氣和樂器工業公司的全電子系統好。貝爾德只好另找市場。然而，就在他想進一步研究新的彩色系統的時候，他突然患肺炎於 1946 年不幸去世。

　　他出生在蘇格蘭海倫斯堡一個牧師的家裡，從小就表現出一個發明家的天才。貝爾德曾就讀於格拉斯哥大學及皇家技術學院。第一次世界大戰期間，貝爾德表示自己不適合去軍隊服役，成了一家大電力公司的負責人。

精神分析專家 —— 佛洛伊德

　　佛洛伊德發展了精神分析技術，將其作為一種治療神經病的方法，在1896年使用了精神分析學這個術語。他終其一生以毅力完成人類思考、感覺夢想等模式，發掘失常的週期性和引發的機制，進行了一些是非意識性和感覺的研究，專注於內心世界的究竟，建立關於心靈世界的通論。

　　佛洛伊德的基本思想 —— 所有人都有一種無意識（本我）。它潛在的性、侵略衝動和抵抗這種衝動的力量，不斷的在爭奪著統治權，而且是人們自身可能不知道的。他的論點 —— 人類易受影響的所有神經疾病幾乎總是性失調造成的，性慾不是從青春期開始而是從嬰兒期就有的 —— 戲劇性的闡釋了伊底帕斯情結（在希臘神話中，此人無意中殺害了他的父親，且娶母親為妻，是一種戀母情結），認為小男孩愛他的母親而恨他的父親就因於此。

　　佛洛伊德在專業上成名的書是《夢的解析》（1900年），一部不可界定的傑作 —— 部分是夢的解析，部分是心靈的理論，部分是自傳，部分是當時維也納的歷史。該書揭示了精神經歷和存在，是自然的一部分，像物理的存在一樣；精神過程不只是偶然事件；夢都有其「底」。

　　後來，佛洛伊德在1905年出版了《性吸引理論之論》作為其精神分析框架的第二支柱，發展精神分析法，把他的人性描述逐步擴展到整個文化範疇。晚期著名作品《文明和它的不滿》，認為人類是一種不可滿足的動物，社會的存在主要是牢牢壓住性慾和敵對欲，而文明是一種期望和壓抑的折中。

　　佛洛伊德的精神分析法對人類行為有革命性的探索，但他的理論和成果在人們膜拜和揶揄之中，現在仍反覆未定 —— 在藝術與科學之間，在心靈與肉體之間。

　　佛洛伊德的父母是猶太人。在他童年時，那時，反猶狂潮猶為猛烈，父親雅可布只得在1869年6月率領全家出逃，遷往漢堡。到那後漢堡也發生反猶浪潮，在那也無法生活，全家又搬到萊比錫，待反猶騷亂平息後，回到家鄉，但是家業已被毀，生意盡失。佛洛伊德一家走上艱難的生活道路。

　　佛洛伊德26歲大學畢業時，遇到一位秀美的猶太女孩，叫瑪麗・伯奈

斯，她是一個富裕的猶太世家的女兒，比佛洛伊德小 5 歲，從小就受到了很好的教育。兩人結識不久，墜入愛河，於 1886 年 4 月結為伉儷。有了支撐事業大廈的溫暖家庭，佛洛伊德進一步在科學創造的大道上大步前進。

1938 年，納粹德國吞併了奧地利，一群暴徒占領了國際精神分析學會出版社，佛洛伊德的家被抄了，他的生命受到了威脅。在美國總統羅斯福的干預與親朋好友的幫助下，納粹分子迫於各方面的壓力，同意讓佛洛伊德出境，但在取得出國護照前，必須在一個證明檔上簽字以表示作為一個學者得到了蓋世太保的「禮遇與體貼」，並說明「沒有任何可抱怨的理由」。佛洛伊德立刻明白了他們的險惡用心，機智的補上一句：「我將熱心的向任何一個人介紹蓋世太保。」

放射學之母 —— 瑪麗‧居禮

瑪麗‧居禮把自己的一生奉獻給了科學事業，她發現了釙和鐳兩種放射元素，是放射學的奠基人。她的發現使物理學由總體世界進入了個體世界，打破了人們的傳統觀念，代之而起的是「原子可分，物質可分」的理論，從而將世界推向了另一個時代 —— 原子時代。瑪麗‧居禮因其卓越貢獻，兩次獲諾貝爾獎（1903 年居禮夫婦獲諾貝爾物理學獎；1911 年瑪麗‧居禮獲諾貝爾化學獎）。

1896 年，法國物理學家貝克勒爾發現了含鈾物質的自然放射現象，引起了瑪麗‧居禮的極大興趣。她決定全力以赴進行深入研究，在丈夫比埃爾工作過的理化學校，借到一個又寒冷又潮溼破爛的小工作間當實驗室。瑪麗‧居禮檢查了當時已知的 82（鈾除外）種化學元素是否都能放射出射線，結果發現「釷」也有這種性質，她把這種現象叫放射性，同時在檢查瀝青鈾礦時，還發現該礦物的放射性比根據「鈾」或「釷」的含量計算出的強度要大得多。經過反覆測試驗證，認真分析，瑪麗‧居禮於 1897 年 7 月認定了新元素的存在，將其命名為「釙」〔釙（Polonium）這個元素的詞根和波蘭（Poland）的詞根一樣〕，以此來紀念自己的出生地波蘭。同年 12 月，又從瀝青鈾礦中

發現了另一種放射性更強的元素，並命名為「鐳」（在拉丁文裡為「放射」的意思）。為了向科學界證實自己的新發現，瑪麗·居禮決定從瀝青鈾礦中提煉出鐳來。當時，新瀝青鈾礦很貴，為了省錢居禮夫婦只好弄來一些瀝青鈾礦渣，在理化學校的破漏的窩棚裡開始提煉純鐳。經過 54 個月的艱苦努力，她終於從幾十噸瀝青礦渣中煉成了 0.1 克氯化鐳，並測定其原子量為 225，放射性比鈾強 200 萬倍。為了獎勵瑪麗·居禮傑出的貢獻，1903 年，巴黎大學授予瑪麗·居禮國家物理學博士學位；英國皇家學會把該會的最高獎章 —— 大衛獎章頒贈給居禮夫婦。同年 12 月，瑞典科學院諾貝爾獎委員會又將本年度諾貝爾物理學獎授予居禮夫婦。

正當他們譽滿全球的時候，1906 年，居禮先生不幸因車禍逝世。瑪麗·居禮強忍著內心的悲痛，繼任了丈夫在巴黎大學的教席，指導實驗室工作，潛心研究著各種放射性元素。1910 年又分析出金屬態的純粹的鐳，並測定出它的各種物理化學性質，還測定了氦及其他許多元素的蛻變關係，出版了《論放射性》一書一至四卷。瑪麗·居禮成了世界公認的卓越的科學家，1911 年 12 月，她第二次獲得諾貝爾獎。不久，法國醫學科學院推選她為院士。

由於瑪麗·居禮的發現，大大縮短了人類通往核時代的日程。人類利用核燃料體積小、能量大的優勢，獲得了巨大的經濟利益。現在，世界上共有核能發電廠 400 多座。

瑪麗·居禮發現了鐳的各種物理化學性質，而且研製成功了提取鐳鹽的科學方法，使鐳在醫學上得到了廣泛的應用，拯救了許多早、中期癌症病人的生命，人們將這種新技術命名為「居禮療法」。

1914 年 8 月，第一次世界大戰爆發。為了戰地的需要，瑪麗·居禮把精力集中用於 X 光的研究，自己帶病、挨餓在前線來回奔跑，想方設法解決 X 光的設備和指導 X 光照相工作。戰爭期間，因瑪麗·居禮創設並指揮的 X 光設備而獲救的傷患就達百萬名以上。

瑪麗·居禮出生於沙俄統治下的波蘭的一個教師家庭。父親是一位中學的數學和物理學教員。母親是一個小學校長兼鋼琴家，在她 11 歲時，母親因病

去世。民族的壓迫，社會的冷遇、生活的貧困、缺少母愛的孤寂，激發了她的愛國熱忱和發憤圖強的精神。中畢業時，她因成績優異獲得金質獎章，但國內不允許女子上大學，而家裡經濟較為拮據又不能供養她到外國上大學。1891年，她節衣縮食靠自己幾年當家庭教師積攢下來的錢，從華沙到巴黎大學求學。為了有更多時間學習，她常常廢寢忘食。經過三年刻苦努力，瑪麗·居禮先後獲得了物理學和數學學士學位，並取得了在研究室工作的機會。

1894 年，瑪麗·居禮大學畢業後，接受了國家實業促進委員會的委託，研究各種鋼鐵的磁性，但缺少一個較大的實驗室。經朋友介紹，認識了比埃爾·居禮（比埃爾·居禮當時已是法國有名的年輕的物理學家）。兩人因為共同的科學夢想，獨特而相通的心智而結為伉儷，為人類的科學事業並肩作戰。在丈夫遇車禍不幸逝世後，她忍受著巨大的精神創傷以及病魔的折磨，獨立進行著既定的工作，使夫妻共同創造的科學事業大放異彩。

1921 年 5 月，瑪麗·居禮到紐約接受美國總統轉贈的一克鐳。閱讀「贈送證書」時，她當時就聲明：「贈送證書必須改變。美國贈送給我的這一克鐳，應該永遠屬於科學。在活著的時候，不必說，我將用它來進行科學研究。假如按照現在這種說法，那就意味著在我死後這一克鐳將成為私人財產，也就是我女兒們的財產，這是絕對不行的。」由於瑪麗·居禮態度堅決，美國政府只得當即做了修改。

相對論創始人 —— 愛因斯坦

愛因斯坦創立了代表現代科學的相對論和量子力學，徹底打破了自牛頓以後 200 多年的經典物理學的舊觀念。使人類對物質世界的認識向前邁進了一大步。1921 年榮獲諾貝爾物理學獎，被稱為「20 世紀的哥白尼和伽利略」。

愛因斯坦大學畢業後，在伯恩專利局工作，一直沒停止物理學研究。他利用空餘時間，相繼發表了三篇震撼世界的論文，在物理學三個領域裡做出了劃時代的貢獻。

　　第一，他的論文《關於光的產生和轉化的一個啟發性觀點》成功的闡明了光電效應的基本定律，提出了場的量子化。在世界上第一次提出了光有微粒性和波動性雙重性質，就像一個錢幣有正反兩面，從而開啟了通向量子力學的大門。愛因斯坦因此而獲 1921 年諾貝爾物理學獎。

　　第二個是他的《論動體的電動力學》中，關於時間、空間都要隨運動狀態發生變化的理論衝破了牛頓以來形成的時間、空間絕對不變的舊觀念，揭示了力學運動和電磁運動在運動學上的統一性，發展了物質和運動不可分原理，宣告了象徵科學新時代的狹義相對論的誕生，成為近代物理學的基礎理論，為原子能的利用奠定了基礎。後來，愛因斯坦提出了關於質量和能量具有相當性的質能關係定律，揭示了原子內部所蘊藏的巨大核能的祕密，在理論上為原子能的釋放和應用開闢了道路。

　　第三，愛因斯坦再次努力了八年，廣義相對論被他創立了。它推動了天體和宇宙的預測研究和理論探討的蓬勃發展，進一步揭示了四維時空與物質的統一關係，指出了空間、時間不可能離開物質而獨立存在，空間的結構和性質取決於物質的分布，它不是平坦的歐幾里得空間，而是彎曲的黎曼空間，更深一層的揭示了時空、物質、運動和引力之間的統一性。

　　相對論與量子力學一起成為近代物理學的兩大支柱，愛因斯坦因此而享譽全球。

　　愛因斯坦一生在宇宙學、統一場論、物理學、哲學等許多問題進行了深入研究，取得了輝煌成就，他的思想至今仍然指導著科學繼續前進。同時，他還是一位維護世界和平和支持人類正義事業的戰士。在第一、二次世界大戰期間，他抗議德國軍國主義和希特勒法西斯的暴政。第二次世界大戰後，他又一再呼籲反對擴軍備戰，反對核子武器用於戰爭。他是一個有強烈社會責任心的科學家，因而受到各國人民的崇敬。

　　愛因斯坦出生在德國南部古老的小城烏爾姆，父母親都是猶太人。到了四五歲，愛因斯坦還不大會說話，後來上小學時成績平平，可是他善良、虔誠，同學們都叫他「老實頭」。當時猶太人在德國受到歧視，「骯髒的猶太

人，豬！」不平的待遇讓他小小的心裡產生了叛逆。十歲時進了路德中學，他討厭老師刻板、硬灌的教學方法，只有數學、物理與哲學能引起他的興趣，而這些學科在學校裡教師上得也味同嚼蠟。這使得愛因斯坦自學高等數學、康德哲學。在老師的眼裡他生性孤僻、智力遲鈍、不守紀律、心不在焉、想入非非，認為他將是一事無成，後來他竟被學校勒令退學。

1933 年，希特勒上臺後，推行法西斯專政，迫害社會進步人士。愛因斯坦主張民主、自由、和平，不與之為伍，堅決離開德國。他的卡普特村的別墅、存款被沒收；不久妻子因思家病情加重而死去；自己也被法西斯判處死刑。但他始終沒有動搖對科學孜孜的探索。

科學家也有幽默的一面。

一次，威恩教授的學生勞布在他的論文中也提到相對論，可是教授不同意他的觀點，叫他去找愛因斯坦。碰巧愛因斯坦一個人在家，他正跪在地上生爐子。見到來客，他扔下捅火棒，伸出了兩隻烏黑的手。愛因斯坦沒有覺察到客人的遲凝，就把兩隻烏黑的手和客人兩隻雪白的手握在了一起。愛因斯坦用手背擦了一下被煤炭灰染黑了的額頭，笑著說：「你看，我和人談輻射，可是這個倒楣爐子，就怎麼也輻射不出熱來。」

有一天，愛因斯坦的小兒子愛德華問他：

「爸爸，你到底為什麼這樣有名呢？」

愛因斯坦聽了後哈哈笑了，他拿過兒子正在玩的大皮球，意味深長的對兒子說：「你看，有一隻瞎眼的甲蟲在這個球上爬行，牠不知道自己所走過的路是彎彎的。很幸運，你爸爸知道。」

一大群學生說笑著，跑來問愛因斯坦什麼叫相對論。愛因斯坦回答說：「你坐在一個漂亮女孩旁邊，坐了兩小時，覺得只過了一分鐘；如果你緊挨著一個火爐，只坐了一分鐘，卻覺得過了兩小時。這就是相對論。」

1919 年，愛因斯坦的相對論透過英國劍橋大學著名天文學教授愛丁頓觀測日全食而得到驗證。愛因斯坦一夜之間成了世界名人。他在世界各國巡迴演講，成了受隆重歡迎的巡迴大使。在波士頓，有人問他：「聲音在空氣中的傳播

速度是多大？」愛因斯坦用手托住下巴，很直率的說：「很對不起，我不記得了。不過，幹麼要去記它呢？隨便哪一本物理參考書，都能找到這個數字。」

愛因斯坦在 1903 年和他大學同學米列娃‧瑪里奇結婚，但他們倆的個性都非常強，針鋒相對。米列娃不願意做一個家庭主婦，她不想埋沒了自己科學才能。兩人終於在分居 5 年之後的 1919 年離婚。後來，愛因斯坦又和表姐艾麗莎結婚。艾麗莎是持家的能手，深諳愛因斯坦的脾氣和生活習慣，把家裡一切都弄得井井有條，從不讓他分心，讓愛因斯坦過上了溫暖舒適的家庭生活。1933 年，艾麗莎因病去世，對他的打擊很大，以至於悲傷的愛因斯坦的臉上刻下了許多皺紋，但並沒有泯滅他繼續科學研究的熱情。

現代航空之父 —— 萊特兄弟

飛機發明人、現代航空之父 —— 萊特兄弟，利用動力，孜孜不倦的從事飛行的實驗與研究，終於完成了人類飛翔夢想的實現，成為現代航空科學的先驅，為未來的航空事業，奠定了堅實的基礎。

萊特兄弟自幼喜歡玩機械。小的時候父親給他們送了一份禮物，是能夠飛行的蝴蝶玩具，激發了他們兄弟倆對飛行的嚮往。他們閱讀了一些有關人類飛行的記錄，製造出了第一架飛行器 —— 一架不能駕駛的「風箏」。它有一支五英尺長的翅膀，並且是用木材、金屬和布共同製成的。他們堅信有一天一定能夠創造出「能夠乘載人的飛機」。

萊特兄弟自己辦報，根據自己所學的科學知識，利用家裡的一部老式手推車和其他一些邊角廢料製造出了一臺印刷機器，既省力又省時，一些大印刷廠的老闆見了都不禁蹺起大拇指連連稱讚。為了儲備製造「飛行器」的費用，他們辦起了腳踏車修理店，努力對「腳踏車」進行改進。他們知道，只有成功的克服地球引力和風的阻力，「飛行器」才能飛行。他們在吸收前人的經驗教訓後，不斷改進、實驗、設計，把機翼的形狀由平面改為曲面；增加了控制飛機上升或下降的升降舵和糾正飛機偏航的方向舵。終於，1903 年 12 月

17 日，在奧維爾的控制下，「飛行者」搖晃著離開了地面升到了空中，並飛行了 120 英尺。他們的發明促進了人、語言、觀念和價值之間的交流，預示了全球化時代的到來，帶來了國際商務的改革，打開了世界各國封鎖的經濟大門，促進了世界經濟與社會的發展。

萊特兄弟高中畢業之後，由於難以割捨製造「飛行器」的工作，放棄了讀大學的機會。他們用辦報和開「腳踏車」修理店來支付「飛行器」的費用。當時，父親作為一位教士經常在外四處傳教，母親的身體不好，患肺結核病，很需要他們的照顧，從經濟上和精力上給他們很大壓力。在不斷實踐的過程中，面對許多次失敗和危險，他們從沒有放棄過。1908 年 9 月 17 日試飛時，奧維爾摔斷了一條腿和幾根肋骨，他傷癒後，繼續參與了多次飛行毫不畏懼。兄弟倆一生有許多追慕者，可為了科學事業，都終生未娶。

青黴素發現者 —— 佛萊明

亞歷山大‧佛萊明是一位著名的細菌學家，於 1945 年 10 月獲得諾貝爾醫學獎，他發現的青黴素（Penicillin，或音譯「盤尼西林」）在二戰中，拯救了數以百萬計的生命。從它的發現開始，出現了尋找抗生素的高潮。人類進入了合成新藥的新時代，邁向了抗生素的新世紀。

如果佛萊明不把畢生的精力都投入到細菌學的研究中，他會以自己淵博的醫學知識和經驗，成為一個著名的醫生或醫學專家。當時，他很幸運的遇到了著名的細菌學家來特，並成為來特細菌學實驗室的助手，在來特的指導下從事疫苗的研究。後來爆發了第一次世界大戰，佛萊明離開實驗室到英國皇家軍隊擔任醫療工作。在醫療過程中，由於缺乏抗菌藥物，一些殺菌劑對人體有很大毒性，從而導致了 7% 的傷患死亡。這觸目驚心的事實讓他深深感到必須盡快製造一種無毒而又有強大殺菌作用的藥物。

一戰結束後，佛萊明回到聖瑪麗醫院，在防疫部擔任副主任一職，繼續從事的科學實驗研究。他首先發現在人的眼淚和唾液中，含有一種能殺滅細菌的

物質，他把它叫做「溶菌酶」，證實了在生物體內本來就存在著抗菌物質。

　　1928 年的一天，佛萊明在檢查葡萄球菌培養器時，發現由於空氣中黴菌的汙染長了一大團黴，在這黴周圍的葡萄球菌被殺滅了，出現了一個「抑菌環」。經過培養與鑒定，他發現這種黴菌屬於青黴菌類的一種，就把經過過濾所得的含有這種黴菌分泌物的液體叫「青黴素」。接著，他用動物做了毒性試驗，又觀察了青黴素對人體的防禦功能的影響，結果證明青黴素沒有毒性，也不影響白血球的正常防禦功能而且可用於全身。

　　1929 年，佛萊明發表了他的科研成果，但當時沒有得到重視。1935 年，英國牛津大學的病理學家弗勞雷和化學家錢恩合作，重新研究了青黴素，終於解決其濃縮問題，使大量生產成為可能。1945 年佛萊明、錢恩，弗勞雷榮獲了諾貝爾醫學獎。青黴素被醫學界認為是治療傳染病的特效藥。

　　佛萊明晚年仍然致力於科學研究工作，孜孜不倦的寫了《青黴素 —— 它的實際應用》等著作。在他有生之年，總共在全世界得到 25 個榮譽學位、26 個獎牌、18 個獎項，13 個榮譽獎章和 89 個社團及學術界的榮譽會員資格。

原子彈之父 —— 費米

　　費米既是一位實驗家又是一位理論家。作為人類歷史上第一顆原子彈試驗成功的「舵手」，他成功的發現如何有控制的釋放原子核中所蘊藏的巨大能量的方法，推動世界駛入原子時代的「航程」。

　　費米的研究工作主要是在高能物理和電腦方面，特別對於高能物理的發展做出了傑出的貢獻，還在宇宙射線的來源和數學方面有突出的成就。他領導建立了芝加哥學派，給予年輕人耐心細心的指導，培養了一大批優秀物理學家，諾貝爾物理學獎獲得者李政道和楊振寧都曾是他的學生。

　　熱衷子擴散的理論是費米提出來的，他對中子引起的核反應進行了大量的研究工作。

　　1934 年以後，費米系統的用慢中子轟殺整個週期表的各個元素。他發現鈾的嬗變是因為慢中子轟殺天然元素時引起的，這使他於 1938 年獲諾貝爾物理學獎。1939 年初，德國兩名科學家用鈾重複了費米的實驗，發現了核分裂釋放巨大能量。費米當時認識到德國有生產原子彈的危險，聯名其他科學家寫信給羅斯福。為此，美國 1942 年開始組織試製第一枚原子彈。費米設計並領導建成了世界上第一座原子核反應爐，12 月在芝加哥大學實現第一次自持鏈式核反應，在二戰時為反法西斯做出了自己的貢獻。

　　費米是一個極富正義感的人，他一生中都腳踏實地的刻苦鑽研，在科學上取得了輝煌的成就，1929 年他成了義大利皇家學會最年輕的會員。同時是英國皇家學會的外國會員。為了紀念他的功績，在原子物理學中以他的名字命名了長度的單位，固體物理學中命名了費米面（Fermi surface）、費米能階（Fermi level）等。同時，原子序數為 100 的元素被命名為「鐨」。美國原子能委員會還專門設立了費米獎金。1954 年他榮獲了首屆費米獎。當原子彈試驗成功後，他贏得了全世界的稱頌。

　　費米是自伽利略以來最偉大的義大利科學家，被人們譽為「原子彈之父」。他的發現將人類帶入了「原子時代」。

　　1927 年，費米被授予「閣下」的榮譽稱號。有一次科學院會議，據說是義大利獨裁者墨索里尼主持的。費米赴會時，並沒有穿院士服裝，坐的也是自備的舊汽車。

　　「停車！」當汽車開進大門的時候，突然被兩個員警用卡賓槍攔住了，「什麼人？」

　　當時費米想，如果我說我是費米閣下，他們一定不會相信，因為所有「閣下」看起來都非常雍容華貴，並且搭乘的是由司機開的高貴轎車。為了能方便的進去，於是他靈機一動說：「我是費米閣下的司機。」

　　員警們果然信以為真，就放他進去等「主人」了。

　　費米從來沒有在人面前炫耀過「我就是費米閣下」。

商界奇才

美國石油大王 —— 洛克菲勒

　　約翰·洛克菲勒一手創立了美孚石油公司，壟斷了全美的石油業，他也因此而成為美國有史以來的第一個 10 億富翁，同時他還締造了洛克菲勒家族這個王朝，使洛克菲勒家族成為能左右美國經濟的三大金融巨頭之一。

　　約翰·洛克菲勒（以下稱洛克菲勒）的父親「大個子比爾」是一個賺錢能手。洛克菲勒在很小的時候，就在父親的薰陶和培養下，學會了做生意。父子間的契約式的交往使得猶太人特有的商業意識從小就深深的根植於洛克菲勒的心靈深處，以至於兒童時代的玩伴問及他將來做什麼時，洛克菲勒不假思索的說：「我要成為一個擁有 10 萬美元的富翁。」

　　一心只想賺錢當富翁的洛克菲勒對上大學不感興趣。16 歲那年，他在一家商行裡找了份記帳員的差事，做得很出色。三年後洛克菲勒要求加薪的要求被老闆拒絕後，洛克菲勒毫不猶豫的辭掉這份工作。這時的他逐漸明白，靠給別人打工是永遠發不了財的，想要發大財，只有自己開公司，於是與人合辦了第一家公司：克拉克一洛克菲勒商行。由於合作夥伴不善於經營，倆人的經營理念相差太大，1865 年，洛克菲勒買下這家公司自己經營，同時，洛克菲勒把目光轉到了石油行業，於 1870 年掛出了新公司招牌 —— 美孚石油公司，註冊資金為 100 萬美元，這在當時是全美國最大的石油公司，至此，洛克菲勒大舉進軍石油行業。洛克菲勒壟斷美國石油市場是靠降低生產成本和不斷兼併購買其他的石油公司來實現的。為此，洛克菲勒受到新聞界的攻擊，稱他為「劊子手、強盜、惡狼、掠奪寡婦和窮人財產的搶劫犯和流氓」，甚至稱他為「不顧窮人死活的吸血鬼」。洛克菲勒這個名字也就成了冷酷、貪婪、掠奪的代名詞了。但是洛克菲勒卻不為所動，他認為，在充滿競爭的商業場上，適者生存，大魚吃小魚是天經地義的事，而且只有足夠強大的公司採取大片開發，大規模開採，才能降低成本，向全世界的人們提供價廉質優的石油產品，因此，不管新聞媒體如何咒罵他，他依然我行我素，不予理睬。

　　在控制了美國石油業以後，洛克菲勒把觸角又伸向了全球。可以說，美孚石油公司繁榮的時間表就是美國經濟稱霸全球的時間表。

美國石油大王—洛克菲勒

19世紀末，在世界各地，都可以看到美孚公司生產的產品，甚至在最落後的國家的窮鄉僻壤裡，也能找到「美孚」的蹤影。

強大的銷售網給洛克菲勒帶來驚人的財富，1912年，洛克菲勒的財產從1901年的兩億美元增值到九億美元，就這樣洛克菲勒坐上了美國首富的寶座。

洛克菲勒不擇手段的降低生產成本和不斷兼併購買其他的石油公司壟斷了美國石油市場，這種做法引起了社會各界的強烈抗議，受到新聞媒體的猛烈攻擊。如1897年9月18日《世界日報》上的一篇文章這樣寫道：

「美孚石油公司的頭頭們是一群吃人肉、喝人血的野獸，他們把有秩序的世界攪得天翻地覆，民不聊生，有些中產階級被迫沿街乞食或開槍自殺，他們掠奪婦女、老人、兒童、寡婦和小販口袋裡剩下的最後一分錢。這是一夥有組織的匪徒和強盜……」這些危言聳聽的報導引起了美國政府的注意，於是政府下令調查美孚石油公司和洛克菲勒本人，已經隱退了的洛克菲勒不得不出面接受法院的調查。當時的一家晚報報導了洛克菲勒接受調查時的情況：

「手執文明杖的洛克菲勒仍穿著那件常穿的青色短大衣，頭上的那頂禮帽已經褪了顏色，面容顯得有些難看，他畢恭畢敬的坐在一個指定的椅子上。他解開了大衣上的最後一顆銅鈕扣，雙腿交叉，兩隻手不停的撫摸褲子的膝蓋部分。他用直溜溜的兩隻炯炯有神的眼睛一會兒望著調查委員會的委員，一會兒把視線轉向視窗，他盡量壓抑內心的不安和恐懼，故意裝出一副紳士派頭。他回答委員們的問題時更令人啼笑皆非，忽而拉長脖子，似乎什麼也沒有聽到，忽而一問三搖頭。不知道，想不起來了，我沒聽說過……成了他最大的詞彙量。與其說是接受調查，不如說洛克菲勒先生在演默劇……」

洛克菲勒一生永遠屬於金錢和財富，卻與美女無關。他「一生只戀愛過一次」。

15歲時，洛克菲勒在教會的唱詩班結識了美麗的女孩羅拉，他深深的被羅拉迷住了。「她極具吸引力！」洛克菲勒後來說，但生性靦腆內向的洛克菲勒卻不敢向羅拉表達自己的感情。而羅拉呢？也同樣被「帶輕微感傷主義情調的憂傷少年」所吸引。隨著交往的增多，雙方熱情迅速升溫了，但又都保

247

持著一定的距離，從未有過如擁抱、親吻類的親密之舉。

終於，飽受情感煎熬的羅拉主動出擊。在兩人的一次約會中，洛克菲勒被那塊綠茵茵的草地吸引了，他忘情的躺在草地上，羅拉深情的看著他，大膽的張開雙臂，撲入了「白馬王子」的懷中。從此，兩人正式進入了戀愛階段。1864 年，兩人在教堂舉行了婚禮。婚後幾十年，洛克菲勒一直忠貞的堅守著當初在教堂的誓言：「在任何情況下彼此相愛。」羅拉成了他一生中唯一的一親密伴侶。在世界為數眾多的富翁中真是難找如此忠於愛情的人了。

汽車王國的英雄 —— 福特

在世界汽車之林，福特公司生產的福特汽車占有重要的席位，福特公司的創始人亨利・福特不僅創建了福特公司，還創造了「流水線生產」，率先實行每週五日工作制，成為現代企業的典範。

19 世紀的美洲大陸，是無數拓荒者嚮往的地方，特別是剛剛獨立的美國，更是移民如織。在這樣的社會背景下，福特家族也從愛爾蘭移民到了美國，並在底特律的迪波恩定居下來。1863 年 7 月 3 日，亨利・福特來到了人世。

福特在很小的時候，就非常喜歡機械，他對任何機械都充滿了好奇，把能找到手的機械總是反覆拆裝，不厭其煩的搞清它們的構造。久而久之，福特已經能很自如的修理一些東西了，如鐘錶之類的。對於福特的這一愛好，木匠出生的父親並不想進行干預，加之母親的鼓勵和支持，使得福特的這一愛好得以延續下來，並全力的投入到機械的領域去鑽研，為他的成功打下基礎。

正所謂「天將降大任於斯人矣，必將苦其心志，勞其筋骨，餓其體膚」。可是好景不常，在他 13 歲的那年，一直鼓勵和支持他的母親去世了，失去母親的操持，家中一切都更為艱難了，這對福特的打擊很大。

16 歲那一年，亨利來到離迪波恩只有 10 公里遠的底特律謀生，底特律這個工業城市給了福特這個機械迷很大的發展空間。他曾做過機器修理工、機械製造廠職工，還到愛迪生的照明公司當過機械工程師，很受愛迪生的賞識。福

特一邊工作一邊著手進行汽車的研製。當時的歐洲，汽車研究已經進入了成熟應用階段，而美國在這方面的研究才剛剛起步。亨利在既無資料又無技術指導的條件下，僅僅靠他對機械功能的熟悉及運用他那聰明的頭腦，在 1896 年 6 月 4 日凌晨 2 點完成了自己的第一輛汽車的製造。在一陣轟鳴聲後，這輛汽車居然向前移動了，這給福特極大的信心。

　　經過不斷的改進，1899 年福特的新車誕生了，這輛車噪音小，力量大，速度快，可以與當時美國任何一輛汽車媲美。福特看到自己的成功，非常得意，頭腦一熱，他決定成立公司成批的生產他發明的汽車。但他這次成立的公司很快就以失敗而告終，虧損額高達 86,000 美元，這是因為當時既沒有汽車設計製造圖，也沒相關資料，可以說他還根本沒有具奮批量生產汽車工藝的能力。這次失敗並沒有影響到福特對汽車的熱情，因為，他認定了將來汽車一定會成為人們的代步工具，雖然第一次失敗了，福特還是熱衷於對汽車的研製。為了能很快的成功，只有提高知名度，提高了知名度，就能吸引一些大財團的投資興趣，於是他選擇了汽車比賽，把研製賽車作為他的主要工作。1921 年 10 月 10 日，福特的汽車在比賽中奪冠，後來他設計製造的「999」車在比賽中創造了全國記錄，福特也因此出名，同時也因此而發跡。由於他的賽車性能優越，大財閥瑪律科姆遜決定與亨利‧福特聯辦汽車公司，1903 年 6 月 13 日，在瑪律科姆遜的遊說、活動下，以股份制形式的「福特汽車公司」宣告成立。福特公司最早生產的汽車是面向富人的豪華型（A 型）車，由於價格太高，銷量不是太好，於是亨利決定改產面向大眾的低價位的汽車，這遭到了瑪律科姆遜的堅決反對，兩人的矛盾、分歧越來越大，最後瑪律科姆遜離開了福特公司，而亨利及時的把面向大眾的「T 型」車投入生產。當時美國公路狀況很差，所以越野能力強、價格低廉的「T 型」車很快就占領了市場，備受人們的喜愛，並且，「T 型」車除了作代步、運輸工具外，還能抽水、磨粉、打殼，這就贏得了廣大農民的喜愛。在當時的美國掀起了一股「T 型」車熱，一時間訂單雪片似的飛來，產品供不應求。為此，亨利大動腦筋，思考如何提高生產效率，降低成本。

　　在妻子的啟發下，他受罐頭廠在生產過程中應用滑輪的生產過程啟發，又加上自己不斷的改進，終於發明了高效率的「運動中組裝法」（即現在的自動化流水線生產方法），在 1913 年 8 月正式試驗成功。自動化流水線是工業革命的一次飛躍，它大大的提高了生產效率，降低了生產的成本。採用自動化流水線生產後，福特公司的「T 型」車產量激增，年產由以前的 7,800 輛猛增至 17 萬輛，第二年為 25 萬輛，第三年為 73 萬輛。而汽車價格卻一降再降，由 800 美元到 700 美元再到 600 美元，最後每輛「T 型」車售價為 500 美元。到 1914 年，福特公司生產的汽車占美國汽車總產量的二分之一，占世界汽車總產量的四分之一還強。福特公司的「T 型」車因質優價廉而暢銷全球，從 1908 年生產第一輛「T 型」車到 1927 年 5 月最後一輛「T 型」車出廠在短短二十年的時間裡，「T 型」車共生產了 1,500 萬輛，為福特公司累積了大量的資本，也為福特公司稱霸汽車業做出了巨大的貢獻。但是，隨著社會的進步和科學技術的不斷發展，一成不變的「T 型」車必將退出歷史舞臺，這給保守懷舊的福特不啻是一個深刻的教訓，使他終於醒悟「發展才是真理」。

　　福特不但創造了「T 型」車和自動化流水線的生產方式，還率先實行每週五天、每天八小時的工作制，這一制度直到今天還仍被許多工廠、企業沿用。

　　亨利·福特的父母是一對開明的父母，在支持福特的機械愛好時，希望他將來能繼承他們的農場，做一個好的農場主。可是福特卻違背父親的意願，毅然選擇了自己所喜愛的汽車行業。值得慶幸的是，福特的父親最終沒有把他自己的願望強加於福特，這才使得福特有機會成為一個遐邇聞名的人物。可惜的是，福特對待自己的孩子卻沒有能像父親對待他一樣的寬厚、豁達，這導致了一場「白髮人送黑髮人」的悲劇。

　　福特的兒子艾德索·福特是個聰明的好孩子，福特非常愛他，希望將來能夠繼承自己的產業。因為這個在艾德索很小的時候，他就總是把他帶在身邊。希望兒子能受到他的影響，將來做一個合格的接班人。可是隨著時間的推移，年老的福特對權力有一種極度固執的偏愛，所以他對他的權力繼承人艾德索產

生了微妙的變化,害怕艾德索奪權。為此,他對兒子艾德索極度的不信任。凡是艾德索的建議、決定,老福特一概否定,而且還專門找了一個人(即貝內特)牽制艾德索。以至於出現了在公司中貝內特的許可權超出艾德索的情況,並且對貝內特是言聽計從,對艾德索則是雞蛋裡挑骨頭,竭盡刁難之能事。為了不使家族財產落入旁人之手,艾德索就這樣長期生活在壓抑中在公司裡繼續努力,長時間的壓抑讓他倍感憔悴,因為不堪重負於 1943 年就去世了。他的死在很大程度上是父親導致的,這給老福特的打擊很大。為此,已經長大成人的艾德索的兒子本森斷然宣布與爺爺亨利·福特斷絕關係,使得福特家族內部開始裂變。最後,在妻子、兒媳婦及孫子的步步緊逼之下,老福特交出了公司的權力,這不能不說是他的一種悲哀。慶幸的是,後來親人們都對他很好,使他幸福、安然的度過了晚年。

流水線生產剛開始那幾年,由於勞動強度大,薪資低(工人日薪資 2.34 美元),所以工人流動量大。有時甚至是「成群結隊」集體辭職,這對公司的生產造成很大損失。為了留住熟練工,提高產量,福特決定給工人加薪。

1914 年 1 月 1 日,福特主持加薪會議。會議在沉悶的氛圍中進行。雖然福特已經闡述了加薪的好處,可是股東們誰也不願把錢往外掏,況且當時福特公司有職工兩萬多人,每人每天加一元就是兩萬美元,一年就得多開支七百多萬美元。所以,股東們都極不情願的 1 角 1 角的往上加,當加到日薪資 4 元 5 角時,一個股東沉不住氣了,氣憤的嚷道:「這樣搞下去,你們還會有人提 4元 6 角,4 元 7 角,甚至是 5 元,直到公司倒閉為止。」機智的亨利馬上接過話:「5 元!太好了,那就決定日薪 5 元吧!」

亨利用當時最高的月資日薪 5 元不但贏得了工人的積極性,還受到了社會的好評。在加薪的同時,公司決定每天三班制,每班 8 小時,這樣福特公司二十四小時都在生產,把「送給工人的那部分又奪了回來」,加薪加班制使福特公司不但沒有損失,反而盈利更大,股東的紅利也在節節高升。

日本經營者之神 —— 松下幸之助

松下幸之助白手起家，經過自己的努力奮鬥，創建了松下電器公司。松下電器公司創建之初，主要以生產燈泡為主，後來，在松下幸之助的領導下，公司把觸角伸到電器行業的各個角落。如今，松下電器公司已成為規模龐大的跨國公司，擁有雄厚的資金，強大的實力。公司生產的松下牌電器是世界知名品牌，暢銷全球。

松下幸之助的父親松下政楠是一個商人，但是松下政楠的生意做得不怎麼樣，每次都是剛剛有了點起色就進行盲目的投資，所以，松下政楠的生意都沒能做大，就把希望寄託在子女身上，希望他們做一個成功的商人。

誰都沒想到松下幸之助這個商業鉅子，就是因為父親希望他走好經商的道路，連小學都沒畢業就去當學徒了。

松下幸之助喜歡搞發明創造，他感到在大阪電燈公司做線路檢查員已不能滿足自己才智的發展，他就像被關在鐵籠裡，渾身難受。1916 年，他辭去了這份看上去不錯的工作，創建了自己的公司。

1918 年 3 月 7 日，松下幸之助掛出「松下電氣器具製作所」的招牌，開始了自己的創業生涯。創業之初，由於製作所資金匱乏，很難大規模的投入生產，聰明的松下幸之助用他那極富說服力的經營方式，讓乾電池銷售商答應為他免費提供 1 萬顆乾電池，作為回報松下幸之助承諾半年內為乾電池銷售商代銷 20 萬顆電池，這一筆生意使剛剛起步的松下公司站穩了腳跟，松下公司在幸之助的領導下，很快發展壯大起來。

二戰期間，日本政府實行資源管制，把物資全都供應軍需生產。許多企業也轉人軍需工業，松下幸之助作為軍需工業公司也生產了大量的軍需品。

1945 年 8 月 15 日，日本天皇宣布無條件投降，這時的日本民眾都感到前途渺茫，無所適從。而松下幸之助卻立刻做出反應，8 月 16 日，他召集員工，號召工人們振作起來，整理工廠，極早拿出產品。在松下幸之助的帶領下，公司很快恢復了生產，三個月後公司便生產出了收音機、電爐等。第二年年初，松下公司生產的家電產品更為齊全，如熨斗、電風扇等等。松下幸之助以他的

睿智和雷厲風行的作風，很快就使公司正常運轉起來。

為了適應新的形勢，松下幸之助調整經營方針，採取完善職工的福利待遇、重視人才、注重「適才適所」等一系列新的政策。經過調整的松下公司，經營狀況和生產能力很快就達到了戰前的水準，而且還有很大的發展。但是事實並不總是盡如人意的，由於日本是戰敗國，盟軍為了防止日本再次發動戰爭，對日本的經濟實行干預，指定一批日本公司為限制性企業和財閥。這兩項指定都落到了松下公司的頭上，如果真的是被指定為財閥，松下公司將被解散，在松下幸之助不辭勞苦，據理力爭下才被免去了財閥的指令。但是，因為是限制性企業，松下公司的生產發展舉步維艱。

在二戰之前和二戰期間，松下公司就已經與國外建立了業務，主要是亞洲地區的中國、朝鮮、爪哇等地。二戰結束後，松下幸之助盯上了歐美。他與荷蘭飛利浦公司成功合作，在美國紐約成立美國松下電器公司，建立馬來西亞的松下分公司等眾多的海外分支，使松下公司成了一個名副其實的跨國國際大公司、企業界的一顆新星。

松下幸之助的夫人井植梅之在幸之助的事業上給予了他無私的幫助。

在創業之初，只有幸之助、梅之夫人及妻弟井植歲男及另外兩個朋友共五人，由於缺少資金，梅之夫人不僅要做飯洗衣，而且還要做一名工人，身兼兩職，但梅之夫人卻從無半點怨言，總是任勞任怨。

後來，松下公司擴大了，幸之助主要忙著產品的生產和銷售，顧不上關心公司員工，夫人井植梅之便代行其職，與公司員工交流溝通，並很好的調整了職工上下級之間的關係，使公司員工緊密團結，精誠合作。

1945 年 8 月 15 日，日本宣布無條件投降，舉國上下都沉浸在戰敗的哀痛中。這時的松下幸之助審時度勢，認為只有讓工廠盡早投入生產，才能有效的幫助國家重建。於是五天後松下幸之助便向公司員工發表了公司重建的計畫，並宣講：

「目前，我們面臨本世紀最為劇烈的變革時期，我們松下電器公司務須迅速恢復和平生產，勇敢的邁出重建日本的第一步。」

「工業是國家復興的基礎，在此我可以說大家都是日本工業復興的開路先鋒，同時也歡迎失業的和將要失業的人們來這裡工作，大家精誠團結，攜手合作，發揚松下電器的傳統精神，為日本的重建多做貢獻！」

動畫巨星 —— 迪士尼

華特‧迪士尼從小就喜歡小動物，什麼貓、狗、雞、鴨……等等，而且他還有一顆永不泯滅的童心，漫畫是他的最愛。這三者有機的結合為一體，華特‧迪士尼便創造出許多經典的動畫：《米老鼠》、《唐老鴨》、《白雪公主》、《木偶奇遇記》等等，片中的角色已成了掛在小朋友們嘴邊的、最愛談論的話題，而且經久不衰。

華特小時候因為家裡窮沒錢買玩具。每天都只能和小貓、小狗玩，他便喜歡上這些動物。稍大後，為了補貼家用就去賣報紙，因為這樣學業成績下降了，但他對畫畫卻一直不曾放棄過，一有空閒時，他便開始作畫。

1917 年，16 歲的華特到芝加哥金萊中學讀藝術函授班，這時的華特便展現出他繪畫的天賦，在校刊《金聲》發表漫畫，並因此而獲得他心中白雪公主蘇‧皮托夫斯基的芳心。

第一次世界大戰結束後，華特回到祖國，決定以繪畫為生，先是給別人繪畫，後來決定組建自己的公司。1918 年，華特與好友伊沃克斯開了一家伊沃克斯暨迪士尼公司。伊沃克斯確實是一位繪畫高手，但是他不擅交際，所以他只專心作畫，而華特除了負責設計、作畫外，還得去聯繫業務。剛開始，公司收入可觀。

1920 年 1 月 29 日，華特在報紙上看到一家幻燈廠廣告公司正在招聘一位繪畫師。這正是華特夢寐以求的工作 —— 畫在銀幕上活動的角色（最早的卡通片雛形）。華特滿心高興的去應聘，但在工作時間的安排上華特犯難了，公司要求他全天都在公司上班，而華特希望每天上半天的班，留下半天時間照顧伊沃克斯以及他倆的公司，但是華特必須做出選擇，這個選擇對他很痛苦，一

邊是難以割捨的朋友，一邊是夢寐以求的工作。最後，他還是到幻燈片公司去上班。這樣，華特邁出了自己製作卡通片的第一步。

由於華特的創新精神和精湛的繪畫技巧，使他很快成了幻燈片廣電公司的首席卡通畫師。華特有了名氣後，便開始琢磨著開創自己的事業。1922 年，華特辭掉工作，用籌集的 1,500 美元創建了「歡笑卡通公司」。公司的初期生意慘澹，由於資不抵債，公司很快就破產了。雖然華特的公司倒閉了，但他相信，他正在製作的《愛麗絲夢遊仙境》肯定能一炮打響。《愛麗絲夢遊仙境》的發行權被溫克勒小姐買斷，前六部每部 1,500 美元，後面六部每部 1,800 美元。有了訂單，華特與哥哥羅伊便全力的投入到《愛麗絲夢遊仙境》系列劇的創作中去了。

《愛麗絲夢遊仙境》由於製作精細，內容豐富和較強的觀賞性，系列影片一出品便獲得了極大的成功，華特也因此而走紅，他與哥哥羅伊創建的「迪士尼兄弟製片廠」生意興隆，訂單不斷，公司也日益壯大。

1928 年 5 月 10 日，在親朋好友的鼓勵、幫助下，透過華特自己的努力，米老鼠系列卡通的第一部《瘋狂的飛機》在好萊塢落日大道試映，反應良好。於是，華特決定繼續製作米老鼠的系列卡通片。1928 年 11 月 28 日，米老鼠系列影片之《威利號汽船》在萊琴伯戲院上映，這是華特製作的有聲影片，引起轟動。

華特製作的卡通片品質要求很高，他不計成本，只求品質，而且積極創新，所以，他的第一部彩色卡通片《花與樹》便為他贏得了奧斯卡金像獎，同時，影片帶來的經濟收益也出乎意料的可觀。

這以後，華特還創造了很多人們喜愛的卡通片如：《白雪公主》、《木偶奇遇記》等等。直到今天，人們仍然會被片中惹人喜愛的小精靈們深深的吸引和感動。

1952 年 12 月，華特斥資組建沃伊迪貿易公司，這個公司專門負責迪士尼樂園的設計建設。為此，華特親自為迪士尼樂園選址，親自指揮樂園的建設。華特不惜鉅資使迪士尼樂園的建設追求的更新、更好的理念，以致預算頻頻超

支，但華特毫不在乎，他要的是迪士尼樂園這個理想中的天堂。可以說迪士尼樂園是華特的一個夢，華特為這個夢奮鬥了一生，現在，他終於可以圓夢了，這讓華特感到欣慰。1955 年 7 月，迪士尼樂園建成開放，開放這天，五十多歲的華特激動得熱淚盈眶。1964 年迪士尼被授予美國總統的「自由勳章」，以表彰這位「藝術家和演出主辦人在為一個時代提供娛樂的過程中在美國民間傳說基礎上所作的創造」。

華特‧迪士尼是一個充滿幻想且感情豐富的人。16 歲便開始他苦澀的初戀。

16 歲時，華特深深的愛上了同班同學蘇‧皮托夫斯基，蘇漂亮、出眾，每天都有不少的男生圍著她轉，華特自以為不夠出眾，於是便想透過其他的途徑讓蘇注意到他。

當知道蘇是《金聲》編輯部的成員後，華特便發揮自己的一技之長──漫畫，他創作了很多愛國題材的漫畫在校報《金聲》上發表，這樣他很快便引起了同樣具有愛國熱情的蘇的注意，蘇被華特的才華和氣質深深的吸引，於是他們很快就出雙入對。

第一次世界大戰爆發，16 歲的華特參加了美國紅十字會救護隊，當了一名駕駛員被派往法國。

戰爭結束後，誰知他昔日的戀人早已另嫁他人，華特氣急敗壞，把所有禮物全部扔了。這次沉重的打擊使華特在以後的許多年裡，不再相信任何一個女人。

華特是一個追求完美的人，為了製作一部好的影片，華特常常是不計成本的，作為一名商人來說，這是十分難能可貴的

1942 年冬，電影藝術與科學學會宣布將「歐文‧索爾伯格獎」授予華特‧迪士尼，以肯定他「始終如一的製作高品質的影片」。在頒獎儀式上，華特情不自禁，淚流滿面的說道：「我……我……要……在這裡……感謝大家。這……是整個……電影……業的……一次……信任的……投票……」話還沒說完，自己卻早已泣不成聲了。

1922 年，華特的歡笑卡通公司生意慘澹，華特收入已經不足以應付日常的生活開支，吃飯都成了問題，但最讓他難堪的是這年冬季裡發生的一件事。

　　那天，一位叫湯姆斯·麥複製的牙醫打來電話要求歡笑卡通公司為他拍一部增進牙齒健康的影片。在電話裡，醫生希望華特就具體細節問題能到他自己的辦公室裡細談，貧困的華特非常高興，但還是不得不如實告訴這位牙醫，因為沒錢去到修理鋪取鞋，所以他現在不能出門，希望牙醫能不怕辛苦親自走一趟歡笑卡通公司。牙醫果真應邀到了華特的公司，他不僅花錢為華特取出鞋子，還與華特簽訂了拍攝一部關於牙齒健康片子的合約。這事讓華特感動萬分。

日本摩托車之父 —— 本田宗一郎

　　在世界的各個角落，幾乎都可以看見日本的本田摩托車（HONDA），世界上每賣出四輛摩托車，其中就有一輛是本田摩托車。到今天，本田（HONDA）已成為摩托車乃至汽車行業的著名品牌。

　　1945 年 8 月，日本宣布無條件投降，這時的日本百廢待興，充滿機遇。有創新精神和商業頭腦的本田宗一郎，抓住並很好的利用了這個機遇。

　　一次偶然的機會，宗一郎把從黑市上買來的一種小型軍用引擎安裝在自行車上，讓機器的動力代替人的腳力推動自行車前進。這種改裝後的自行車行備受顧客的青睞，它騎起來輕快、靈活。改裝的幾百輛車子很快被搶購一空，還有很多顧客前來訂購。面對這大好的商機，當下他便決定大批量的投入生產，並給生產這種車的工廠取了一個名字 —— 本田技研工業株式會社。

　　富有創新精神的宗一郎不滿足現狀，雖然這種改裝車銷量很好，但是缺點也不少。宗一郎針對噪音太大，排出的廢氣太多的這些問題，在改裝車的基礎上，設計了一種比這種車性能更好的車 —— 98CC 的夢想 D 型，這是本田公司設計生產的第一輛真正意義上的摩托車。

　　本田宗一郎認為，企業要發展，就要不斷的創新，創新精神是企業發展的動力和寶貴財富。從宗一郎生產摩托車賽車一事便是可以證明他是一個富有創新精神的人，不但如此，還要求公司的職員也要有創新意識。

　　繼 98CC 的夢想 D 型之後，本田公司又推出了 C—100 超級克伯。同時，

在外國考察的宗一郎發現要想進入歐美等國際摩托車市場，就必須打響自己的品牌，就得提高知度，提高知名度的最好辦法就是參加 TT 國際摩托車大賽。這才是問題的關鍵所在，宗一郎馬上行動起來，從國外買回一部賽車，交給公司研究部門，供技術人員參考、研究，並以此基礎研究出一種完全屬於本田公司的摩托賽車。在給研究部門的講話中，本田宗一郎再三強調技術人員絕不准模仿這部外國車，哪怕僅僅是一個零件也不允許。

花了整整五年的時間，本田公司終於研製出了令人滿意的、完全屬於本田公司自己的摩托賽車，並在 1959 年首次參加 TT 國際摩托車大賽中獲得成功。僅兩年之後，本田摩托車便稱霸 TT 國際摩托車大賽的 125CC 和 250CC 兩個級別。在 1964 年的 TT 國際摩托車比賽中，本田摩托車再次稱霸，包攬了 125CC 和 250CC 及 350CC 三個級別的冠軍。至此，本田摩托車享譽全球，名聲大噪，一舉成名，成為了國際知名品牌。本田宗一郎抓住時機，在許多國家建立了本田摩托車生產廠，以便能盡快的在國際摩托車市場裡分一杯羹。

本田公司終於實現了本田宗一郎最初的策略思想：透過參加國際 TT 大賽，打出本田摩托（HONDA）的品牌，進軍國際市場。由於本田摩托車品質好，很快就躋身世界知名品牌行列，產品暢銷全球。

永不停止的本田宗一郎已不滿足於「摩托車之父」的稱譽了，他又發起了向汽車領域的進軍。

1963 年，本田公司生產出第一輛汽車。在 1975 年，本田公司針對美國的《淨化空氣法案》研究設計的複合可控漩渦式燃燒車正式問世，該車既省油又能減少汙染，很快就占領歐美市場。現在在世界各地，人們隨處都可以看到本田車的蹤影，凡有摩托車賽事，必定有本田摩托車參賽。傲人的成績，把本田宗一郎推上了企業鉅子的寶座。

本田宗一郎出生在日本一個普通的百姓家裡。

15 歲時，因為家庭生活窘迫，他不得不輟學進入修車鋪做學徒。15 歲正是身體發育的時候，而修理工做的又是粗活，雖然老闆每天都準時開飯，可是

宗一郎經常都覺得肚子餓，就在這種半飢餓狀態下工作，但是到了晚上，更覺飢餓難忍，就偷跑到街上去吃碗麵。即便這樣，本田宗一郎憑著自己對汽車的喜愛挺了過來，這對一個只有 15 歲的少年來說實在是難能可貴。正是有了這種吃苦耐勞的精神，使宗一郎在後來的歲月中不管遇到什麼樣的艱難險阻，他都能勇往直前。

本田公司的職員都知道，公司老闆本田宗一郎是一個脾氣暴躁的老頭子。在公司裡，員工只要稍有不慎出現一點點失誤，老頭子都會氣急敗壞，暴跳如雷，輕則挨訓，重則拳腳相加，毫無人情味。職員們都很怕他。但事實上，宗一郎並不是一點人情味都沒有。有一次，公司派車隊參加一場國際賽事，領隊不小心受風寒感冒。把名譽看得比生命還重的宗一郎得知這一情況後，拍電報安慰：「輸了也不要緊，要保重身體。」這位領隊深受感動，雖然寥寥數語，但從這短短的十幾個字裡，看到了宗一郎和公司對自己的重視和關愛。

1967 年，針對頻繁發生的汽車事故，美國制定了一個法案，規定凡有技術問題而可能發生事故的汽車不及時進行申報的，每次事故廠方將被處以重罰。申報自己的汽車有技術問題，還可能導致事故，這無疑是在砸自己的招牌，但是本田宗一郎勇敢的站了出來，承認自己公司生產的汽車有技術上的問題，並及時申報，這一舉措不僅沒有砸掉本田的招牌，反而讓本田汽車在美國更加暢銷，這種實事求是的精神贏得更好的效益。

本田宗一郎在一次與外國商人舉行洽談時，由於不小心，這位外國商人的假牙掉進了廁所的糞池裡。本田宗一郎聞訊後，親自跳到糞池裡，為這位外國商人打撈假牙，當假牙被打撈上來後，宗一郎親自清洗、消毒，而且自己試戴了以後才轉交給這位外國商人。當時不僅令這位外國商人極為感動，在場的宗一郎的屬下們也備受感染。這些職員不認為宗一郎做了一件丟人的事，反而覺得他的這種做法是值得敬重的，宗一郎就是以身作則的對待每一件事來贏得客戶，並影響自己職員的。

世界零售業巨頭 —— 沃爾頓

　　山姆・沃爾頓這位「沃爾瑪」的創始人，1950 年代白手起家，在一家小雜貨店的基礎上創辦了沃爾瑪連鎖百貨公司，靠自己苦心經營，業績不斷的發展，到 1970 年代沃爾瑪已經成長為全美最大的區域性零售公司。就在他去世的前一年，沃爾瑪已躍居全美乃至全球零售的榜首。

　　1951 年，山姆舉家遷到阿肯色州的本頓威爾鎮定居，並買下一家雜貨店，命名為沃爾頓五分 —— 一元商店。沒想到業績不斷攀升，這是因為他店裡物美價廉的商品吸引了顧客。

　　第二年，山姆把五分 —— 一元店的盈利近五萬美元進行再次投資，以整修店容及購買更多品種的商品。就這樣，山姆在一家店賺了錢，馬上再投資開另一家店，不斷的擴張，這就是後來「沃爾瑪」發展的趨勢。因為這個，山姆的商店擴增的很快。到 1960 年，山姆已經有了 15 家分店。

　　正在這時，山姆發現了另外一種經營方式 —— 折扣商店，這種低價大量進貨，便宜賣出的經營很對山姆的胃口。於是，1962 年山姆開辦了自己的第一家折扣百貨店 —— 沃爾瑪（Wal-Mart）。沃爾瑪裡的商品比其他雜貨店的商品售價普遍低 35% 左右，於是，成千上萬的人蜂擁而至，場面十分火暴。

　　第一家折扣店獲得成功後，山姆馬不停蹄，迅速投資開設分店，到了二十世紀七十年代末，沃爾瑪分店多達 276 家，營業額高達 12.48 億美元。到了二十世紀八十年代末。沃爾瑪已經擁有自己的 1,402 家分店，年銷售額為 258 億美元，每年的淨收入高達 10 億美元，同時，總的營業面積也由創辦初期的 1,500 平方公尺拓展到了 1,000 萬平方公尺，緊緊咬住了排名全美前兩位的零售大王凱瑪特和西爾斯。到了 1991 年，沃爾瑪的年營業額為 326 億美元，成為全美零售第一。

　　實現了全美零售第一的夙願以後，山姆決定向海外進軍。1991 年，沃爾瑪在墨西哥開了第一家分店，接著透過兼併伍爾柯公司進入加拿大，隨後是韓國、歐洲。如今沃爾瑪在海外已有七百多家分店，而且，沃爾瑪正在加快其全球化的腳步。

　　山姆・沃爾頓在經商途中並不是一帆風順，進軍超級市場導致失敗是他輝煌人生中的一大敗筆。

　　1980 年代初，山姆到法國考察了超級市場，超級市場是那種把各種水果、蔬菜、食品與百貨商品集中在一家大商店出售，同時他看到在歐洲各國的超級市場都辦得有聲有色，於是他也決定開辦超級市場。

　　建一個這樣的超級市場需花費 5,000 萬美元，投資巨大。1984 年到 1990年的六年時間，沃爾瑪在美國開辦了四家超級市場，但是，這些超級市場卻讓山姆束手無策。雖然這四家超級市場沒有虧損，但是六年來也不見盈利。最後山姆不得不放棄超級市場。

　　失敗的原因是多方面的，但是超級市場營業面積大是失敗的主要原因。建超級市場主要目的就是吸引那些整日忙碌、無暇購物的顧客，山姆認為在一個大屋頂下一次購齊所需物品可以為顧客節約大量的時間，但是他忽略了一個問題：過大的店面，使顧客找商品難、停車難、結帳難，這些困難纏繞著顧客，與讓顧客感到方便的初衷背道而馳。

　　這次盲目的投資後，山姆清醒的認識到營業面積的大小決定了商店的成功與否，店面越大，生存越困難，反之，就可能盈利。所以，沃爾瑪在以後的分店建設中，把營業面積控制在 1 萬平方公尺 —— 1.4 萬平方公尺，這也算是在特級市場上的失敗總結出來的經驗吧！

　　1942 年，第二次世界大戰期間。山姆應徵入伍，在等待徵兵通知時，閒來無事的他就到處閒逛，誰知卻陰差陽錯的交了桃花運。

　　在這年四月的一天夜裡，山姆到克萊莫爾一家保齡球館打發時間的時候被一位金髮碧眼的美女所吸引。當這位女孩滾完球回到座位上時，山姆把握時機的走過去與之搭訕：「我好像在哪裡看到過你？」沒想到的是女孩很有教養居然很友好的和她談了起來。在交談中知道這個女孩叫海倫，今天和男朋友約好一起玩保齡球，可是男朋友卻遲遲沒來。最有趣的是，山姆和海倫還真的見過面，那是大學時，山姆的女友和海倫是朋友，為了便於和海倫聯繫，山姆打聽了前女友的電話，於是也得到了海倫的電話，後來，山姆便頻繁的打電話約海

倫一起玩，海倫經不住山姆的糾纏，開始與山姆約會，沒過多久，山姆就贏得了海倫的芳心，在第二年情人節那天，山姆與海倫結為百年之好。在他們的婚姻生活中，雙方互尊互敬，相互關心愛護，共同走完了近半個世紀的人生旅程。

1992 年 3 月，17 日，美國總統布希親自飛往本頓威爾，把美國最高的平民獎 —— 總統自由勳章授予山姆，地點就選在沃爾瑪公司的總部大禮堂。當布希夫婦步入大禮堂時，禮堂裡全體沃爾瑪員工用他們沃爾瑪式的歡呼歡迎這位美國總統，口號是：

「一個沃。」

「一個爾。」

「一個瑪。」

「那是什麼？」

「沃爾瑪！」

「誰是上帝？」

「顧客！」

從總統夫婦的表情可以看出來，當時他們感到十分驚奇。但很快便適應了這種最熱烈的沃爾瑪式的歡迎。

山姆・沃爾頓是一個道地的美國人，他一生中完成許多事，這些事在美國之外就不可能完成。他的生命就像一首對這個偉大國家的頌歌。

—— 可口可樂公司總裁唐納德・基奧

山姆・沃爾頓了解人性，就像愛迪生了解發明，亨利・福特了解製造生產一樣。他給員工最好的，任何與他接觸過的人，都可以學到一些有用的東西。

—— 奇異電氣公司 CEO 傑克・威爾許

山姆是一個道地的美國人，他具體展現了創業精神，是美國夢的縮影。他關懷員工，奉獻社區，而希望與眾不同是他生平事業的特色。他是忠實於家庭的男人，企業的領導人，也是宣導民主制度的政治家。

—— 美國前總統喬治・布希

日本索尼公司創始人 —— 盛田昭夫

盛田昭夫，索尼公司創始人，日本著名的企業家，同時也是電子工業卓越的發明家。索尼公司以高科技、高品質的產品贏得世人的青睞，公司的產品延伸到電子行業的各個角落，「索尼」已成為世界家電產品的著名品牌。

盛田昭夫的父親是擁有一個酒廠和一個醬油廠的實業家，他希望盛田子承父業，把他的事業發揚光大。可盛田昭夫整天迷戀現代科技，並考入自己喜愛的大阪軍國大學物理系，專心攻讀物理。

二戰中，盛田昭夫在海軍服役的期間結識了井深大。他們都有共同的興趣愛好，成為以後的合作人。決定戰爭結束後創辦一家電子公司。

戰爭結束後，盛田昭夫不顧父親極力反對他，跑到東京與井深大在廢墟上創辦了東京通信工業株式會社。創辦之初，公司只有 500 美元的資金，設施極為簡陋，遇到雨天，屋外下大雨，屋內就下小雨。但憑著對電子技術的執著追求和不斷的發明創新，公司生存下來了。

1952 年兩人研究決定生產的第一個產品是當時日本還很少見的答錄機和錄音帶。很快，這一產品便風行日本，公司站穩了腳跟。接著兩人又向電晶體收音機進軍，他們生產的袖珍型電晶體收音機備受日本人的喜愛，銷路看好。僅第二年，公司營業額就高達 250 萬美元。

公司逐漸發展壯大，盛田昭夫意識到目光不能只停留在國內，而應該到國外去發展。為了實現這一目標，他決定給公司取個適應國際環境的新名字。左思右想後，他精心設計了 Sony（索尼）這一別緻的名字。就這樣，索尼電子產品進入了世界市場。

盛田昭夫很愛聽音樂，可是每到郊外或別的地方去要帶音響設備就會太不方便。愛動腦筋的盛田昭夫靈機一動，決定發明一種小型的放音機 —— 隨身聽。很快，在日本乃至全球刮起了一陣隨身聽的旋風，銷路很好，盛田昭夫的發明再次為他累積了不少的財富。

如今，「索尼」已經成為了世界著名品牌，索尼以高品質、高科技和優越的性能備受世人的青睞。索尼把觸角伸到了電子行業的各個角落，不僅生產智慧型手機、PlayStation 遊戲機系列（PS5）、4K 智慧連網液晶電視、單眼數位相機等等電子產品，同時，索尼在全球設立銷售網站，把自己的產品推廣到世界的各個角落。

正因為有如此輝煌的成績，盛田昭夫曾三次被選為《時代》週刊的封面人物，被英國授予阿爾伯特獎章。

1946 年，盛田昭夫和井深大創辦的東京通信工業株式會社，當初是一無所有。全憑他們兩個年輕人堅韌的幹勁生存了下來。當新產品生產出來時，他們已是疲倦不堪了。以致盛田昭夫的親人來東京探望他時，被簡陋的公司和憔悴的盛田昭夫驚得目瞪口呆，心痛得直掉眼淚。

1985 年，盛田昭夫和財經團聯會長稻山嘉寬先生一起走訪歐洲時發表了一番講話，一語點出日本戰後經濟迅速發展的原因：重視科技研究成果在生產中的應用。其中有一段話是這樣的：

「僅有新思想不值得整天自吹自擂，因為每個人都有一些人們認為很好的思想。重要的在於看你怎樣將這些新思想、新發現應用到工業生產中去。」

的確，只想不做，終究會一事無成；只有敢想敢做，才能把握住一展宏圖的時機，一舉成功。

1975 年，索尼公司決定向市場推出貝特麥克斯攝影機。盛田昭夫決定在這次宣傳上投入大量的資金，用一種爆炸式新聞引起世人的關心，以便一炮打響。

但是該計畫負責人哈比卻認為花這麼多錢搞宣傳不划算。不予配合，盛田昭夫苦惱不已，有天半夜時分，終於抑制不住內心的焦躁，給哈比打電話嚷道：

「聽著！兩個月之內，在貝特麥克斯攝影機的宣傳活動中，如果使用經費不到一百萬，不！二百萬美元，我就解僱你！」

還有老闆逼迫員工花公司錢的，這還是第一次聽說。

美國通用公司的 CEO —— 威爾許

　　威爾許是一個了不起的經營管理奇才，在他的領導下，通用公司迅速發展壯大，成為一家全球化的集電子產品、交通運輸。航太航空、新聞網路、金融為一體的公司。公司的資產由 1980 年的 110 億美元增值到 2000 年的 3,700 億美元。因此，威爾許成功的經營管理模式成為世界各企業爭相效仿的典範。

　　威爾許於 1960 年 10 月 17 日以工程師的身分加盟通用公司。公司嚴重的官僚作風打擊了威爾許，一年後，他就準備離開通用，結果上司加爾夫苦心勸說下才挽留住了威爾許。這時的威爾許已經下決心：有朝一日一旦成為通用公司董事長以後，一定要改掉通用內部這種官僚作風。當 1980 年底威爾許成為通用公司的董事長後，就開始了大張旗鼓的改革運動。

　　首先是精簡機構。在威爾許的大力改革下，如今公司規模擴大了六倍，卻只增加了 25% 的副總裁，經理甚至比以前還少了，而且每個經理負責十五項工作，從生產生產線到威爾許的辦公室也減少為六層，這有利於威爾許自己更及時更好的了解公司。

　　同時，威爾許決定出售那些處在行業邊緣，經營業績不好，或者是市場前景暗淡，不具備策略價值的業務，把資金投入到公司的強勢業務中去，以便迅速的提高公司競爭力。

　　1982 年，威爾許把公司的弱勢業務 —— 中央空調以一億三千五百萬美元的價格出售給特蘭尼公司，在公司引起了很大的震動，但威爾許的腳步並沒有停下來，幾經周折，威爾許把猶他國際這個包袱甩掉了，獲得了近 30 億美元的寶貴資金；隨後在 1983 年 1 月 18 日又以三億美元把通用公司的家用器具業務出售。到 1985 年，公司員工已經減少到 299,000 人，有 81,000 人失去工作。但是出售弱勢業務的活動還在繼續，1988 年 9 月，通用又以兩億零六百萬元的價格賣掉了半導體業務，1992 年 11 月，通用以 30 億美元的價格把航太業務賣給馬丁 —— 瑪麗特公司。別以為威爾許是一個只知道典賣通用公司家產的 CEO，在賣這些弱勢業務的同時，威爾許還以大手筆買進了不少的業務，其中對 RCA 的收購就是其中的一例。

　　1985 年 12 月 11 日，通用公司完全收購了 RCA，總交易額為 63 億美元，這麼大手筆的收購是石油行業以外歷史上最大的一次企業併購交易，通用也因此涉足廣播電視方面的業務。擁有了 RCA 的通用公司，同時也獲得了更多的策略選擇空間。特別是隨後對 NBC 的兼併，整個廣播電視節目給威爾許的公司帶來了巨大的現金收入，增強了競爭力量，世界上沒有哪家企業能與擁有 RCA 和 NBC 的通用公司在廣播電視業務上競爭，這成了通用公司一塊獨占的黃金地。特別是在 1995 年 7 月底，沒經過競標，NBC 又成功的獲得了 2000 年奧運和 2002 年鹽湖城冬奧的轉播權，可見 NBC 在廣播電視領域的絕對領頭羊的地位。同時，在 1995 年 12 月初，NBC 又獲得雅典奧運、都靈奧運等比賽轉播權。自從涉足廣播電視領域以來，通用已經在這項業務中獲取了大量的利益，足以證明威爾許極富遠見。

　　威爾許在通用任 CEO 的 21 年中，提出並推行全球化、電子商務以及六標準差，這成了現代企業的標準操作模式，同時還推出了他獨特的「無邊界」和「數一數二」的管理模式。威爾許還特別注重人才的選拔任用，在選拔人才時，用「通用領導能力的四個 E」即精力（energy）、激勵（energize）、決斷力（edge），以及實施（cxectlte）來作考查標準，獲得了很好的效果。威爾許的所有這些經營管理模式及理念給通用帶來了活力與發展，成為當今企業 CEO 競相效仿的榜樣。

　　1959 年 11 月，威爾許在伊利諾伊與漂亮、聰慧的卡洛琳‧奧斯本舉行了婚禮。婚後威爾許就進入通用開始努力工作了，隨著職位的升遷，威爾許陪卡洛琳的時間越來越少，在卡洛琳的眼裡威爾許是一個根本不懂生活的工作狂，以至於夫妻二人越來越不合拍，到後來兩人間除了友誼和相互尊重以外什麼都沒有了，最終決定分手。1987 年 4 月，在共同度過了 28 年後，威爾許與卡洛琳離婚了，離婚後的威爾許又回到了單身漢的時代，富有而又充滿活力。

　　後來在好友華特的關心下，52 歲的威爾許開始和簡約會了。簡是一個聰明、堅定、風趣的女人（比威爾許小 17 歲），第一次約會雙方都沒有什麼感覺，因為有華特在場。第二次約會兩人見面時都不約而同的穿皮夾克和藍色

牛仔褲,正所謂心有靈犀一點通雙方感覺都很不錯。透過交往,兩人終於在
1989 年 4 月結了婚,婚禮是在楠塔基特島舉行的。威爾許的四個孩子都來參
加了父親的婚禮,並送給父親美好的祝願。婚後,為了作威爾許的全職商務旅
行伴侶,簡辭去了工作。

　　威爾許上任後,他對深惡痛絕的通用官僚作風進行強有力的改革。為了
把他自認為阻礙公司前進的傳統和無聊會議消滅掉,威爾許到處投「手榴
彈」。在愛爾梵協會年會上,威爾許的「手榴彈」再次爆炸。

　　愛爾梵協會是通用內部的一個管理人員俱樂部。在當時,普遍認為只要成
為愛爾梵協會的成員就拿到了通往通用管理階層的通行證。所以每次愛爾梵的
年會總是熱鬧非凡。

　　1981 年,威爾許把愛爾梵協會轉變成了一個通用社會的志願者服務團體。

　　1981 年,剛擔任通用 CEO 的威爾許就對通用進行大規模的結構調整,以
增強自身的競爭力。而當時,通用還是一家主流業務很健康而且利潤也相當可
觀的公司,所以不少人對威爾許的這種作法十分不解。威爾許透過大量出售
通用的弱勢業務來獲取現金,把這些觀念再投入到公司的強勢業務中去。為了
降低生產成本,還大量的裁員。提高公司在成本方面的競爭力。與之相對應
的是,為了打造公司良好的形象和卓越的品質,威爾許決定投資 7,500 萬美元
建公司的辦公樓、高級賓館、酒樓、健身房。為此,《新聞週刊》送給威爾
許一個綽號「中子彈傑克」,他走到哪裡,哪裡就可能引發一場大爆炸以諷
刺威爾許邊解僱工人邊修賓館大廈。從此,「中子彈傑克」一名就伴隨著威
爾許。

　　傑克是管理界的老虎伍茲,所有 CEO 都想效仿他。他們雖然趕不上他,但是
　　如果仔細聆聽他所說的話,就能更加接近他一些。
　　　　　　　　　　　　　—— 伯克夏哈達維公司 CEO 華倫‧巴菲特
　　傑克‧威爾許賦予團隊領袖以全新的含義,他不僅僅是一個商業鉅子,還是
　　一個有心靈、有靈魂、有頭腦的商業巨人。
　　　　　　　　　　　　　—— 華特‧迪士尼公司 CEO 麥可‧埃斯納

傑克的視野和勇氣，他的征服能力，他的激發藝術，當然，還有他的成功，使他成為全世界企業家和經理人的楷模。

—— 貝塔斯曼公司董事長湯瑪斯‧米德爾霍夫

美國國粹！傑克‧威爾許向我們展示了一位擁有敏銳的才智、勇氣和榮譽的領導人如何鼓勵他周圍的人，度過意外的難關，激發鬥志，將企業帶向一個又一個新的高度。他的方法還要求我們所有的人和所有的企業去追求卓越。

—— 美國紅十字會 CEO 伯拉丁‧希利

個人舉辦奧運的第一人 —— 尤伯羅斯

1984 年，第 23 屆奧運在美國洛杉磯舉行，來自 140 個國家和地區的約 1960 名運動員參加，運動會舉辦得很成功，扭轉了過去舉辦奧運國家的舉辦城市財政虧損的局面，改變了有史以來舉辦奧運不盈利的紀錄，總計盈利達 2.5 億美元，開創了一條舉辦奧運的「洛杉磯模式」。而這個模式的締造者就是彼特‧尤伯羅斯。

尤伯羅斯生長在一個富有的房地產開發商家庭。他沒有受到正統的教育，因為很小的時候，他就要跟著父親，過著不安定的商業生活，但這種漂泊流浪增加了他的閱歷，使他更為聰明能幹。

大學畢業後，尤伯羅斯到聯合公司去工作，工作很努力，得到升遷，但是他照樣丟掉了工作，因為這家公司被兼併了，這對他影響很大，他感到只有自己開公司做老闆，才能創立自己的事業。於是開了一家國際運輸諮詢公司，盈利後，用錢買下了梅斯特先生的旅遊服務公司，開始經營旅遊業，在精心經營下，他的旅遊服務公司遍及全世界，年收入逾兩億美元，純利達到幾百萬，可謂小有成就了。

洛杉磯獲得了舉辦 1984 年的第 23 屆奧運的主辦權。但是市議會針對以往舉辦奧運的城市都是大幅度虧損，欠債累累，頒布了不准動用公共基金辦奧運的議案。市政府是巧婦難為無米之炊，只得向國際奧會求助，希望他們能答應

洛杉磯提出的允許私人辦奧運的請求。無奈之下，國際奧會只得打破《憲章》的清規戒律，點頭同意了這一要求。

經過篩選，尤伯羅斯被選中，他也欣然領命。尤伯羅斯把自己的旅遊公司賣了 1,000 萬美元作為啟動資金，靠著充沛的精力，很快以尤伯羅斯為主席的奧運組委會開始運轉，制定了嚴格的紀律和工作章程後，工作進入了正常，另外招收了 200 名工作人員來配合工作，剛開始階段，事無鉅細，他都親自來做。

現在需要大量資金建體育場館，最好的辦法就是拉贊助。聰明的尤伯羅斯拉贊助的方法別具一格：他規定正式贊助公司限制在 30 家以內，每家出資不得少於 400 萬美元，贊助商可以取得本屆奧運中某項商品的專賣權。為此，各大公司爭的不可開交，只有用力提高贊助費，尤其是可口可樂公司與百事可樂公司之爭，可口可樂公司先下手為強，一下子出資 1,300 萬美元擊敗百事可樂。柯達與富士，柯達只願出 100 萬美元，尤伯羅斯手腕一翻，富士就主動送上 700 萬美元。就這樣，尤伯羅斯輕輕鬆鬆就拉到 3.58 億美元贊助，同時以 2.5 億美元天價賣出了奧運電視轉播權（以前都是無償轉播的），以 700 萬美元把奧運比賽賣給廣播電臺。第 23 屆洛杉磯奧運結束後，尤伯羅斯不僅沒虧，還盈利 2.5 億美元。這是奧運史上第一次賺錢，從此，各國都競相爭辦奧運，靠「洛杉磯模式」使得以後每屆奧運都能盈利。

為了表彰尤伯羅斯對奧運的傑出貢獻，前國際奧會主席薩馬蘭奇頒發象徵奧林匹克最高榮譽的金質勳章給尤伯羅斯。

尤伯羅斯靠自己的奮鬥，在 40 歲前就成了百萬富翁，但是生性謙遜的他不喜歡別人稱他為百萬富翁。一次，一個記者問他年紀輕輕如何成為百萬富翁的，他卻說：

「我工作很努力，加上幸運，就是這些。」接著又說，「我認為百萬富翁不是一個確切的詞，我從未見過它確切的使用過。它從來就不是我的目標，它過去不是，將來也不是，否則我就不會為奧運而工作了。」

尤伯羅斯喜歡運動，特別是水球運動，還在少年時，他就成為了一名十分出色的投球手。但為運動也就付出過慘痛的代價。

在參加水球比賽中，尤伯羅斯那條短短的鼻梁曾斷過好幾次，雖然後來經過手術復位，現在看上去仍有些歪。當他成為大眾人物以後，他最敏感的問題就是別人談論他的鼻子。即使是隨便的提及他的鼻子，他的好興致也會立刻受到影響。

當彼特輕鬆的時候，他很喜歡社交，性格直爽、幽默，談話開誠布公，不加渲染。他是個十足的男子漢，喜歡參加體能活動。他還是一個家庭觀念很強的人。

—— 好萊塢導演大衛·沃爾帕

彼特是一個值得所有人讚譽的人，他正在領導一場二次大戰以來最大的運動。

—— 洛杉磯市長布萊德利

美國矽谷巨人 —— 賈伯斯

史蒂夫·賈伯斯創建了蘋果電腦公司，使電腦家庭化、個人化，研製出了第一批家庭用的小型電腦，這些電腦因功能齊全、操作方便、價格適中而備受人們的青睞。

賈伯斯是一個十足的電子迷，雖然他的性格內向，不善與人相處，但當時有很多像他這樣的電子迷，所以賈伯斯並不孤單。在他的電子迷朋友中，沃茲尼克是位電腦設計專家。還在高中時，賈伯斯便與沃茲尼克合作製作銷售了一些電子元件和電路板，展示出賈伯斯那非凡的經商之才。1976 年愚人節那天，賈伯斯、沃茲尼克與龍·韋恩三人成立了蘋果電腦公司，公司資金為 1,300 美元，賈伯斯占 45% 的股份，沃茲尼克占 45% 的股份，韋恩占 10% 的股份。他們把公司生產的第一部電腦叫做蘋果 1 號。後來，在經銷商的建議下，沃茲尼克對蘋果 1 號進行改進，在此基礎上推出蘋果 2 號型電腦。蘋果 2 號不僅有外殼，有電源，有鍵盤，還有顯示器，這個顯示器就是電視機。把蘋果 2 號與普通的電視機連接起來就可以操作了，十分簡便。同時，賈伯斯和沃茲尼克還決定在蘋果 2 號機上免費提供語言程式給客戶。這些革命性的措施，使蘋果 2 號具有了很大的競爭力，也為賈伯斯和沃茲尼克帶來了巨大的財富。

電腦的更新快捷驚人，隨著電子科技的不斷進步，蘋果 2 號已顯得落伍了。於是，賈伯斯決定重新開發更新、更簡單的個人電腦——即實施「麥金塔計畫」，研製一種集合鍵盤、彩色顯示器和滑鼠為一體的新型電腦。這種電腦有視窗、有磁碟機，操作簡便，初學者也只需幾十分鐘就能操作，這種新機型被定名為「麥金塔」。在麥金塔推出上市的幾週裡，其銷售量達 7,000 臺，取得了很大的成功。

他是那種會把所有雞蛋裝在一個籃子的人——完全成功或徹底失敗。

—— 著名記者羅・比利

我不過是賈伯斯第二而已，在我之前，蘋果電腦的快速成長已給人太深的印象。

—— 微軟董事長比爾蓋茲

世界最年輕的首富 —— 比爾蓋茲

微軟公司董事長比爾蓋茲 11 歲擬建自己的公司，19 歲創建微軟公司，以其電腦應用軟體系統 Windows 系統聞名於世，成為有史以來最年輕的世界首富。

比爾蓋茲壟斷了應用軟體系統領域，統治著像 OFFICE 辦公室應用軟體，諸如文書處理（Microsoft Word）、及試算表（Excel）、剪報系統（PowerPoint）等應用程式。而且，沒有微軟的 Windows 及與之相適應的操作軟體程式，全世界將有百分之八十的電腦將無法啟動。

比爾蓋茲出生在美國一個富裕的家庭，父親是一位律師，母親是醫生。如果比爾子承父業，做一名律師，他的生活也同樣富足。可是比爾蓋茲天生愛冒險他沒有選擇這條路。他 11 歲的時候就與湖濱中學的好友保羅・艾倫迷上了電腦，整天泡在電腦的機房，設想有一天建立一個屬於自己的軟體公司。9 年後，比爾蓋茲為了創辦自己的微軟公司，毅然從哈佛大學休學。全力的投入到電腦軟體發展及公司的管理及運作中去。蓋茲和艾倫曾編寫出 BASIC 程式，使電腦成為了真正的電腦而不再是一件擺設，為個人電腦的發展奠定了基礎，

同時也為微軟公司的發展壯大累積了資本。

蓋茲思維敏捷，有超凡的判斷力和遠見，他看準了國際商用機器（IBM）這棵大樹，想讓當時還很弱小的微軟依附在這棵大樹上成長。終於在 1980 年 11 月，微軟與 IBM 簽訂合約，共同為 IBM 的電腦開發操作軟體。因為有了 IBM「藍色巨人」的支持微軟進步飛速。但是，由於兩家公司的文化不同，IBM 的作風是沉著穩重，過於謹慎，而微軟則是激進、充滿活力，精明的蓋茲發覺兩家公司遲早要決裂，於是留了一手，在與 IBM 共同研製開發系統軟體的同時，他自己組織一幫年輕人殺入應用軟體領域，著手開發應用軟體程式。最後微軟公司與 IBM 鬧翻之後，事實證明，蓋茲保留的這一手是多麼英明，以至於微軟不但沒有被踢出局，還憑自己開發的應用軟體異軍突起，牢牢的穩坐在軟體行業領袖的寶座上。

1981 年，IBM 與微軟共同推出新型的個人電腦 PC 主機，這種主機裝有微軟的高階語言系統及作業系統（DOS）。緊接著，康柏公司推出了與 IBM PC 主機相容的電腦，以此與 IBM 競爭。但是，不管是 IBM 還是康柏，他們的電腦都得使用微軟的 MS-DOS 軟體，競爭的結果，只有蓋茲是真正的贏家。此時，市面上的絕大多數電腦都採用微軟的軟體，所以這時的微軟決定不再針對不同的機器生產不同的軟體，而是只生產標準軟體，但用微軟自己的標準。

1990 年 5 月，微軟公司展示集音、圖、影為一體的應用軟體 —— Windows（視窗）引起轟動，被稱為「軟體的革命」。當時的 Windows 3.0 成了世界最暢銷的軟體，以每月 10 萬套的速度發售。現如今我們常用的多媒體電腦大多安裝的是 Windows 3.0 的升級版本，如 Windows 98、Windows XP。

蓋茲是個極具商業頭腦的人，他對自己開發的軟體從不現售專利權，他要求電腦商把電腦與軟體一起銷售，每售一臺電腦，電腦商就付給蓋茲一臺電腦裡裝的軟體費用。如當初 Windows 3.0，蓋茲定價 95 美元，也就是說電腦商每賣出一臺電腦，就付給蓋茲 95 美元，就是這個英明的舉措讓蓋茲如此受益的。如今，作為軟體業的霸主，蓋茲正帶領其部下不斷創新，以適應人們越來

越高的要求。

　　商海裡的比爾蓋茲沉著、冷靜，遇事果斷，所以他能取得成功。但是在婚姻問題上卻總是優柔寡斷，躲之閃之，好像變了一個人。

　　蓋茲曾經交過不少女朋友，有比他小的，也有比他大一點的，可是在交往中，蓋茲都只想戀愛，不想結婚。所以很多優秀的女孩子都因為這個原因最後不得不與他分手，以至於到了 39 歲，蓋茲還是一個快樂的單身漢。

　　到 1994 年元月，在交往了三年的女友菲安瑟·弗倫奇的最後通牒下，蓋茲做出了「痛苦的選擇」 —— 結婚。這年元月 24 日，蓋茲與弗倫奇在達拉斯舉行婚禮，這才結束了單身漢的生活。

　　1990 年 5 月 22 日，美國紐約戲劇中心張燈結綵，六千餘人共聚一堂，慶賀 Windows 3.0 版本問世。這天，從不講究的蓋茲也身著盛裝，顯得神采弈弈。在雷射和音樂的伴奏下，比爾蓋茲走上講臺，在六千多雙眼睛的注視下開始了他的演說。當他吼出「Windows 3.0 將重新確定個人在個人電腦中的地位，這是比 DOS 還要好的 DOS」時，臺下掌聲如雷。這是蓋茲最榮耀的一天。

關鍵 99 人：

從千秋帝王到商業奇才，穿越百年，橫跨領域，一本書帶你看遍改變世界歷史的著名人物

主　　編：盧芷庭，陳濤

發 行 人：黃振庭

出 版 者：崧燁文化事業有限公司

發 行 者：崧燁文化事業有限公司

E-mail：sonbookservice@gmail.com

粉 絲 頁：https://www.facebook.com/
sonbookss/

網　　址：https://sonbook.net/

地　　址：臺北市中正區重慶南路一段六十一號八
樓 815 室

Rm. 815, 8F., No.61, Sec. 1, Chongqing S. Rd.,
Zhongzheng Dist., Taipei City 100, Taiwan

電　　話：(02)2370-3310

傳　　真：(02)2388-1990

印　　刷：京峯彩色印刷有限公司（京峰數位）

律師顧問：廣華律師事務所 張珮琦律師

定　　價：350 元

發行日期：2022 年 06 月第一版

◎本書以 POD 印製

國家圖書館出版品預行編目資料

關鍵 99 人：從千秋帝王到商業奇才，穿越百年，橫跨領域，一本書帶你看遍改變世界歷史的著名人物 / 盧芷庭，陳濤編著 . -- 第一版 . -- 臺北市：崧燁文化事業有限公司，2022.06

面；　公分

POD 版

ISBN 978-626-332-397-1（平裝）

1.CST: 世界傳記

781　　111007596

電子書購買

臉書